Marion Miketta

Thinking Environment®

Denkräume schaffen in Coaching und Beratung

www.junfermann.de

blogweise.junfermann.de

www.facebook.com/junfermann

twitter.com/junfermann

www.youtube.com/user/Junfermann

www.instagram.com/junfermannverlag

MARION MIKETTA

THINKING ENVIRONMENT®

DENKRÄUME SCHAFFEN IN COACHING UND BERATUNG

Junfermann Verlag
Paderborn
2018

Coverfoto © caracterdesign – istockphoto.com

Abbildungen Seite 12 und 144 © Anne Lehmann, http://annelehmann.de

Covergestaltung / Reihenentwurf JUNFERMANN Druck & Service GmbH & Co. KG, Paderborn

Satz & Layout JUNFERMANN Druck & Service GmbH & Co. KG, Paderborn

Bibliografische Information der Deutschen Nationalbibliothek

Die Deutsche Nationalbibliothek verzeichnet diese Publikation in der Deutschen Nationalbibliografie; detaillierte bibliografische Daten sind im Internet über http://dnb.d-nb.de abrufbar.

ISBN 978-3-95571-759-9
Dieses Buch erscheint parallel als E-Book.
ISBN 978-3-95571-760-5 (EPUB), 978-3-95571-762-9 (PDF), 978-3-95571-761-2 (MOBI).

Für Julian & Luise

Inhalt

Vorwort ... 9
Einleitung ... 11

TEIL I: THINKING ENVIRONMENT IN DER THEORIE ... 23

1. Was ist das Thinking Environment? ... 25
1.1 Das Modell der zwei Denkwelten ... 25
1.2 Grundannahmen und Menschenbild im Thinking Environment ... 29
1.3 Anwendungsfelder des Thinking Environment ... 30

2. Die zehn Komponenten eines Thinking Environment ... 35
2.1 Aufmerksamkeit ... 36
2.2 Gleichheit ... 39
2.3 Gelassenheit ... 41
2.4 Wertschätzung ... 43
2.5 Ermutigung ... 46
2.6 Gefühle ... 47
2.7 Information ... 49
2.8 Diversität ... 51
2.9 Einschneidende Fragen (Incisive Questions™) ... 52
2.10 Ort ... 54

3. Die Wirkung einer positiven Denkumgebung ... 55
3.1 Individuation und Selbstermächtigung ... 55
3.2 Verbindung und Gemeinschaft ... 56
3.3 (Neuro-)wissenschaftliche Aspekte ... 58

TEIL II: THINKING ENVIRONMENT IN DER PRAXIS 67

4. Einzelsitzungen im Thinking Environment: Coaching 69
4.1 Die Vorbereitung 69
4.1.1 Das Selbstverständnis und die Rolle des Coaches 69
4.1.2 Zuhören als Achtsamkeitspraxis 74
4.2 Das Vorgespräch 77
4.3 Ablauf einer Denksitzung 78
4.3.1 Die sechs Teile der Denksitzung 78
4.3.2 Sitzungsziele 89
4.3.3 Beispiele 91

5. Weitere Einzelsitzungen im Thinking Environment 113
5.1 Supervision 113
5.2 Mentoring 115

6. Gruppen im Thinking Environment: Meetings 119
6.1 Die Rolle des Facilitators 120
6.2 Auf dem Weg zu einer neuen Meetingkultur 121
6.2.1 Vorbereitung 124
6.2.2 Durchführung verschiedener Meetingformate 128
6.2.3 Einschränkende Annahmen aufspüren – Blockaden lösen: Incisive Question™ 142
6.2.4 Entscheidungsfindung in einem Thinking Environment mit Gruppen 143
6.3 Wirkung und Herausforderung 145

7. Weitere Gruppenkontexte im Thinking Environment 151
7.1 Präsentationen 151
7.2 Das Time-To-Think-Council 153
7.3 Die Prozessbegleitung: Facilitation 157
7.4 Facilitator werden 158

8. Thinking Environment weiterdenken 163

Literatur 172
Index 175

Vorwort

Die Zeit ist reif. Mehr als jemals zuvor sind die Menschen heute dazu aufgerufen, eigenständig zu denken. Wir müssen einander dabei helfen, dies zu tun. Und wir müssen die Menschen würdigen, die dies tun.

Eigenständig zu denken erfordert jedoch beachtlichen Mut. In dem Moment, in dem wir beginnen, für uns selbst zu denken, in dem wir die gewohnten Pfade verlassen, Fragen stellen, unheilvolle unwahre Annahmen, denen wir bisher Glauben geschenkt haben, entlarven, Licht ins Dunkel bringen – in diesem Moment ergreift uns auch ein Schauer. Er kann von allen Seiten kommen: von oben, wenn Vorgesetzte uns kritisieren, von der Seite, wenn unsere Freunde sich von uns abwenden; von vorne, wenn der Coach das Denken für uns übernimmt. Und manchmal auch von innen: Wurden wir als Kinder dafür bestraft, wenn wir selbstständig gedacht haben, erschaudern wir auch heute als Erwachsene wieder. Eigenständiges Denken ist so wichtig und zugleich so selten.

Sogar im Bereich des professionellen Coachings ist unabhängiges Denken rar. Das sollte nicht so sein. Coaching als die moderne Form der Unterstützung menschlicher Weiterentwicklung sollte einen Weg aufzeigen für dringend notwendige neuen Ideen, für unverbrauchte, gut realisierbare Systeme, beispiellos intelligente Führung und für Leben voller Bedeutung, voller Musik – kurzum: für eine Welt, die tatsächlich funktioniert. Und das will Coaching auch. Jeder Coach hat diese Intention. Aber dann geschieht etwas.

Die Routine übernimmt. Coaches scheitern unvermeidlich an derselben Einschätzung, der die meisten „Zuhör-Experten" aufsitzen: Wir gehen davon aus zu helfen, indem wir reden. Wir meinen zu helfen, indem wir das Denken für unsere Klienten übernehmen. Wir glauben, wir müssten nur lange genug zuhören, um selbst mit einem cleveren Input aufwarten zu können. Wir formulieren unseren Input natürlich üblicherweise in Form einer strategischen Frage. Aber dennoch: Es ist und bleibt Input. Und fast immer ist dieser viel zu früh, und oft nicht mal notwendig. Was dabei auf der Strecke bleibt, das sind die noch nicht gedachten Gedanken unserer Klienten; auf diese Weise kann nichts Neues entstehen.

Aus meiner Sicht verstehen viele Coaches dieses Phänomen nicht in seiner ganzen Dimension. Sie haben noch keine Erfahrung gemacht mit der verborgenen Fähigkeit ihrer Klienten, selbst die ausgezeichnetsten Erkenntnisse zu generieren – weil diese Coaches die Bedingungen dafür nicht hergestellt haben. Die meisten Coaches haben auch selbst noch nicht ihre eigene aufkeimende Fähigkeit zu ganz unabhängigem und fabelhaft reichem Denken erfahren. Tatsächlich ist es aber diese Umgebung, die „einfach richtig ist für brillantes unabhängiges Denken“, die das Coaching völlig umkrempelt. Umkrempelt, weil eine Denkumgebung, ein Thinking Environment, mit einer beunruhigenden Prämisse beginnt: Wenn die Bedingungen richtig sind, wird der Klient fast immer besser denken können, als es der Coach für ihn hätte tun können. Und ich bin davon überzeugt, dass es die Aufgabe des Coaches ist, dieses hervorragende Denken im Klienten anzuregen. Seine Aufgabe ist nicht, dieses hervorragende Denken selbst zu generieren.

Diese Prämisse erschüttert uns bis ins Mark, aber sie befreit uns auch und macht uns zur begehrtesten Unterstützung für unsere Klienten. Sie verleiht uns einen unermesslichen Wert, denn wir haben die wichtigste Ressource unserer Klienten wiederhergestellt: das erstaunliche Vermögen ihres eigenen Geistes.

Coaches auf der ganzen Welt, die dieses Phänomen begreifen, gestalten sowohl ihre Profession neu als auch die Gesellschaft. Sie sorgen nicht nur für Ideen und Taten einzigartiger Qualität, sondern auch für zunehmend „hochwertigere“ Denker sowie eine Welt, die das Potenzial hat, aus menschlichem Leben ein Kunstwerk zu machen.

Marion Miketta ist solch ein Coach und solch eine Denkerin. Mit diesem Buch hat sie das Tor zur Welt des unabhängigen Denkens aufgestoßen. Sie zeigt uns, wie wir die fruchtbaren Bedingungen schaffen, unter denen Menschen für sich selbst denken können – mit Genauigkeit, Einfallsreichtum, Mut und Anmut. Und sie tut dies mit Fachwissen und Eloquenz.

Dieses Buch bestätigt mich in meinem Glauben daran, dass die Welt im Allgemeinen und die Welt des Coachings im Besonderen offen und bereit dafür ist, dieses fehlende Stück des Weges in Richtung auf unsere wunderbare Denkfähigkeit zu gehen. Wir alle wissen, dass dies längst überfällig ist.

Wie verheißungsvoll!

Oxfordshire, England, im Frühjahr 2018 *Nancy Kline*

Einleitung

An einem sonnigen, aber kalten Tag Ende Januar stehen wir – eine Gruppe aus 13 Personen – auf dem Alexanderplatz in Berlin. Gemeinsam suchen wir nach Antworten auf die Frage, wie wir auf die zunehmende gesellschaftliche Spaltung reagieren und welchen Beitrag wir für mehr Verbundenheit leisten können. Wir halten Pappschilder in die Höhe, auf denen steht: „Was bewegt Sie? Ich höre zu." Die Kunst des Zuhörens „auf die Straße" zu bringen und jedem vorurteilsfrei ein offenes Ohr zu schenken, erscheint uns lohnenswert. Und offenbar sind wir damit nicht alleine: „Is dit geil", ruft uns eine Frau zu, „wenn ich damit anfange, dann höre ich gar nicht mehr auf!" Allein die Vorstellung, dass ihr zugehört wird, bereitet ihr gute Laune. Andere bleiben stehen. Sie erzählen uns von gestiegenen Mietpreisen, ihrer Obdachlosigkeit, Diskriminierungserfahrungen als Roma oder auch der Sorge vor Überfremdung. Uns wird Wohlwollen und Neugier entgegengebracht. Der Wunsch, sich auszutauschen, einander zu begegnen und miteinander in Kontakt zu treten, ist deutlich spürbar.

Nur unsere Schilder und der Blickkontakt laden die Passanten ein, auf uns zuzukommen. Sie werden nicht aktiv von uns angesprochen. In keinem Fall unterbrechen wir sie oder drängen unsere eigenen Sichtweisen auf.

Das Ergebnis dieses Experimentes ist verblüffend: Nicht nur durch die Gespräche selbst, sondern schon allein durch unsere einladende Präsenz verändert sich die Atmosphäre. Es kommt uns vor, als würden wir mit unserer Haltung den Raum um uns herum gestalten. Als würden wir ein Gegengewicht bilden zu all dem „Senden" der Werbeindustrie rings um uns herum: Wir sind auf „Empfangen" eingestellt.

* * *

Das Thinking Environment basiert auf einer Beobachtung und einer sich daran anschließenden Frage: Die Qualität all dessen, was wir tun und entscheiden, ist abhängig von der Qualität des vorangegangenen Denkens. Was aber brauchen wir, um frei und eigenständig denken zu können?

Es ist die Kultur des aufmerksamen Zuhörens, die ein Umfeld schafft, in dem Menschen Zugang zu sich selbst und ihrem eigenen Denken bekommen können. Sie begegnen dabei nicht nur einem wohlwollenden, interessierten Gegenüber, sondern auch sich selbst: Eigene Gedanken und Gefühle, die weit über plakative Meinungen und vor sich her getragene Positionen hinausgehen, bekommen Raum und dürfen gezeigt, dürfen geäußert werden. Viele Menschen erleben das als wohltuend und erhellend.

Warum mehr Denkraum nötig ist

Leider bietet der Alltag erstaunlich wenige Gelegenheiten zum bewussten Nachdenken (und Zuhören). Ständig haben wir Wichtigeres zu tun. Immer häufiger stehen wir immer komplexeren Herausforderungen gegenüber. Der Druck wächst und wir reagieren darauf, indem wir mehrere Dinge gleichzeitig tun, um den Anforderungen gerecht werden zu können.

Die Aufmerksamkeit für das, was wir jeweils gerade tun, oder auch für die Person, mit der wir gerade interagieren, ist eingeschränkt. Zudem geraten wir leicht in einen Modus des Funktionierens: Jede freie Minute muss effektiv genutzt, To-do-Listen abgearbeitet, Nachrichten beantwortet werden. Muße und ruhige Momente des Nichtstuns erscheinen wie Zeitverschwendung und werden mit einem schlechten Gewissen quittiert.

Die Folgen davon sind u. a. das Gefühl von permanentem Getriebensein, eine Leere und die Sehnsucht nach mehr Sinn. Auch das Gespür für die eigenen Bedürfnisse, Klarheit über die eigenen Perspektiven oder auch das eigene Potenzial gehen verloren, solange alles darangesetzt wird, im System zu funktionieren. Die Qualität unseres Denkens ist beeinträchtigt: Die Weisheit, die aus freiem, eigenständigem Denken resultieren kann und jedem von uns eigentlich zur Verfügung stünde, wird nicht ausgeschöpft; die Kreativität leidet. Der Denkprozess ist blockiert oder die Gedanken drehen sich im Kreis. Viele Menschen bleiben unter ihren Möglichkeiten und leiden unter den äußeren Umständen, die ihnen nicht erlauben, ihre (gedankliche) Freiheit stärker auszuleben.

Wie das Thinking Environment helfen kann

Die Amerikanerin Nancy Kline befasst sich seit den 70er-Jahren mit der Frage, in welchem Umfeld wir Menschen am besten denken können – im Sinne von: klar, unabhängig, kreativ – und was genau passiert, wenn wir zu einer Einsicht gelangen. Sie hat herausgefunden, dass für die Qualität des Denkens das Verhalten anderer Menschen, die dabei sind, während wir denken, entscheidend ist. Paradoxerweise können Menschen nämlich v. a. dann gut eigenständig und unabhängig denken, wenn andere Interesse an ihnen zeigen, sie ermutigen und ohne Bewertung zuhören. Von den anderen hängt es also ab, wie gut wir denken können.

In zehn Komponenten beschreibt sie die Bedingungen für eine Denkumgebung, die mutiges, freies, einfallsreiches und eigenständiges Denken ermöglicht, und erläutert, wie wir diesen Raum bewusst kreieren können.

Das Thinking Environment ist weit mehr als ein Coaching-Ansatz oder ein Instrumentarium für die Gruppenarbeit. Es ist eine grundlegende Haltung, mit der Menschen einander begegnen – Einzelpersonen oder Gruppen – und die es erlaubt, dass jeder Einzelne mit sich selbst und seinem ureigenen Denken und Fühlen in Kontakt kommt. Eigene hinderliche Annahmen oder Glaubenssätze können erkannt und aufgelöst werden. Dadurch entstehen neue Freiheiten im Denken, die in praktisches Handeln umgesetzt werden, welches den Werten der denkenden Person entspricht und daher stimmig und wirkungsvoll ist.

Die Arbeit in einem Thinking Environment bewirkt eine „Aufrichtung“ der denkenden Person: Sich des eigenen Denkens zu ermächtigen ist ein Akt der Autonomie und führt zu Selbstrespekt, Selbstbestimmung, Souveränität und Würde.

In ihrer Arbeit wurde Nancy Kline durch andere Denker und Autoren inspiriert und beeinflusst, wie z. B. von Carl Rogers, George Fox, Peter Kline, Alice Miller, Humberto Maturana, Nassim Taleb und Margaret Heffernan. Besonders deutlich ist der Bezug zu Carl Rogers klientenzentrierter Gesprächspsychotherapie: Auch er beschreibt für den Erfolg einer Psychotherapie die Beziehung zwischen Klient und Therapeut, die von Wärme und Akzeptanz geprägt ist. Seiner Erfahrung nach haben Menschen eine grundsätzlich positive Entwicklungsausrichtung, sie sind prinzipiell konstruktiv, rational und sozial und selbst am besten in der Lage, ihre eigenen Probleme zu lösen. Es ist die bedingungslose Akzeptanz und Wertschätzung, die sie darin unterstützt, ihre eigenen Möglichkeiten zu entfalten.

Bei der Entwicklung des Ansatzes war es Nancy Kline aber ein Anliegen, v. a. ihre eigenen Beobachtungen und Erfahrungen damit zu beschreiben, unter welchen Bedingungen Menschen offensichtlich klar, kreativ und eigenständig denken können. (Wobei sie auch dadurch etwas mit Rogers gemein hat, der einmal formulierte:

„Erfahrung ist für mich die höchste Autorität" [Rogers 1976, S. 39]). Ihre Beobachtungen und Erfahrungen hat sie in praxisorientierte, leicht nachvollziehbare und handhabbare Methoden und konkrete Verhaltensweisen übersetzt. Manches daran mag vertraut erscheinen und auch sehr einfach. Aber: „The simple is not always easy!" – Leicht verständlich zwar in der Theorie, aber die konkrete Umsetzung birgt einige Stolperfallen und erfordert Übung.

Was erwartet Sie in diesem Buch?

Nach einem einleitenden Blick auf die Fragen, was eigenständiges Denken hier meint und wofür wir ein Thinking Environment überhaupt brauchen, beschreibe ich im **ersten Kapitel** die Herkunft und die theoretische Grundlage des Ansatzes. Das Modell der zwei Denkwelten (die Welt des Denkens im Austausch und die Welt des unabhängigen Denkens) veranschaulicht in diesem Zusammenhang, inwiefern sich das Thinking Environment von üblichen Kommunikationsmustern unterscheidet. Sie bekommen einen Einblick, wie und in welchen verschiedenen Kontexten sich das Thinking Environment einsetzen lässt.

Das Zusammenwirken der zehn Bedingungen oder Komponenten, die eigenständiges Denken ermöglichen und die der zentrale Orientierungsrahmen für jegliche Arbeit mit diesem Ansatz sind, werden ausführlich im **zweiten Kapitel** beschrieben.

Das **dritte Kapitel** widmet sich der Wirkung, die ein Leben und Arbeiten mit dem Thinking Environment auf individueller sowie auf zwischenmenschlicher Ebene entfaltet. Ein Exkurs in die Hirnforschung erklärt neuropsychologisch, warum und wie die Denkumgebung wirkt.

Der zweite Teil des Buches widmet sich der praktischen Umsetzung des Thinking Environment mit Einzelpersonen und Gruppen. Ich stelle meine Erfahrungen anhand praktischer Beispiele vor und thematisiere dabei auch Widerstände, die auftreten können, sowie den Umgang damit.

Zunächst blicke ich im **vierten Kapitel** auf Einzelsitzungen und kläre, welche Anforderungen der Coach in diesem Ansatz zu erfüllen hat: Welche Haltung ist erforderlich, um anderen Menschen ein Thinking Environment zu sein? Inwiefern unterstützen Prinzipien der Achtsamkeit diese Arbeit?

Sie erfahren, wie ein Vorgespräch für eine Denksitzung aussehen könnte, und lernen den genauen Ablauf und die verschiedenen Arten von Sitzungszielen kennen.

Mehrere Beispiele illustrieren dabei den Prozess und die Wirkungsweise.

Im **fünften Kapitel** werden andere Einsatzmöglichkeiten des Thinking Environment in Zweierkontexten beschrieben wie die Supervision und das Mentoring.

Im zweiten Abschnitt des praktischen Teils gehe ich auf die Arbeit mit dem Thinking Environment in verschiedenen Gruppenkontexten ein: Wie wirkt sich die Denkumgebung auf die Zusammenarbeit und die Ergebnisse eines Teams oder einer Gruppe aus? Und welcher Art von Widerständen begegnet man in diesem Kontext?

Zentrales Augenmerk bezüglich der Arbeit in Gruppen lege ich dabei auf Meetings **(sechstes Kapitel)**. Was ist erforderlich, um zu einer neuen Meetingkultur zu gelangen? Welche Rolle spielt dabei der sogenannte Facilitator? Wie wirkt es sich auf die einzelnen Personen, aber auch auf eine Organisationskultur aus, Meetings in einem Thinking Environment durchzuführen? Und welche Herausforderungen gilt es zu überwinden?

Im **siebten Kapitel** beschreibe ich weitere Möglichkeiten für die Anwendung des Thinking Environment in Gruppen und worauf jeweils zu achten ist. Wie hilft das Thinking Environment beispielsweise dabei, während Präsentationen das gemeinsame Denken aufrechtzuerhalten?

Im **achten Kapitel** werden schließlich das Selberdenken und tiefe Zuhören als Kompetenzen für eine Zukunft dargestellt, in der vieles unsicher ist und permanenter Disruption begegnet werden muss. Anhand von Beispielen und konkreten Übungen gebe ich Anregungen, wie Sie sich selbst dem eigenständigen Denken weiter annähern und eine Routine im Thinking Environment entwickeln können, um diese wertvolle Ressource zum selbstverständlichen Teil Ihres Alltags werden zu lassen.

Für wen ist dieses Buch?

Das Buch wendet sich an alle, die lernen möchten, anderen – und sich selbst – (noch) besser zuzuhören; die sich wahrhaftigere Begegnungen auf Augenhöhe jenseits funktionaler Hierarchien wünschen und die statt auf Gehorsamkeit auf Kooperation setzen; Menschen, die eigenständiges Denken eher als Bereicherung denn als Bedrohung erfahren und nicht nervös werden, wenn ihren eigenen Ansichten widersprochen wird.

Dieses Buch richtet sich an all jene Coaches und Facilitators, die ihren Klienten mit größtem Respekt, Anerkennung und Offenheit begegnen möchten; die es durch ehrliches Interesse und Vertrauen in die Intelligenz ihrer Kunden ermöglichen möchten, dass diese für sich selbst denken können.

Es richtet sich an Menschen, die als Vorbilder einen Einfluss auf andere ausüben, wie Führungskräfte, Lehrer und Eltern, und die Denkräume für Mitarbeiter, Schüler oder die eigenen Kinder eröffnen möchten.

Es möchte diejenigen ansprechen, die spüren, dass etwas in unserem Zusammenleben und -arbeiten, sei es in Organisationen, Institutionen oder Firmen, zu kurz kommt.

Wenn Sie wissen möchten, ob dieses Buch etwas für Sie ist, dann stellen Sie sich zuerst die folgenden Fragen:

- Möchten Sie *wirklich,* dass andere für sich selbst und eigenständig denken? Auch wenn das bedeuten kann, Ihr über Jahre angeeignetes Wissen, von dem andere profitieren könnten, zunächst hintanzustellen?
- Können Sie es aushalten, auch den für Sie nicht nachvollziehbaren oder scheinbar zusammenhanglosen Gedanken Ihres Gegenübers zu folgen?
- Sind Sie bereit, sich auf Momente des Nichtwissens einzulassen und mit Anfängergeist zuzuhören? (Der Begriff Anfängergeist stammt aus dem Zen-Buddhismus und meint eine grundlegend offene Geisteshaltung.)
- Haben Sie Vertrauen in die Fähigkeit Ihres Gegenübers, eigenständig zu denken?
- Und vertrauen Sie selbst darauf, „genug zu sein" und einen wichtigen Beitrag im Denkprozess der anderen Person zu leisten, indem Sie mitunter einfach schweigen, also eben *nicht* das Denken für sie übernehmen und unmittelbar Lösungen anbieten?

Erst dann, wenn Sie diese Fragen mit Ja beantworten können, lohnt es sich, im Sinne des Thinking Environment und im Sinne dieses Buches weiterzufragen: Und wie lassen sich andere Menschen darin unterstützen, frei und eigenständig zu denken?

Der Thinking-Environment-Ansatz wird stetig weiter verfeinert, angepasst und verändert – begleitet von der Bereitschaft, auch einmal falschzuliegen, und der Offenheit, neue und frische Impulse mit einzubeziehen. In diesem Sinne ist dieses Buch auch eine Einladung, den Ansatz zu hinterfragen, ihn mit- und weiterzudenken.

Die Wirksamkeit des Ansatzes, die sich in Form klarer Gedanken oder dem Gefühl tiefer Verbundenheit äußert, ist meines Erachtens nur erfahrbar, indem Sie das Thinking Environment selbst anwenden und so die Komplexität und Tiefe dieser Haltung in der Praxis erleben.

Wofür brauchen wir – gerade jetzt und hier – eigenständiges Denken überhaupt? (Und machen wir das nicht ohnehin?)

„Wir fahren doch ganz gut mit unserer bisherigen Art zu denken und zu kommunizieren. Wozu brauchen wir etwas anderes?“, wurde ich in einem Thinking-Environment-Workshop in einem großen Unternehmen gefragt.

Die meisten unserer Denkprozesse sind „in überwältigendem Maße diffus, ziellos, zerstreut, versprengt und unbeobachtet“ (Steiner 2006, S. 40). Wirkliche Originalität im Denken, ganz eigenständige Gedanken, sind äußerst selten. Das Thinking Environment beleuchtet diese Denkprozesse und holt sie ins Bewusstsein.

In einer Zeit immer komplexer werdender Herausforderungen, die immer enger getaktet auftreten, greifen althergebrachte Herangehens- und Denkweisen oft nicht mehr. Auch ist die Zeit der einsamen richtungsweisenden „Helden“ an der Spitze einer Organisation vorbei. Vernetztes Denken, flachere Hierarchien, laterale Führung und Selbstführung sind stattdessen gefragt.

Das Thinking Environment erfährt in diesen Tagen auch deswegen zunehmende Popularität, weil es diesem Paradigmenwechsel Rechnung trägt: Nach und nach wird immer deutlicher und sichtbarer, wie verwoben wir miteinander und wie abhängig wir voneinander sind. Der Zen-Meister Thich Nhat Hanh bezeichnet dies mit seiner Wortschöpfung „Intersein“ so treffend (1998). Das Vernachlässigen oder Ignorieren dieser Tatsache ist kurzsichtig und Ursache mannigfaltiger Krisen, denen wir heute gegenüberstehen.

Auf individueller Ebene (wenn Menschen z.B. auf der Suche nach ihrer eigenen Stimme sind und nach dem Ausdruck ihres Potenzials) und auch auf gesellschaftlicher Ebene ist das Trainieren des eigenständigen Denkens von Bedeutung: In Zeiten starker globaler Veränderungen und grenzenloser digitaler Vernetzung verbreiten sich populistische Meinungen und Falschmeldungen rasend schnell. Die Verführungskraft ist groß und die Gefahr, manipuliert zu werden, ebenso. „Anstrengungen, das Denken zu rationieren, es auf erlaubte, fest umrissene Kanäle zu begrenzen, bilden das Herzstück jeder Tyrannei. Anarchisches, spielerisches, verschwenderisches Denken ist das, was totalitäre Regime am meisten fürchten“ (Steiner 2006, S. 42). Die einzige Möglichkeit, sich gegen Bevormundung, Suggestion und Panikmache zu immunisieren, ist eigenständiges Denken. Nur ein ständiges Training, ein In-Kontakt-Treten mit der Frage: „Was denke und fühle ich dazu?“, unabhängig von den Erwartungen anderer, von Denkkonventionen und Tabus, führt dazu, sich selbst immer mehr zu vertrauen, authentisch zu artikulieren, um was es einem geht, und so nicht nur mündig(er), sondern auch frei zu werden.

Der Grundsatz „Kooperation statt Konkurrenz“ wird im Thinking Environment konkret umgesetzt, die Bedeutung des vernetzten Denkens und der kollektiven Intelligenz wurde erkannt und soll für ein besseres Miteinander stärker berücksichtigt werden.

Es gibt kaum Räume, wo Menschen dazu eingeladen und ermutigt werden, wirklich *für sich selbst,* frei und unabhängig, zu denken. Selbst in Schul- und universitären Einrichtungen gilt es, sich anzupassen und zu funktionieren. Daher haben wir unabhängiges Denken oft gar nicht gelernt.

Darin besteht die eigentliche Herausforderung: Sich das wirklich eigenständige Denken wieder anzueignen. Und die Lust und Freude an der eigenen Klugheit und den eigenen Möglichkeiten zu erfahren. Aus der Sicht der denkenden Person kann es sich nicht nur ungewohnt, sondern auch unbequem anfühlen, Verantwortung für das eigene Denken zu übernehmen. Es ist so vertraut, dass andere – vielleicht Personen mit mehr Expertise – den Ton angeben und das Denken für uns übernehmen. Eigenständiges Denken kann sich dann anfühlen, als würde man untrainierte Muskeln ungewohnt belasten.

Meine erste Begegnung mit dem Thinking Environment fühlte sich an, als erhielte ich Antworten auf viele Fragen, die mich die Jahre zuvor umgetrieben hatten und die ich mir und anderen gestellt hatte:

- Wie können Menschen in Stille sein *und* sich gleichzeitig begegnen, miteinander lernen? (Und geht das überhaupt?)
- Was bedeutet es, sich *wirklich* auf Augenhöhe zu begegnen (z. B. in der internationalen Zusammenarbeit), und was bedeutet „Augenhöhe“, wenn z. B. sehr unterschiedliches technisches Know-how oder andere Ressourcen zur Verfügung stehen?
- Wie lässt sich mehr Achtsamkeit ins Coaching integrieren und was heißt in diesem Zusammenhang „tiefes Zuhören“?
- Wie können introvertierte Menschen eine Stimme bekommen und hörbar und sichtbar werden?
- Wie kann jeder Einzelne, wie kann eine Gesellschaft „mündiger“ werden?

Auch die These, dass wir anderen weniger durch ein *Tun,* sondern vielmehr durch ein *Sein* ermöglichen, dass sie über sich selbst hinauswachsen können, fasziniert mich bis heute. Das Thinking Environment postuliert nicht nur, dass jeder Mensch seine Probleme am besten selbst lösen kann, sondern es ist auch erstaunlich konsequent (man könnte auch sagen radikal) in der Schlussfolgerung: An keiner Stelle wird das Denken für andere übernommen. Stattdessen werden der Raum und die Bedingungen aufrechterhalten, die es ermöglichen, für sich selbst und eigenständig zu denken.

Das Thinking Environment gibt viele Anhaltspunkte, wie wir einander grundsätzlich so begegnen können, dass jeder Einzelne Würde und Freiheit erfährt. Menschen, die einander ein Thinking Environment anbieten, erleben ein waches, inspiriertes und lebendiges gemeinsames Miteinander ohne jeglichen Dogmatismus.

Je intensiver man aber in die Praxis des Thinking Environment einsteigt, umso sensibler wird man für das Ausmaß, in dem wir andere Menschen für uns denken lassen. Das fängt damit an, dass unser Gegenüber einen angefangenen Satz vollendet in der Annahme, schon zu wissen, worauf wir hinauswollen. Schildert jemand ein Problem oder eine Herausforderung, sind wir schnell darin, Hilfe anzubieten in Form von Lösungsvorschlägen, zielführenden Fragen, eigenen Erfahrungen oder auch Trost. Es scheint auf den ersten Blick nicht sehr unterstützend zu sein, stattdessen „Was noch?“ zu fragen, wie es im Thinking Environment gehandhabt wird. Dafür aber steht dieser Ansatz: der Intelligenz des Gegenübers und dessen Kompetenz, die eigenen Fragestellungen selbst zu durchdenken, zu vertrauen. Und die eigene Perspektive – wenn überhaupt – erst dann anzubieten, wenn die andere Person danach fragt.

Und dies gilt auch für unsere Selbstermächtigung: Wer könnte besser Entscheidungen für mein Leben treffen als ich selbst? Wer könnte besser wissen, was für mich richtig ist, als ich selbst? Aufwachen – Licht an! Herrlich!

Was meint „Denken“ in einem Thinking Environment?

Es wurde hier bereits viel über eigenständiges Denken gesprochen. Die Art des Denkens, die im Thinking Environment gemeint ist, ist eine ganzheitliche und schließt explizit das Fühlen und den ganzen Körper mit ein. Es geht nicht allein um ein rein rationales Erforschen, sondern auch darum, welche zentrale Rolle Emotionen in unserem Denken spielen und wie sie sich auf Entscheidungen auswirken. Daher lädt das Thinking Environment dazu ein, auch die tieferen, unbekannteren und leiseren Bereiche des Selbst zu erkunden und über das Bekannte und Vertraute, Sichere, rein Kognitive hinauszudenken, nach innen zu spüren und zu lauschen.

Gefühle – eine der zehn Komponenten eines Thinking Environment – sollen nicht nur zugelassen werden und ihren Raum bekommen, ihre Wahrnehmung ist oft sogar Voraussetzung für kreatives, umfassendes und wirkungsvolles Denken. Sie sind eine Quelle, der Zugang zu tieferem Wissen.

Eigenständiges Denken bedeutet, unbeeinflusst denken und auf eigene Erfahrungen, Gefühle und die eigene Kreativität zugreifen zu können – ohne von außen gesteuert zu werden oder sich steuern zu lassen, etwa durch Meinungen oder Ansichten anderer. Das kann auch durch (im Wortsinne) „richtungsweisende“ Fragen anderer geschehen, die das Denken auf einen von außen bestimmten Fokus lenken und damit in den individuellen Denkprozess eingreifen. Eigenständig und für uns selbst zu denken bedeutet, die Aufmerksamkeit auf uns selbst zu lenken. Das Thinking Environment spricht jedem Menschen diese Fähigkeit zu – sofern die zehn Bedingungen gegeben sind, die ich im Folgenden genauer erläutern werde.

Die Aufgabe des Gegenübers (des Coaches, Mentors, Teamleiters etc.) besteht somit darin, den Coachee / den Mentee / das Teammitglied mit sich selbst in Kontakt zu bringen und dazu beizutragen, dass ein Feld zwischen den Anwesenden entsteht, die Denkumgebung.

Einige Hinweise in eigener Sache

An dieser Stelle möchte ich noch Begrifflichkeiten klären, die in diesem Buch häufig verwendet werden:

Ursprünglich hat Nancy Kline das Thinking Environment ganz allgemein für die Arbeit in Zweierkonstellationen entwickelt. Wie können sich zwei Personen gegenseitig die besten Bedingungen schaffen, unter denen sie frei und eigenständig denken können? Diese zwei Personen gehen eine *Denkpartnerschaft* (Thinking Partnership) ein. Ich verwende hier den Begriff *Denkpartner* und meine damit Personen, die – nicht notwendigerweise mit jahrelanger professioneller Ausbildung – anderen auf eine Art und Weise zuhören, wie sie hier beschrieben wird, die anderen also ein Thinking Environment zur Verfügung stellen. In der ebenbürtigen Denkpartnerschaft nimmt immer eine Person die Rolle des Denkpartners oder des *Zuhörers* ein und die andere die des *Denkers* oder der *denkenden Person*. Die Rollen sind dabei austauschbar.

Erst über die Jahre hinweg hat Nancy Kline daraus ein Konzept für Coaching und weitere Zweiersituationen sowie auch für Gruppen entwickelt.

Als *Coach* bezeichne ich hier jemanden, der sich vertieft in diesen Ansatz eingearbeitet hat und der andere Personen professionell durch einen Denkprozess begleitet. Sein Gegenüber ist der *Coachee* – oder eben die „denkende Person“ oder der „Denker“.

Die Begrifflichkeiten spiegeln sich auch in der formalen Ausbildung wider (vgl. S. 171), die durch Time To Think Ltd. angeboten wird: Der Grundkurs für die Arbeit in Zweierkonstellationen ist der *Thinking-Partnership-Kurs*, in dem man lernt, Denkpartner zu werden und Denksitzungen (Thinking Partnership Session®) durchzuführen. Ihm schließt sich eine Coaching-Ausbildung zum Time-To-Think-Coach an, die den Ansatz für die professionelle Anwendung weiterführt.

Nancy Kline ist die Begründerin der Time To Think Ltd. in England, über die sie das Thinking Environment bekannt macht und Ausbildungskurse anbietet. Bei ihr habe ich diesen Ansatz kennengelernt. Von ihr habe ich nicht nur die konkrete Umsetzung und die Methoden gelernt, sondern ich habe auch erfahren, wie sie als Person – sehr eindrucksvoll – ein Thinking Environment verkörpern kann.

In großer Wertschätzung und Dankbarkeit für Nancy Kline und allem, was ich von ihr gelernt habe, möchte ich in diesem Buch primär *meine* Perspektive darauf beschreiben, wie *ich* diesen Ansatz umsetze und mit anderen Aspekten (wie Achtsamkeit) kombiniere. Es handelt sich also hier um meine Interpretation und um mein Verständnis: Anhand meiner eigenen praktischen Erfahrungen möchte ich die Wirkweise verdeutlichen und einen niedrigschwelligen Zugang zum unmittelbaren Ausprobieren und Erproben ermöglichen.

Sprache ist dabei essenziell. Die spezifische (ursprünglich englische) Formulierung einzelner Fragen, die in der Arbeit mit dem Thinking Environment eine Rolle spielen, wurde über Jahrzehnte weiterentwickelt und angepasst. Leider lassen sich diese Fragen nicht immer wortwörtlich ins Deutsche übersetzen, ohne dabei an Musik und impliziten Konnotationen zu verlieren. Dieses Buch ist somit auch ein Versuch, das Konzept des Thinking Environment kulturell zu übersetzen, sodass es im deutschsprachigen Raum aufgenommen werden kann. Die hier vorgestellten Übersetzungen der Fragen sind daher die bisher bestmögliche Annäherung.

Wissend, dass durch Sprache auch Wirklichkeiten konstruiert werden, bedauere ich, dass es in der deutschen Sprache keine geschlechterneutrale Schreibweise gibt, die ich für gut lesbar halte. Ich habe mich daher (mit etwas Unbehagen) auf die männliche Schreibweise reduziert oder neutrale Formen verwendet, wenn es möglich war. Gemeint sind natürlich immer beide Geschlechter.

Teil I

Thinking Environment in der Theorie

1. Was ist das Thinking Environment?

„Perhaps the most important thing we bring to another person is the silence in us. Not the sort of silence that is filled with unspoken criticism or hard withdrawal; the sort of silence that is a place of refuge, of rest, of acceptance of someone as they are. We are all hungry for this other silence. It is hard to find. In its presence we can remember something beyond the moment, a strength on which to build a life. Silence is a place of great power and healing."

(Rachel Naomi Remen)

Was benötigen Menschen, damit ihr Denken zu neuen und kreativen Ergebnissen führt? Welche Art der Führung und Kommunikation unterstützt diese Denkprozesse – im beruflichen Rahmen, im Coaching oder Mentoring? Wie sollten beispielsweise Meetings gestaltet sein, in denen die Teilnehmenden gemeinsam und „frisch" denken können und so effektiv nachhaltige Ergebnisse erarbeiten, statt gelangweilt die Zeit abzusitzen?

Die US-amerikanische Buchautorin Nancy Kline (*Time to Think: Zehn einfache Regeln für eigenständiges Denken und gelungene Kommunikation,* 2016) beschäftigt sich mit genau diesen Fragen. Sie konnte beobachten, dass die Qualität des Denkens weniger von unserem Bildungsstand oder unseren Erfahrungen abhängig ist, sondern vielmehr davon, wie sich andere Menschen uns gegenüber verhalten, während wir denken.

Zudem ist uns oftmals gar nicht bewusst, wir sehr wir in begrenzten (und begrenzenden) Denkmustern feststecken. Hinter dem Aufrechterhalten dieser Annahmen steht oft der Wunsch, sich sozial konform zu verhalten. Halten wir an solchen vermeintlichen Gewissheiten fest, kann jedoch nichts Neues entstehen.

Das von Nancy Kline entwickelte Thinking Environment beschreibt, welche Bedingungen das eigenständige Denken fördern und welche Sequenz an Fragen einen Durchbruch im Denken initiieren und begleiten können.

1.1 Das Modell der zwei Denkwelten

Nancy Kline hat zur Veranschaulichung ihres Ansatzes das Modell der zwei Denkwelten entwickelt (unveröffentlichtes Manuskript 2013). Sie unterscheidet dabei zwischen

- der Welt des Denkens im Austausch („World of Exchange Thinking") und
- der Welt des unabhängigen Denkens („World of Independent Thinking").

Die Welt des Denkens im Austausch

Die meiste Zeit bewegen wir uns in der *Welt des Denkens im Austausch.* Sie ist uns vertraut, weil wir darin sozialisiert wurden und weil sie uns im Arbeitskontext, in der Schule und auch in privaten Beziehungen begegnet. Ausgetauscht werden hier Informationen oder Positionen, oder es werden Ratschläge erteilt. Auch subjektive Vorstellungen oder Ansichten werden manchmal als neutrale Information dargestellt.

Im täglichen Umgang miteinander lässt sich beobachten, wie tief verankert das „Denken für andere" ist. Schildert jemand eine Herausforderung oder ein Problem, liegt es nahe, über Lösungsvorschläge für ihn oder sie nachzudenken und diese zu teilen.

Das Bildungssystem, wie wir es kennen, belohnt dafür, Antworten zu geben, und sanktioniert ggf. auch das Gegenteil. Der Zweck des Zuhörens besteht daher hauptsächlich darin, uns zügig eine Meinung zu bilden, zu antworten oder reagieren zu können. Die Antworten machen wir uns zu eigen und identifizieren uns damit.

Meistens ist dieser Austausch von vielen schnellen Interaktionen gekennzeichnet und die Beteiligten erleben ein Gefühl der Zeitknappheit. (Wie geläufig es ist, die Zeit anderer nicht übermäßig in Anspruch nehmen zu wollen, zeigt sich daran, wie häufig Wörtchen wie „kurz" oder „schnell" in Konversationen fallen: „Kann ich *kurz* was dazu sagen?" oder „Ich will nur ganz schnell …") In der Welt des Austauschs möchte man eigene Positionen durchsetzen und deswegen auch zu Wort kommen. Begegnen sich Menschen auf diese Weise, hören sie einander nur durch den „Schutzschild ihrer eigenen Gedanken" (Bohm 2005, S. 28), die dann verteidigt werden müssen.

Introvertierte haben hier schlechte Karten, weil sie zögerlicher sind mit dem Einbringen eigener Beiträge. So bleiben ihre Ideen, ihre Gedanken nicht selten unausgesprochen und somit ungehört. Die gefühlte Zeitknappheit lädt auch dazu ein, Sätze von anderen zu beenden und damit lange Erklärungen oder ausschweifende Gedankengänge abzukürzen: „Ich weiß, was du sagen willst / worauf du hinauswillst." So kommt es, dass eine sprechende Person im Durchschnitt nach 20 Sekunden von anderen unterbrochen wird (McCarthy 2014).

Hinzu kommen heutzutage vermehrt die Unterbrechungen durch alle möglichen Signaltöne. Das Smartphone, das zwischen sprechenden Personen auf dem Tisch liegt, „darf" jederzeit unterbrechen. Möglicherweise ist der Anruf ja wichtiger als das gerade stattfindende Gespräch.

Durch die virtuelle Kommunikation über SMS oder WhatsApp verkürzen wir den Denkprozess und beschränken uns auf wenige Zeichen. Diese Art der Kommunikation ersetzt mehr und mehr das persönliche Gespräch von Angesicht zu Angesicht. Wenn es um den puren Austausch von Informationen geht, mag so Zeit gespart und effektiver kommuniziert werden. Oft aber geht dabei die Tiefe der Aussagen und auch der zwischenmenschlichen Beziehung verloren. Die Qualität des Denkens kann gar nicht erst entfaltet werden. Wir hören uns selbst nicht mehr zu und nehmen uns weniger wahr. Die Konversationen werden zwangsläufig oberflächlicher und die Empathiefähigkeit nimmt ab. Und dennoch: Quantitativ scheint die virtuelle Kommunikation die „Gesprächsform" der Zukunft zu sein.

Wenn unsere Denkspannen derart verkürzt sind, stellt sich die Frage, wie weit wir innerhalb dieser kurzen Zeit mit unserem Denken überhaupt kommen können. Inwiefern ist kreatives, freies Denken bis zur nächsten Unterbrechung oder in 140 Zeichen überhaupt möglich? Zumal wir uns ja nicht von der ersten Sekunde an auf neue Denkwege begeben, sondern erst einmal vertraute Pfade mit uns bekannten Denkmustern einschlagen, um aus diesen dann Neues zu entwickeln.

Aber diese Art des Austausches ist uns zutiefst vertraut. Nicht nur im Alltag und in privaten Kontexten kommunizieren wir so. Auch bei der Entwicklung neuer Ideen in Meetings und sogar im Coaching sind wir diesem Denkmuster verhaftet oder greifen schnell wieder darauf zu.

Dass Probleme jedoch niemals mit derselben Denkweise gelöst werden können, durch die sie entstanden sind, wusste bereits Einstein. Die Schwierigkeit besteht aber darin, dass uns diese Denkweise nicht bewusst ist. „Das Denken tut etwas und sagt dann (…), daß es gar nichts getan hat" (Bohm 2005, S. 63).

Das erinnert an den Betrunkenen, der nachts im Dunkeln seinen Haustürschlüssel verloren hat und nur im Licht der Straßenlaterne danach sucht, weil er nur dort etwas sehen kann. Sein Radius und seine Chancen, fündig zu werden, sind beschränkt. Vielleicht findet er dort seinen Schlüssel. Vielleicht aber auch nicht.

Aus dem Radius dieses Lichtkegels, aus dieser vertrauten Umgebung herauszutreten, bedeutet auch, sich ins Ungewisse, Unsichere und vielleicht auch Experimentelle zu begeben. So kann es sich anfühlen, wenn man die Welt des unabhängigen Denkens betritt, die das Thinking Environment beschreibt.

Die Welt des unabhängigen Denkens

Um wirklich frei und eigenständig zu denken, sind andere Bedingungen notwendig, die in der Welt des Denkens im Austausch nicht gegeben sind: Viele Aspekte davon mögen logisch und naheliegend erscheinen, wie z. B. den Denkfluss einer anderen Person nicht zu unterbrechen oder ihrem Denken mit Wertschätzung und Gelassenheit zu begegnen. Dennoch wird diese Einladung zum unabhängigen Denken im Alltag kaum ausgesprochen. Sich in diese Welt hineinzubewegen, kann für viele Menschen auch mit Widerständen verbunden sein und sich zunächst unbehaglich oder gewöhnungsbedürftig anfühlen. Während sich ein Coachee zu Beginn der ersten Denksitzung vielleicht noch auf den Prozess einlässt und laut über eine Fragestellung nachdenkt, ändert sich seine Haltung spürbar, sobald er im Denkprozess stagniert. Dann kann es sein, dass Ratlosigkeit entsteht, Momente des Nichtwissens, oder unangenehme Widersprüchlichkeiten auftauchen. Vermeintliche Sicherheiten werden plötzlich brüchig. Man steht im Nebel. Üblicherweise würde hier ein Gegenüber, in diesem Fall der Coach, eingreifen. Und das erwartet der Coachee auch. Dieses Eingreifen jedoch *nicht* zu erfahren ist ungewöhnlich. Leicht rutscht er in eine fordernde Haltung: „Hilf mir hier jetzt raus! Was muss ich jetzt tun?“ Oder auch: „Jetzt beweise mir deine Expertise!“ Lädt der Coach an dieser Stelle zum Weiterdenken ein, kann das Unbehagen hervorrufen: „Muss ich das jetzt etwa selber machen? Kann ich doch gar nicht, deswegen bin ich doch hier!“ Im weiteren Prozess zeigt sich dann aber, dass das Aufrechterhalten des Thinking Environment das Vertrauen des Coachees zu sich selbst fördert, indem der Coach gerade nicht die Denkleistung für seinen Coachee übernimmt (vgl. Abschn. 4.1.1). Er selbst kann die Ratlosigkeit durchbrechen und das eigene, tiefere Potenzial erforschen. Oft ist dieses Erforschen verbunden mit einem Staunen über die eigenen Möglichkeiten.

Das „Für-uns-selber-Denken“ steht im Widerspruch zu einer scheinbar gesellschaftlich anerkannten, kollektiven Annahme, dass wir Beratung von anderen brauchen, um unser Leben zu optimieren.

In der Tat gibt es natürlich viele Menschen um uns herum, die – wegen ihres beruflichen Hintergrunds oder aufgrund sonstiger Erfahrung – über mehr Informationen verfügen als wir selbst, und diese Informationen können ausgesprochen hilfreich sein. Nur bedeutet das nicht, dass diese Menschen das Denken für andere übernehmen sollten.

Ein Beispiel hierzu: Eine meiner Klientinnen berichtete mir kürzlich von ihrem letzten Arztbesuch. Die Ärztin hatte ihr nicht nur ein Medikament verschrieben, sondern auch noch Ratschläge für den Umgang mit ihrem stressigen Chef erteilt, von dem sie kurz berichtet hatte. Die Ärztin hatte in ihrer Expertinnenrolle also ihre Meinung kundgetan, obwohl sie gar nicht danach gefragt worden war. Die Klientin beschrieb, wie sie sich plötzlich defensiv, entmündigt und geschwächt gefühlt habe.

In der Welt des unabhängigen Denkens gibt es nicht mehr nur die eine richtige Antwort oder Lösung. Hier sind die Menschen eingeladen, unterschiedliche Perspektiven zu explorieren und gedankliche Experimente zu wagen. Die Qualität dieses

Denkens lässt sich als spielerisch, verschwenderisch, nicht linear beschreiben – und ist genau deshalb zielführend und wirksam.

Um die Welt des unabhängigen Denkens zu betreten, ist Vertrauen in die Intelligenz anderer und in ihre Kapazität, frei und unabhängig denken zu können, notwendig. Das aufmerksame Zuhören, das hier gemeint ist, verhilft dem anderen, frei und eigenständig zu denken und zu sprechen, sich selbst und den eigenen Fähigkeiten und Ressourcen zu begegnen. Wie dieser Prozess der „Selbstermächtigung" abläuft, beschreibe ich detaillierter in Abschnitt 3.1.

1.2 Grundannahmen und Menschenbild im Thinking Environment

Das Thinking Environment basiert auf folgenden Grundannahmen:

- Blockaden im Handeln sind oft Blockaden im Denken. Blockaden im Denken sind meistens unwahre Annahmen über uns selbst oder die Welt.
- Diese Annahmen (mitunter auch tief verankerte Überzeugungen oder Glaubenssätze) sind konstruiert und entstehen alleine in unserem Denken. Sie lassen sich auch dekonstruieren.
- Die Person, die die Frage oder das Problem hat, verfügt auch über den Schlüssel zu ihrer Lösung.
- Jeder Mensch kann gut für sich selbst denken und ist in der Lage, Probleme zu lösen.
- Die Qualität unseres Denkens hängt davon ab, wie wir miteinander umgehen, während wir denken.
- Es ist eine primäre Aufgabe von Führungskräften, Denkräume für Mitarbeitende zur Verfügung zu stellen. Deren weitere Leistungen hängen davon ab.
- Es kommt nicht darauf an, ob wir schon wissen, was die andere Person als Nächstes sagen möchte. Es ist entscheidend, dass die denkende Person es sich selbst erarbeitet und selbst ausspricht.

Diesen Vorannahmen liegt ein positives Menschenbild zugrunde. Da sich eine wertschätzende Haltung gegenüber anderen förderlich auf die Qualität ihres Denkens auswirkt, wird in einem Thinking Environment davon ausgegangen, dass jeder Mensch über die Fähigkeit verfügt, „gut" zu sein und dementsprechend zu handeln. „Gut" bedeutet hier: kreativ, eigenständig, am Gemeinwohl interessiert, liebenswert, mutig u.Ä.m. Menschen sind in der Lage, Verantwortung für ihr Leben zu übernehmen und es konstruktiv zu gestalten. Auf dieses Potenzial richtet sich der Blick der zuhörenden Person, was dazu führt, dass sich die denkende Person selbst dieser Fähigkeiten bewusst wird und sie dadurch auch entfalten kann.

Um die Haltung einzunehmen, die andere zum eigenständigen Denken einlädt, kann es hilfreich sein, sich von den folgenden vier Fragen leiten zu lassen, die Nancy Kline folgendermaßen formuliert (mündliche Mitteilung von Nancy Kline):

1. Wie kann ich andere darin unterstützen, für sich selbst zu denken?
2. Wie weit kann die andere Person in ihrem Denken kommen, *bevor* sie meine Hilfe braucht?
3. Wie kann ich wissen, dass das, was ich anbieten möchte, von höherem Wert ist als das, was die Person selbst als Nächstes denken wollte?
4. Möchte ich *wirklich*, dass die Person für sich selbst denkt?

1.3 Anwendungsfelder des Thinking Environment

Das Thinking Environment beschreibt eine Art des Miteinanderseins, ein Verhalten und eine Haltung, mit der Menschen sich begegnen und miteinander kommunizieren.

Diese Begegnung ist eine konkrete Umsetzung von Werten wie Würde und Respekt. Sie ist getragen von der Achtung vor der Intelligenz und dem Potenzial jedes Menschen und lässt sich in ganz verschiedene Kontexte übersetzen.

So wird der Ansatz bereits in großen Wirtschaftsunternehmen, Banken, Nichtregierungsorganisationen, in der öffentlichen Verwaltung, bei der Polizei, in Schulen und an Universitäten eingesetzt und im Privaten in Partnerschaften und Familien gelebt (Quelle: ↗ http://www.timetothink.com; Kline 2015, 2016). In Deutschland ist hier insbesondere das Pharmaforschungsunternehmen Janssen-Cilag zu nennen, das eine große Anzahl von Mitarbeitenden in diesem Ansatz weiterbildet. Das global agierende Unternehmen hat auch auf internationaler Ebene das Thinking Environment zu einem Teil seiner Unternehmenskultur gemacht und arbeitet mit firmeninternen Time-To-Think-Facilitators.

Das folgende Interview mit Dr. Maximilian Schuier, Direktor des medizinischen Fachbereichs Psychiatrie bei Janssen-Cilag, gibt Einblick in die praktische Umsetzung eines Thinking Environment im Berufsalltag:

* * *

Marion Miketta (MM): Was sind ganz allgemein Ihre Erfahrungen mit Thinking-Environment-Meetings bei Janssen?

Dr. Maximilian Schuier (MS): *Thinking-Environment-Meetings bzw. Meetings mit modular eingesetzten Thinking-Environment-Techniken haben sich bei Janssen in vielen Bereichen erfolgreich etabliert. Der Großteil der Mitarbeiter in meinem Arbeitsumfeld befasst sich aktiv mit dieser modernen Form des kreativen Denkens und steht dieser sehr offen und positiv gegenüber. Einige Mitarbeiter promoten die Thinking-Environment-Philosophie ganz aktiv. Besonders positiv ist aus meiner Sicht, dass die Beschäftigung mit dem Thinking Environment sehr zu unserer ohnehin schon wertschätzenden Kultur beiträgt und für ein aufmerksames Miteinander sensibilisiert.*

MM: Wie genau setzen Sie den Ansatz um?

MS: *Wir setzen bestimmte Techniken wie die „Positive Round" zu Anfang eines Meetings inzwischen routinemäßig bei fast allen Meetings ein. Ich würde sagen, dass das bei vielen schon ein Standard und positiver Automatismus ist. Dialoge und moderierte Diskussionen nach dem Thinking Environment setzen wir ebenfalls ein, wenn auch seltener. Thinking Pairs führen wir ganz gezielt bei komplexen Fragestellungen in größeren Gruppen ein.*

MM: Wie wirkt sich das auf die Meetingkultur und auf die Teilnehmenden aus?

MS: *Ich habe den Eindruck, dass Kolleginnen und Kollegen aufmerksamer und im Miteinander integrativer agieren. Auch stillere Charaktere finden z. B. über Thinking-Environment-Runden Gehör, ebenso Meinungen anderer, die wir jetzt noch mal stärker in Lösungsansätze einbeziehen als vorher. Besonders schön: Wir unterbrechen einander weniger.*

MM: Wie, denken Sie, wirkt sich die Arbeit mit dem Thinking Environment über die Meetings hinaus für die Personen und auf die Unternehmenskultur aus?

MS: *Von einigen Mitarbeitern höre ich, dass es auch positive Implikationen auf das private Umfeld hat. „Man" ist einfach sensibler für andere Charaktere und andere Meinungen, die alle ihre Berechtigung und ihren Wert haben. Hinsichtlich der Unternehmenskultur unterstützt das Thinking Environment im Alltag die für Janssen wichtigen Punkte Diversität und Inklusion verschiedenster Meinungen und Charaktere. Die gehörte und gelebte Vielfalt macht uns meines Erachtens als Menschen und eben auch als Unternehmen stark.*

MM: Wie erleben Sie selbst die Arbeit mit dem Thinking Environment?

MS: *Insgesamt sehr bereichernd und inspirierend! Trotzdem bin auch ich manchmal dabei, in alte Verhaltensmuster zurückzufallen, so z. B. unterbrechen zu wollen oder es tatsächlich zu tun, weil ich glaube, die bessere und direktere Lösung für ein Prob-*

lem des anderen oder der Gruppe gefunden zu haben. Regelmäßige Refresher für sich und für die Kollegen helfen mir und uns dabei, das wertschätzende Miteinander noch weiter auszubauen. Und das Ergebnis manchmal harter und geduldiger Thinking-Environment-Arbeit schlägt sich auch in besseren Ergebnissen nieder.

MM: Worin, denken Sie, bestehen die Herausforderungen von Meetings in einem Thinking Environment?

MS: *Wenn wir uns nicht an die zehn Grundprinzipien halten, was manchmal passiert, können Meetings ineffizient werden. So z. B. wenn die gleiche Redezeit nicht eingehalten wird und/oder der Facilitator auch nicht einschreitet, wenn doch jemand unterbricht und einzelne Personen Diskussionen dominieren. Es braucht wirklich einen vom Thinking Environment überzeugten und auch disziplinierten Facilitator.*

MM: Welche Nachteile sehen Sie?

MS: *Wenn wir das Thinking Environment richtig anwenden, keine! Nicht richtig angewendet kann es ineffizient werden. So können „eigentliche" Thinking-Environment-Meetings doch wieder in „normale chaotische" Meetings abdriften. Auch hier steht und fällt es m. E. wieder mit einem guten Facilitator.*

MM: Was noch ... denken Sie, fühlen Sie oder möchten Sie außerdem noch sagen zu der Arbeit mit dem Thinking Environment bei Janssen?

MS: *Es macht mir Spaß das Thinking Environment weiter und weiter zu implementieren, da insgesamt eine große Offenheit dem Ansatz gegenüber herrscht und viele Kolleginnen und Kollegen den Wert sehen. Für mich ist Thinking Environment mehr eine Philosophie und eine Lebenseinstellung anderen Menschen gegenüber als eine Methodik. Anderen Menschen mit Respekt gegenüberzutreten sollte zwar absolut in mir und in uns allen verankert sein, aber mit dem Thinking Environment ist es einfach präsenter und mehr im alltäglichen Handeln integriert. Um auf Janssen zurückzukommen: Die ohnehin schon sehr kollegiale Kommunikation hat sich aus meiner Sicht noch mal verbessert und das sieht man auch an den Meeting-Ergebnissen.*

MM: Wie ist Ihre eigene Geschichte, Ihr Erfahrungsweg mit diesem Ansatz?

MS: *Ich hatte vor der ersten Schulung bzw. der Ankündigung des ersten Workshops durch meinen damaligen Chef noch keine Idee, was das Thinking Environment ist. Im Laufe meines beruflichen Lebens habe ich schon viele Workshops besucht und immer wieder neue Techniken, Kommunikationsarten und Ähnliches kennengelernt. Das Allermeiste davon ist bei mir allerdings nicht hängen geblieben und hat das alltägliche Miteinander nicht verändert. Das ist mit dem Thinking Environment anders, da es nicht nur meine Einstellung und meine Art und Weise zu kommunizieren verändert hat, sondern ich auch den Eindruck habe, dass wir insgesamt noch mal allparteilicher* *agieren. Die von mir durchgeführten Refresher der Basics und die zwei Grundkurse für neue Mitarbeiter in der Organisation wurden mit großem Interesse angenommen. Unaufgeforderte Nachfragen nach weiteren Vertiefungen und Refreshern motivieren mich umso mehr, diesen Weg weiter zu verfolgen.*

MM: Welche Frage möchten Sie gerne gestellt bekommen? Und was wäre Ihre Antwort darauf?

MS: *Warum wird ein wertschätzendes und konstruktives Miteinander in der heutigen Gesellschaft viel zu selten gelebt? Warum so viel Durcheinander und Gegeneinander? Meine Antwort darauf wäre, dass sich kaum noch jemand die Zeit nimmt, weil jeder „glaubt", gestresst zu sein, bzw. von Wirtschaft, Politik und den Medien vermittelt bekommt, dass man alles schneller, alles gleichzeitig und noch effizienter gestalten muss. Die Wahrheit ist m. E., dass es dadurch ineffizienter wird und der Mensch sich selbst überfordert. Die Gesellschaft und Technik hat sich insbesondere in den letzten 20 Jahren massiv entwickelt, man ist immer und überall erreichbar, kann und muss sich immer sofort mit einer Lösung melden. So glaubt man. Der Mensch und seine (Neuro-)Biologie allerdings haben sich seit Hunderten von Jahren nicht wesentlich verändert. Ich denke, dass eine Refokussierung und Konzentration auf eine Sache zu einem Zeitpunkt besser funktioniert. Das belegen auch moderne Untersuchungen. Bei dieser Fokussierung und Konzentration kann Thinking Environment meiner Erfahrung nach ein sehr wertvolles Tool, ja eine Lebenseinstellung sein. Zudem haben Menschen in Kollektiven im Miteinander immer mehr erreicht als Einzelne.*

* * *

Die Arbeit mit dem Thinking Environment kann ganz unterschiedliche Kommunikationsformen annehmen und in unterschiedlichen Settings erfolgen. Prinzipiell ist es sowohl auf alle Situationen übertragbar, in denen *zwei* Menschen zusammenarbeiten, wie z. B. in sogenannten Denkpartnerschaften, im Coaching, Mentoring oder in Interviews. Der Ansatz kann aber auch auf verschiedene Gruppenkontexte übertragen werden, wie z. B. Meetings, wie hier im Interview ersichtlich wird. Die Frage lautet dabei immer: Wie können diese Zusammentreffen so gestaltet werden, dass alle Anwesenden eigenständig und frei denken können und so gemeinsam die besten Denkergebnisse erzielt werden?

Menschen, die in helfenden und beratenden Berufen arbeiten, von Rechtsanwälten über Ärzte oder Sozialarbeiter, können von diesem Ansatz profitieren und sich davon inspirieren lassen. Diese Berufsgruppen sind üblicherweise darin geschult, schnelle und präzise Hilfestellung anzubieten. Allzu leicht geraten dabei aber das Wissen, die Erfahrung und der „subjektive Schlüssel" zu der Fragestellung der betroffenen Person aus dem Blickfeld. So kann es passieren, dass die Lösung hinter ihren besten Möglichkeiten bleibt. Das Thinking Environment steht nicht für einen Beratungsansatz. Aber es schlägt bestimmte Verhaltensweisen, eine Haltung und konkrete Formate vor, die es auch in einem Beratungskontext ermöglichen, dass die um Rat suchende Person in einem Denkraum möglichst eigenständig denken kann.

Über diesen formalen Rahmen hinaus lässt sich das Thinking Environment als eine Art des Seins und des Verhaltens auch auf jede – nicht formale – Gesprächssituation übertragen. Auch der Freundin oder den eigenen Kindern kann man am Frühstückstisch Denkräume bereitstellen, in denen diese ihre Gedanken entfalten können. Beispiele hierzu finden Sie in Kapitel 8.

Fragen zu Kapitel 1: Was ist das Thinking Environment?

1. Machen Sie, was Sie *wollen*? Oder eher, was Sie *sollen*?
2. Wissen Sie, was Sie wollen? Was denn?
3. Wer entscheidet für Sie? Für wen entscheiden Sie?
4. Was wäre anders, wenn Sie noch mehr für sich selbst denken und entscheiden würden?
5. Welches Umfeld tut Ihnen gut, wenn Sie nachdenken wollen?

2. Die zehn Komponenten eines Thinking Environment

„Innehalten und mit sich selbst in Kommunikation zu treten, ist ein revolutionärer Akt.“

(Thich Nhat Hanh, *Achtsam sprechen – achtsam zuhören*)

Welche Bedingungen sind es, die ein Umfeld für freies, eigenständiges und mutiges Denken ermöglichen, und wie lassen sich diese praktisch umsetzen? Nancy Kline konnte zehn Komponenten definieren, die durch ihr Zusammenwirken einen idealen „Denkraum“ gestalten. Diese sind nicht reine Theorie. Im Gegenteil. Nancy Kline wollte gerade – frei von theoretischen Vorannahmen – in der Praxis beobachten und analysieren, welche Bedingungen gegeben sind (und gegeben sein müssen), wenn Menschen vom „braven“, folgsamen, an Erwartungen orientierten Denken in eigenständiges Denken übergehen.

Diese im Folgenden beschriebenen zehn Komponenten sind nicht in Stein gemeißelt. Vielmehr sind sie als hilfreiche, unterstützende Prinzipien, Verfahrens- oder Verhaltensweisen zu verstehen, die jeder individuell und authentisch umsetzen kann.

Auch lassen sich diese Komponenten nicht trennscharf voneinander abgrenzen. Schon wenn man eine davon umsetzt, wirkt sich das positiv auf die gesamte Atmosphäre aus und macht einen Unterschied. Wendet man aber alle zehn Komponenten an, entsteht eine Kultur des tiefen, aufrichtigen Respekts füreinander, die geradezu transformierende Wirkung haben kann.

Eine intuitive Anwenderin dieser Komponenten ist übrigens Momo, die Heldin des gleichnamigen Kinderbuchs von Michael Ende (1973). Ihre Art des Zuhörens und die entsprechende Wirkung, die sie damit erzielt, werden im Buch so treffend beschrieben:

> „Momo konnte so zuhören, daß dummen Leuten plötzlich sehr gescheite Gedanken kamen. Nicht etwa, weil sie etwas sagte oder fragte, was den anderen auf solche Gedanken brachte, nein, sie saß nur da und hörte einfach zu, mit aller Aufmerksamkeit und aller Anteilnahme. Dabei schaute sie den anderen mit ihren großen, dunklen Augen an, und der Betreffende fühlte, wie in ihm Gedanken auftauchten, von denen er nie geahnt hatte, daß sie in ihm steckten. (...)
>
> Sie konnte so zuhören, daß ratlose oder unentschlossene Leute auf einmal genau wussten, was sie wollten. (...) Und wenn jemand meinte, sein Leben sei ganz und gar verfehlt und bedeutungslos (...) – und er ging hin und erzählte alles das der kleinen Momo, dann wurde ihm, noch während er redete, auf geheimnisvolle Weise klar, daß er sich gründlich irrte, dass es ihn, genauso wie er war, unter allen Menschen nur ein einziges Mal gab und daß er deshalb auf seine besondere Weise für die Welt wichtig war.“
>
> (Ende 1973, S. 15)

Die zehn Komponenten des Thinking Environment beschreiben, wie sich diese besondere Zuhörpraxis erlernen lässt.

2.1 Aufmerksamkeit

Aufmerksames Zuhören ist geprägt von einem aufrichtigen Interesse an dem Denken der anderen Person. Hier wird nicht zugehört, um das Gesagte zu bewerten, es zu analysieren oder um gleich etwas darauf zu erwidern. Sondern man hört zu, um bei dem anderen eigene, weiterführende Denkprozesse anzustoßen. Das geschieht, indem man sich nicht nur dafür interessiert, was die Person gerade denkt und somit ausspricht, sondern auch dafür, wohin sich dieser Gedanke entwickelt. Es ist ein Lauschen in die Stille, voller Vertrauen in die Kapazität der denkenden Person: Was möchte hier entstehen?

Im Thinking Environment können und dürfen durchaus Phasen der Stille entstehen, in denen die denkende Person zwar gerade nicht spricht, aber noch weiterhin ihren Gedanken nachhängt oder gerade neue Gedanken fasst. Üblicherweise empfinden wir solche Momente als Zeitverschwendung. Als Coach oder Mentor fühlen wir uns vielleicht hilflos, inkompetent oder irgendwie ineffektiv. Um dieses unangenehme Gefühl zu überbrücken, bieten wir eigene Gedanken oder Perspektiven an – schließlich sind wir dem anderen ja nicht ins Wort gefallen. Oder wir glauben zu wissen, worauf die andere Person hinauswill, und meinen, ihr Anliegen schneller auf den Punkt bringen zu können. An dieser Stelle wird jedoch die förderliche Denkumgebung zerstört, denn in der Stille entsteht manchmal etwas ganz Neues. Es können kleine Momente des Innehaltens, auch der Ratlosigkeit, des Loslassens und Neuausrichtens sein.

Die Aufgabe des Denkpartners ist also, den Raum zu halten und interessiert daran zu bleiben, was die Person wohl als Nächstes denkt. Die denkende Person braucht nicht nur zu hoffen, dass sie nicht unterbrochen wird, sie muss sich dessen ganz sicher sein können.

In dem Moment, in dem jemand wirklich eigenständig denkt und das Denken „in Fluss“ kommt, wird klar, wie unbedeutend die Perspektive des Partners an dieser Stelle ist. Paradoxerweise ist der Denkpartner für den Denkprozess irrelevant *und* entscheidend zugleich.

Eine Möglichkeit, Aufmerksamkeit auszudrücken, besteht darin, den Blick kontinuierlich auf den Augen der denkenden Person zu halten. Der Blick ist dabei durchgehend warm und wohlwollend, interessiert und einladend.

In einem meiner Kurse empörte sich einmal eine Teilnehmerin über diesen Hinweis: Als Biologin wisse sie, dass diese Art des Anschauens in der Tierwelt den Inbegriff von Bedrohung darstelle. – Soll das beim Denken helfen? Deswegen möchte ich hinzufügen, dass ich hier kein Anstarren mit ausdrucksloser Miene im Sinn habe, sondern den Blickkontakt eher verstanden wissen möchte als einen verlässlichen Hafen, zu dem die denkende Person nach ihren Denkreisen zurückkehren kann. Zu wissen, dass das Gegenüber noch immer da und interessiert ist, ganz gleich auf welche „Abwege“ sich die denkende Person begeben hat, vermittelt große Sicherheit. Möglicherweise ist es auch notwendig – je nach kulturellen Gegebenheiten –, den Ausdruck von Aufmerksamkeit anzupassen und z. B. dem Gegenüber „ein Ohr zu schenken“. Entscheidend ist aber, dass die Aufmerksamkeit die ganze Zeit über erhalten bleibt. Sie wirkt wie eine Quelle, eine Ressource, die unabhängig von den Inhalten immer zur Verfügung steht.

Der Gesichtsausdruck des Denkpartners lädt dann zum Denken ein, wenn er zwar mitfühlend und lebendig ist, aber nicht so ausdrucksstark und überschwänglich, dass er als Wertung des Gesagten wahrgenommen wird, Irritationen beim Denker hervorruft und damit das Denken steuert. Ein leichtes Kopfnicken kann beispielsweise als ermutigend empfunden werden und als das Signal: „Ich bin dabei, ich höre dir zu.“ Wird es aber zu stark, kann es auch als Zustimmung zu dem Gesagten interpretiert werden. Dann irritiert es die denkende Person, sobald es nicht mehr auftritt. Und schon wird das Denken gesteuert. Die Mimik des Denkpartners strahlt daher in gewisser Weise wertfreie Empathie aus („Du kannst denken, was du willst, ich bin dabei!“), ohne dabei versteinert zu wirken.

In einer Denksitzung wird nicht mitgeschrieben, da dies die Aufmerksamkeit beider Beteiligten vom Wesentlichen abzieht. Und das Vermeiden jeglicher Signaltöne (Handy ausschalten!) sollte selbstverständlich sein, um aufmerksam zu bleiben.

Es scheint zwar inzwischen normal zu sein, mehrere Dinge gleichzeitig zu tun, um dadurch vermeintlich effektiver oder schneller zu werden. Doch das Gehirn kann nicht auf mehrere unterschiedliche Dinge gleichzeitig fokussieren. Aufmerksamkeit schenken erfordert also volle Präsenz. Kinder sind Experten in dieser Hinsicht und scheinen ein untrügliches Gespür dafür zu haben, ob sie die volle Aufmerksamkeit erhalten oder nicht. Meine Tochter hat als Baby des Öfteren mit beiden Händen mein Gesicht zu sich gedreht, als wollte sie sagen: „Sieh mich an! Hör mir zu!“ Als Kind ist der Ausdruck dieses Bedürfnisses offensichtlich noch sehr naheliegend.

Eigentlich ist nicht viel erforderlich, um seinem Umfeld diese Aufmerksamkeit zuteilwerden zu lassen. Und gleichzeitig ist es so ungewohnt. Die heilende Wirkung aber ist offensichtlich. Aufmerksamkeit wirkt wie ein „Katalysator“ (Kline 2015, S. 36), wie eine Inspiration für schöpferische Gedanken. Die Wirkung lässt sich auch beschreiben wie die eines Magneten: Noch verworrene und unstrukturierte Denkprozesse („Ich drehe mich gedanklich im Kreis!“) werden durch die Aufmerksamkeit des Zuhörenden wie von einem Magneten „herangezogen“, in lineare Sprache gebracht und somit gestaltbar. Deswegen kann man auch von transformativem oder schöpferischem Zuhören sprechen.

Aus Sicht des Coaches oder des Beraters kann es auch eine Erleichterung sein, nicht mehr Recht haben zu müssen oder sich als Experte beweisen zu müssen. Wenn man nicht mehr mit dem Ziel zuhört, gleich antworten zu können oder die nächste zielführende Frage zu stellen, kann man sich ganz darauf konzentrieren, schöpferische Aufmerksamkeit zu schenken. So kann man das freie Denken des anderen anregen und Zeuge von Aha-Momenten, Durchbrüchen und Entdeckungen werden, die man von außen nicht notwendigerweise antizipiert oder herbeigeführt hätte. Allein die schöpferische Aufmerksamkeit bewirkt dieses Denken.

„Wie aber ist es möglich, die Aufmerksamkeit über einen längeren Zeitraum aufrechtzuerhalten. Das kann doch auch einfach sehr langweilig sein, oder?“, werde ich in einem Kurs gefragt.

Meine Erfahrung ist: Sobald ein Mensch beginnt, eigenständig zu denken, ist das Zuhören eine absolut anregende, inspirierende Tätigkeit. Selbst wenn sich die denkende Person wiederholt oder sich an einem bestimmten Gedanken festhakt, bleibt das so. Auch dem Suchen nach passenden Worten, dem Wunsch, sich selber verstehen und stimmig ausdrücken zu wollen, lässt sich sehr gut zuhören. Denn dann ist es der Denkprozess selbst, auf den sich die Aufmerksamkeit richten kann: Offensichtlich muss die denkende Person sich bestimmte Gedanken verstärkt ansehen, um sie wirklich erfassen zu können.

Vorherige Vereinbarungen zwischen den Denkpartnern ermöglichen dieses Eintauchen und laden dazu ein.

Schwierig oder auch langweilig wird es nur dann, wenn auf Dauer „alte“, schon vorgedachte und vorformulierte Gedanken ausgesprochen werden, Floskeln oder Phrasen, die sich gut anhören sollen und eine vorherige innerliche Zensur bestanden haben. Oder Gedanken, die *für* das Gegenüber ausgesprochen werden, z. B. um es zu überzeugen. Wenn der Denkraum nicht wahrgenommen und genutzt wird und dadurch die Aufmerksamkeit sehr erschwert wird, muss das benannt werden und eine andere Komponente kommt ins Spiel: Information (vgl. Abschn. 2.7).

2.2 Gleichheit

Der englischen Begriff „equality“, den ich hier mit „Gleichheit“ übersetze, wäre auch mit „Gleichwürdigkeit“, einer Wortschöpfung des Familientherapeuten Jesper Juul, treffend wiedergegeben (2016, S. 150). Gleichwürdigkeit heißt für ihn, dass „ich als Partner / Partnerin oder Vater / Mutter meinen Partner oder mein Kind genauso ernst nehmen sollte wie mich selbst“ (S. 151).

Halten wir uns wirklich für ebenbürtig, wenn wir mit anderen in Dialog stehen, und sprechen wir einander die gleiche Würde zu? Oder fühlen wir uns dem Gegenüber über- oder unterlegen? Können wir einander auf Augenhöhe begegnen? Hier ist nicht gemeint, dass alle über das gleiche Wissen verfügen, sondern alle die Fähigkeit zum eigenständigen Denken haben.

Der Anspruch, sich auf Augenhöhe zu begegnen, bezieht sich sowohl auf den Gruppenkontext als auch auf die Zweiersituation (z. B. Coach und Coachee). Das Verhältnis der beiden Letzteren ist heikel: Der Coach ist – wie auch der Lehrer oder die Beraterin – qua Berufsbezeichnung schon in einer wissenderen Rolle und wird als der bessere Denker angesehen, der seine Erfahrung und sein Wissen teilt und Rat geben kann. Die Idee der Gleichheit mag hier ganz abwegig erscheinen, denn ein Coachee hat meist die Vorstellung, von der Expertise der Fachleute profitieren zu können, für die er ja schließlich auch bezahlt. Es ist also die Aufgabe des Coaches, eine Begegnung auf Augenhöhe zu ermöglichen, in der weder der Coach in eine Überlegenheitsrolle kommt noch der Klient die „bedürftige“ Position einnimmt. Dabei hilft es, den Fokus auf die Tatsache zu lenken, dass jeder Mensch gut und eigenständig für sich denken kann.

Auch hierarchische Strukturen sowie Temperamentsunterschiede können zur Ungleichheit führen, etwa wenn Extrovertierte oder hierarchisch höher Gestellte sich überdurchschnittlich viel Raum nehmen, während andere schweigen, sich innerlich zurückziehen und nicht gehört werden. So geht Denkqualität, die der Gruppe eigentlich zur Verfügung stünde, verloren.

Gleichheit bedeutet in einer Gruppe auch, auf ungefähr gleiche Redeanteile zu achten. Dieses Prinzip sorgt einerseits dafür, dass die Extrovertierten nicht alles dominieren. Andererseits können und sollen Introvertierte auch etwas beitragen. In einem Thinking Environment kann man die Verantwortung für das Denken nicht alleine übernehmen und auch nicht an andere abgeben. Sie wird von allen geteilt. (Die einladende und wohlwollende Denkumgebung ermöglicht es auch den Menschen, die sonst nicht so gerne vor Gruppen sprechen, sich ohne allzu große Überwindung darauf einzulassen. Eher introvertierte Menschen erleben dieses Prinzip eher als Erleichterung denn als Herausforderung.)

Bemerkt man bei sich selbst, dass sich ein Gefühl der Unterlegenheit breitmacht, kann man sich innerlich eine denkförderliche Frage stellen (s. Abschn. 2.9): „Wenn ich wüsste, dass das beste und eigenständige Denken *jedes* Einzelnen (also auch meines!) eine wichtige Voraussetzung ist, damit die Gruppe gemeinsam gut denken kann, wie könnte dann hier mein Beitrag aussehen?"

Ganz praktisch wird die Gleichheit in der Gruppe etabliert, indem immer wieder Runden durchgeführt werden, in denen *jede* Person zu Wort kommen kann, mit etwa gleichen Redeanteilen. Die Beteiligten sitzen dabei in einem Kreis.

Die Komponente Gleichheit schließt noch einen weiteren Aspekt mit ein: das Respektieren von Grenzen. Es gibt eine weitverbreitete Tendenz, Übereinstimmungen erzielen und gemeinsame Sichtweisen anstreben zu wollen. Zu diesem Zweck versucht man, andere von der eigenen Perspektive und Meinung zu überzeugen oder dahingehend zu beeinflussen. Mitunter verwechseln wir jedoch das „Einer-Meinung-Sein" mit „einander mögen". Das Gleiche zu denken oder einer Meinung zu sein, lässt nicht notwendigerweise eine warme oder wohlwollende Atmosphäre entstehen, es verhindert aber freies und eigenständiges Denken. Damit das entstehen kann, müssen die Grenzen zwischen deinem und meinem Denken gezogen werden und es darf in der Tat ganz und gar unterschiedlich sein. Ein Coach, der mit diesem Ansatz arbeitet, möchte daher nicht, dass die denkende Person seine vermeintlichen Erwartungen erfüllt und ihm mit ihrem Denken beeindrucken oder gefallen möchte. Sein Wunsch ist es, dass die Person so gut wie nur möglich sie selbst ist, ihrer Ureigenheit oder auch Authentizität begegnet. Erst wenn deren Denkraum sicher ist und nicht verteidigt werden muss, kann die denkende Person den Fokus auf ihre eigenen Sichtweisen lockern und sich tiefer einlassen. Das Gleiche gilt auch für den Coach: Wenn er loslassen kann von der Idee „Denke so wie ich – das könnte dir helfen" und aufhört, überzeugen zu wollen, kann er sich auf das Gegenüber und dessen Denken und Erfahrungsräume tiefer einlassen. Dann kann wirkliche Begegnung passieren. Dies trifft auch auf berufliche Meetings zu: Es geht darum, den unterschiedlichen und auch möglicherweise widersprüchlichen Perspektiven erst einmal Raum zu geben, sie wirken zu lassen, um auf dieser Grundlage anschließend Entscheidungen zu treffen oder gemeinsame Lösungen zu erarbeiten.

Eine Denksitzung in einem Thinking Environment ist dann erfolgreich, wenn der Coachee ins eigenständige, freie Denken kommt, unabhängig davon, was der Coach für richtig erachtet.

In der Gruppe ist es wieder die Durchführung von Runden, in denen jeder zu Wort kommt, ohne von anderen unterbrochen oder unmittelbar kommentiert zu werden, die es ermöglicht, viele und auch widersprüchliche Perspektiven aufzuzeigen.

Das Grenzenziehen ist auch dann notwendig, wenn der angebotene Denkraum ausgenutzt oder überstrapaziert wird. Beispielsweise berichtete mir eine Führungskraft, wie eine Mitarbeiterin den ungestörten Raum nutzte, um mit ihr abzurechnen und Dampf abzulassen, wissend, dass sie dabei nicht unterbrochen werden würde. In solchen Fällen ist es wichtig, dass der Denkpartner eine Grenze zieht, um die Gleichwürdigkeit wiederherzustellen und das Thinking Environment aufrechtzuerhalten.

2.3 Gelassenheit

„Es ist 5 vor 12 und der Patient wartet!" – Dieser Spruch prangte in großen Lettern im Empfangsraum eines Unternehmens, von dem ich eingeladen worden war, das Thinking Environment vorzustellen. Das Gefühl der Dringlichkeit wird in vielen Kontexten bewusst vermittelt und hervorgehoben, um anzutreiben, die Relevanz der eigenen Arbeit zu verdeutlichen oder die Motivation zu erhöhen. Selbst im Privatleben ist es für viele Menschen zu einem Automatismus geworden, entstehende Freiräume unmittelbar mit Aktion zu füllen. Ellenlange To-do-Listen müssen abgearbeitet werden, und warum sollten wir den Weg zum Zug nicht für ein paar wichtige Telefonate nutzen?

Der Haken aber ist: Die Zeit zum Denken kommt zu kurz. Um die Qualität des Denkens zu verbessern, brauchen wir Räume, die frei sind von Eile, Dringlichkeit (urgency) und dem Gefühl des Getriebenseins.

Sie mögen jetzt zu Recht einwenden, dass wir doch die ganze Zeit über denken und unser Arbeitsalltag in der Tat keine Möglichkeit lässt, sich regelmäßige Denkpausen einzurichten. Auf die äußeren Umstände mögen wir nur bedingt Einfluss haben. Aber unseren eigenen und inneren Zustand können wir beeinflussen. Die Arbeit in einem Thinking Environment bedeutet nicht, sich nun endlich mal alle Zeit zu nehmen, die man sonst nie hatte. Es geht nicht um zusätzliche Zeit, sondern um eine innere Haltung in einem gegebenen Zeitraum. Es geht darum, die zur Verfügung stehende Zeit bewusster zu nutzen, den Autopiloten auszuschalten und wahrzunehmen, was gerade ist, um so die Qualität des Denkens zu verbessern. Wenn die Gelassenheit verloren geht, beeinträchtigt das auch andere Komponenten: Aus einem Gefühl des Zeitdrucks heraus wird die Tendenz, eigene Perspektiven bestätigen zu wollen, noch verstärkt. Dann ignorieren wir Informationen von anderen, die nicht in unser Bild passen. Die Auseinandersetzung mit anderen Sichtweisen mag dann zu zeitintensiv oder lästig erscheinen. Darunter leiden die Diversität und auch die wertschätzende Haltung.

Als Denkpartnerin gebe ich mir deshalb die Erlaubnis, im Moment anzukommen, an diesem Ort, mit dieser Person. Ich persönlich beginne die meisten Denksitzungen beispielsweise mit einem zwei- bis dreiminütigen gemeinsamen „Ankommen in Stille", einer kurzen Meditation mit Konzentration auf den Atem, die mir selbst und meinem Gegenüber ermöglicht, ganz präsent und gelassen im Hier und Jetzt anzukommen. Auch manche Teams etablieren Gelassenheit, indem sie zu Beginn ihrer Zusammenkunft gemeinsam einen Moment schweigen.

Innerhalb eines gesetzten Zeitraums – und manchmal sind das nur fünf Minuten – hat die denkende Person die Gelegenheit, mit absoluter Aufmerksamkeit ihres Gegenübers ihre Gedanken zu fassen und zu formulieren. Entscheidend ist dabei das Wissen, nicht unterbrochen zu werden. Das allein lässt die denkende Person schon gelassener werden und sich in aller Konzentration dem eigenen Denken zuwenden. Fünf Minuten können sogar unerwartet lang erscheinen. Denn: „Kann man schnell zuhören? … Erst wenn ein innerer Raum der Muße entsteht, ohne Zeitdruck und ohne Funktionalität, kann die Seele in ihre Tiefen tauchen, sich dort schöpferisch entfalten und sich darin zeigen" (Stiegler 2015, S. 157).

Die Gelassenheit kann der Denkpartner auch physisch zum Ausdruck bringen: durch eine entspannte Körperhaltung, die Wachheit und Aufmerksamkeit signalisiert. Im Verlauf einer Denksitzung achte ich immer wieder darauf, wie gelassen ich selbst gerade bin, senke dann bewusst meine Schultern, entspanne das Gesicht oder atme tief durch.

Ein Arzt, der mit dem Thinking Environment seit vielen Jahren vertraut war, verdeutlichte in einem Workshop diese Komponente anhand einer Schilderung von der

Intensivstation, in der er gearbeitet hatte. Gerade wenn es um Leben und Tod ging, die Situation von extremer Dringlichkeit geprägt war und jede seiner Handlungen absolut entscheidend war – genau dann musste er bestmöglich denken können. In absoluter Klarheit und Präzision. Das waren die Momente, in denen er sich ganz bewusst dazu entschied, sich von den äußeren Umständen nicht in Hektik versetzen zu lassen. Stattdessen erschuf er sich *innerlich* einen Raum der Gelassenheit, in dem er ganz bei sich, ruhig und im Augenblick war, um so sein Umfeld, seine Kollegen und die vielen Informationen um ihn herum in aller Wachsamkeit aufnehmen, entsprechende Entscheidungen treffen und dann handeln zu können. Er hatte für sich den Automatismus aufgelöst, dass jeder Notfall zugleich Angst auslöste, Fehler zu machen und deswegen unter enormen Stress zu geraten. Stattdessen beobachtete er sich selbst in größter Präsenz und vermied, impulsiv auf die äußeren Umstände zu reagieren. Er hatte für sich erkannt, dass er v.a. dann Fehler vermeiden konnte, wenn er auf diesen inneren Raum fokussierte, der frei ist von dem Gefühl der Getriebenheit.

Wenn dieser Raum nicht da ist, wenn die innere Gelassenheit verloren geht, hört das klare Denken auf und der Autopilot springt an: Wir „funktionieren“ nur noch. Das mag in vielen Fällen zunächst ausreichend sein, wird aber dann riskant, wenn Unvorhergesehenes passiert.

2.4 Wertschätzung

In der Schule meines Sohnes nennt man es „warme Dusche“: Von Zeit zu Zeit drücken die Kinder ihre Wertschätzung für ihre Mitschüler aus und schreiben auf, was sie an ihnen mögen oder toll finden. Dieses Ritual beschreibt einen nährenden Moment, der auch im Coaching, in der Therapie oder jeder anderen Beratungssituation und auch Gruppensituation unterstützend wirken kann. Eine Klientin beschrieb die Wirkung der Wertschätzung poetisch: „Es fühlt sich an, als hätten Sie mit einer Gießkanne meine Pflanze in trockener Erde gewässert. Erfrischend und belebend.“

Die Komponente Wertschätzung ist im Grunde in jeder anderen Komponente mit enthalten und kann sich auf viele verschiedene Arten ausdrücken. Alle Komponenten zusammen ergeben ein „wertschätzendes System“ („system of appreciation“, Kline 2015, S. 59). In diesem System verbessert sich das Denken, während es umgekehrt angesichts von Kritik beeinträchtigt ist. Die Hirnforschung bestätigt, dass Wertschätzung dazu führt, dass Oxytocin, das sogenannte Bindungshormon, ausgeschüttet und das Gehirn besser durchblutet wird. So können Denkprozesse erleichtert und verbessert werden. Kritik wiederum bedeutet Stress, der zu einer Ausschüttung von Adrenalin und Cortisol führt und unsere Denkfähigkeit einschränkt. Daher wird, um die Qualität des Denkens auch bei Kritik aufrechtzuerhalten, ein Verhältnis von 5:1 empfohlen: Einer Kritik sollte eine fünffache Wertschätzung gegenüberstehen, damit die andere Person auch weiterhin gut denken kann.

Dabei ist Wertschätzung nicht als „Feel-good-Faktor“ zu betrachten, als warme Wohlfühldusche, die uns einlullt. Es geht darum, durch eine wertschätzende Perspektive unseren Blick auf das, was ist, zu erweitern und eine umfassendere Realität zu beschreiben. Denn wir alle sind dem archaischen Muster ausgeliefert, Gefahren, Bedrohungen, das Negative in den Fokus unserer Aufmerksamkeit zu rücken. So erzählte mir eine Kollegin von einem Vortrag, den sie gehalten hatte: An einer für sie inhaltlich sehr kritischen Stelle stand eine Frau auf und verließ den Raum. Meine Kollegin war verunsichert („Was denkt diese Frau? Hörte es sich doch komisch an, was ich gesagt habe? Hätte ich das nicht sagen sollen?“). Erst im Nachhinein stellte sie fest, dass sie in ihrer Sorge die 179 anderen Menschen, die im Raum sitzen geblieben waren und die ihr weiterhin gebannt zuhörten, völlig aus dem Blick verloren hatte.

Der Geist arbeitet besser, wenn er ein umfassenderes und weniger einseitiges Bild der Wirklichkeit hat. Deswegen gilt es in einem Thinking Environment, den Blick explizit darauf zu richten, was gut läuft, und das mitunter auch auszusprechen. Das geschieht z. B. in der Eröffnungsrunde eines Meetings mit einer Frage wie: „Was ist uns in den letzten zwei Wochen in der Bearbeitung unseres Projektes gut gelungen?“

Meine Kollegin berichtete von einer Eröffnungsrunde in einer Firma, die gerade extrem schwere Zeiten durchmachte und bei der dieser positive Blick nicht angemessen erschien, sondern Widerstände hervorgerufen hätte. Deswegen formulierte sie die Frage für die Eröffnungsrunde den Umständen entsprechend: „Angesichts dessen, was in den letzten Monaten wirklich katastrophal gelaufen ist, was sind ein oder zwei Dinge, die Ihnen Hoffnung für die Zukunft geben?“ So formuliert, setzte die Frage neue Denkprozesse frei und schaffte eine positive Dynamik.

Auch zum Abschluss einer Denksitzung gibt es einen Moment der gegenseitigen Wertschätzung. Denkende Person und Denkpartner erkennen eine Eigenschaft, die sie bei der anderen Person wahrnehmen, prägnant, echt und konkret an (auf Englisch die drei „S“: succinct, sincere, specific), ohne sich aber dabei auf die Inhalte der Denksitzung zu beziehen.

Üblicherweise und schon als Kind erfahren wir Wertschätzung für das, was wir *tun*, und nicht für das, was oder wer wir *sind*. Im Thinking Environment geht es darum, eher eine Qualität des Seins wertzuschätzen als eine Qualität des Tuns. Ich unterscheide hier auch explizit zwischen Wertschätzung und Lob. Letzteres wirkt schnell von oben herab, ausgesprochen von jemandem aus einer überlegenen Position, der sich die Legitimation zu bewerten zuspricht. Würde ein Denkpartner beispielsweise eine Sitzung damit beenden, indem er sagt: „Sie haben sich sehr viel Mühe gegeben und es ist ja auch was ganz Gutes dabei herausgekommen", würde er den bei der denkenden Person selbstermächtigenden Effekt der Denksitzung möglicherweise komplett zunichtemachen.

Weil das Aussprechen und Annehmen von Wertschätzung eher ungewohnt ist und chronisch vernachlässigt wird, macht es Sinn, zu üben. Wertschätzung ist zentral für das Wohlbefinden und letztendlich für die Qualität der Arbeit. Wer sich wertgeschätzt, gesehen und anerkannt fühlt, ist ermutigt, motivierter und leistet mehr. Das trifft auch im negativen Sinne zu: Wenn jegliche Anerkennung ausbleibt, leiden darunter Selbstwert und Engagement für die Arbeit. Am leichtesten ist es vielleicht, mit Kindern diese Perspektive zu üben: Auch wenn das Verhalten nicht dem entsprechen sollte, was wir Erwachsene für „gut" befinden, ist es noch immer möglich, den Fokus auf das „Sosein" des Kindes zu richten und sich auf Qualitäten zu konzentrieren, die die Schönheit des Kindes im weitesten Sinne ausmachen, oder einfach die Tatsache wertzuschätzen, das es da ist.

Es ist sogar möglich, bei Menschen, die man kaum kennt, etwas anzuerkennen. Wir nehmen so viel innerhalb weniger Sekunden wahr, und wir müssen Menschen nicht mal mögen, um sie wertschätzen zu können.

Erstaunlich ist, wie schwer wir uns damit tun, Wertschätzung entgegenzunehmen. Es gibt eine Tendenz, jegliche Wertschätzung abzuwehren, als wäre sie in irgendeiner Form bedrohlich oder ein Zeichen von Unbescheidenheit, sie einfach anzunehmen.

Möglicherweise tun sich Menschen in diesem Kulturkreis noch schwerer mit der Wertschätzung als im angloamerikanischen Raum. Meike Winnemuth hat einen Umgang mit den kulturellen Unterschieden gefunden und spricht mir dabei aus dem Herzen:

> „Ach, es ist so verdammt einfach, die Welt blöd zu finden. (...) Dass es auch anders geht, habe ich gelernt, als ich für ein paar Monate nach Brooklyn zog. Die New Yorker sind Meister der Komplimente im Vorübergehen. ‚Great pedicure, Honey', sagt eine Frau beim Blick auf meine Füße und ist schon um die nächste Ecke verschwunden. (...) Dieses dauernde Loben war für mich zuerst ein Schock, die klassisch deutsche Reaktion ein misstrauisches ‚Was wollen die von mir?'. Antwort: nichts. Die sagen nur, was ihnen gefällt. Und das macht allen gute Laune (...). Seit Brooklyn habe ich mir angewöhnt, alles Schöne und Gelungene zu loben. (...) Das bedeutet nicht, dass ich ständig mit seligem Lächeln durch die Straßen hüpfe. Bitte! Ich bin Norddeutsche! Wir hüpfen aus Prinzip nicht. Aber das genaue Hinschauen (...) sorgt für ein flauschiges Gefühl der Zufriedenheit, das sonst auf legalem Weg nur schwer zu erreichen ist. Müssen Sie mal probieren."
>
> (Quelle: ↗ http://www.caritas-rheine.de/aktuelles/kampagnenundinitiativen/5minutenimpulse/13.-maerz-2017-ein-lob-auf-das-loben)

Die konkrete Umsetzung der Wertschätzung in einem Thinking Environment hat einen fast pragmatischen Charakter: Eine Person benennt eine Qualität, die sie bei der anderen wahrnimmt, diese wiederum nimmt die Wertschätzung mit einem schlichten „danke“ (und als eine Wahrnehmung der anderen Person) ohne weitere Kommentare entgegen. Danach wechseln die Rollen. Es klingt banal, doch die Wirkung ist tiefgehend. Ganz offensichtlich sind Menschen danach gelöst, ermutigt, energetisiert und berührt. Und inspiriert zum Weiterdenken.

Nicht nur ausgesprochen, auch implizit als innere Haltung kann Wertschätzung permanent präsent sein und so einen spürbar positiven Raum schaffen. Der Denkpartner begegnet seinem Gegenüber in einer nicht urteilenden Weise, mit Zuspruch und Wohlwollen für dessen Sosein und ist dabei geleitet von der Grundannahme, dass jeder Mensch in der Lage ist, gut für sich selbst zu denken.

Auch sich selbst gegenüber kann der Denkpartner, die zuhörende Person, eine wertschätzende Haltung einnehmen. Sie könnte sich selbst innerlich z. B. die Frage stellen: „Wenn ich wüsste, dass meine Präsenz und Zuwendung für die andere Person von größter Bedeutung sind und ich nicht ‚performen‘ muss, um hier etwas zu erreichen, wie könnte ich dann noch mehr Gelassenheit ausstrahlen?“

2.5 Ermutigung

Die Ermutigung zum eigenständigen Denken in einem Thinking Environment beinhaltet ein Ende von Rivalität, Profilierungsdenken und Wettbewerb.

Es ist eine beachtliche Herausforderung, sich vom Wettbewerbsdenken zu lösen, da es in unserem kapitalistischen System tief internalisiert ist und gemeinhin als leistungssteigernd empfunden wird.

Solange die denkende Person – ganz gleich ob in einer Zweiersituation oder in einer Gruppe – darüber nachdenkt und abwägt, welche Art von Denken wohl von ihr erwartet wird, wie die anderen das, was sie zu sagen hat, finden oder ob es sich schlau genug anhört, ist sie unfrei und nicht im eigenständigen Denken.

Übertragen auf das Coaching, wird couragiertes, beherztes Denken auf der Suche nach ureigenen Perspektiven oder Ideen nur in einem wettbewerbsfreien Raum wirklich möglich, wenn der Coach nicht meint, seine Qualifikation unter Beweis stellen zu müssen, indem er die „besseren“ Ideen anbietet, auf die der Coachee noch nicht gekommen ist.

Im Unternehmenskontext ist es meist noch herausfordernder, sich von dem verbreiteten und institutionell tief verankerten Wettbewerbsdenken zu lösen. Wenn etwa „Visibility“, also die Sichtbarkeit oder auch Selbstvermarktung, ein Leistungsindikator für Mitarbeiter ist, der sich am Ende des Jahres auf dem Konto niederschlägt, wird es kaum das Anliegen der Einzelnen sein, das Denken der anderen und der gesamten Gruppe zu fördern. Dann geht es eher darum, selbst einen Punkt zu erzielen und sich durch bessere Leistung hervorzuheben. Die Komponente „Gleichheit" mit dem Prinzip der Runden ermöglicht es aber, dass jede einzelne Person gehört wird und ihren Beitrag leisten kann.

Eine andere Art, zum Weiterdenken zu ermutigen, besteht in der Frage „Was noch …?" Auch wenn eine Denkwelle schon abgeschlossen und die denkende Person der Ansicht ist, nicht mehr weiterzukommen, wird der Denkfluss durch diese Frage wieder neu angeregt. Sie unterstützt die denkende Person darin, ihre Gedanken weiter zu explorieren, neue Denkrichtungen einzuschlagen und weitere Bereiche zu erforschen. „Es ist überwältigend zu erleben, wieviel man über sich zu sagen hat, je weiter man sich wagt und verliert, umso mehr fließt nach" (Canetti 1985, S. 36).

Auch wenn Sie als Coach oder Berater schweigend Ihre Aufmerksamkeit aufrechterhalten, während der Denker seinen Gedanken nachgeht, wird dies als ermutigend wahrgenommen. Darüber hinaus sind es auch die implizit gestellten wertschätzenden Fragen („Wenn du wüsstest, dass du dieses Problem lösen kannst, wohin würde dich dein Denken als Nächstes führen?"), die zum Weiterdenken ermutigen.

2.6 Gefühle

„Tränen am Arbeitsplatz wirken unprofessionell. Angst lässt einen unsouverän aussehen. Und überhaupt sollte der Ausdruck von Gefühlen im beruflichen Umfeld vermieden werden. Immer schön sachlich bleiben." – Diese Perspektive wird von vielen geteilt. Wir versuchen oft, unsere wahren Gefühle zu unterdrücken in der Hoffnung, sie auf diese Weise weniger spüren zu müssen und nach außen hin als sachlich und kompetent wahrgenommen zu werden. Dabei sind z. B. tiefe Zweifel oder Ängste allgegenwärtig: Im Coaching begegnen mir (unterschwellig) häufig Fragen wie: „Bin ich genug?", oder: „Wann merken die anderen, dass ich mich hier reingeschummelt habe? – Ich könnte jederzeit auffliegen!" Auch Wut und Ärger sind deutlich zu spüren. Meist verbirgt sich dahinter Hilflosigkeit angesichts von Konflikten mit anderen. Oft liegen diesen starken negativen Gefühlen beschränkende Annahmen über uns selbst oder die Welt zugrunde, die nicht aufgelöst werden können, solange sie im Verborgenen wirken. Das Unterdrücken von Gefühlen hemmt das Denken und dementsprechend auch unsere Handlungsspielräume.

Das Unausgesprochene ist aber nicht weg. Es dringt durch Blicke, Körpersprache oder Haltung nach außen und beeinflusst das Geschehen.

Intellekt und Gefühle sind eng miteinander verknüpft, und Gefühle spielen eine entscheidende Rolle in jeder Interaktion. Das Wahrnehmen und Aufspüren, das bewusste Hinsehen und Bearbeiten dieser Gefühle kann daher ein Weg zu mehr (Selbst-)Erkenntnis sein.

Das Thinking Environment lädt zu einem gemäßigten Ausdruck von Gefühlen ein, um so das Denken zu fördern. Als Denkpartner nehmen wir eine Haltung des mitfühlenden Zulassens ein und erkennen schlicht an, dass diese Gefühle – in diesem Moment – da sind. Als Zuhörende müssen wir nicht tröstend, beschwichtigend oder abwiegelnd aktiv werden. Oder gar dagegen argumentieren. In dem Moment, in dem diese Gefühle sehr stark sind, denkt und handelt ein Mensch nicht unbedingt logisch und nachvollziehbar. Aber das Wahrnehmen und das Ausdrückendürfen der gerade gegenwärtigen Gefühlsregungen verhelfen wieder zu klarerem Denken. Gefühle bleiben nicht allzu lange in der anfänglichen Vehemenz erhalten, sie transformieren sich – allein schon durch die eigene Aufmerksamkeit und die des Gegenübers. Auch der Ausdruck von positiven Gefühlen erleichtert das Denken: Ein Lachanfall oder Momente der sprachlosen Rührung schaffen Raum für neues Denken.

Wie wichtig es ist, als Zuhörende präsent zu sein, aber nicht aktiv einzugreifen, verdeutlicht folgendes Beispiel:

Im Rahmen eines Kurses dachte eine Teilnehmerin über eine für sie erschütternde und sehr traurige Situation nach. Ihre Denkpartnerin, die sie durch diesen Denkprozess begleitete, war eine gute Freundin von ihr. Während des offensichtlich schmerzhaften Verlaufs verspürte sie das allergrößte Bedürfnis, die Teilnehmerin mit Worten oder einer Umarmung zu trösten, um diesem unbehaglichen Moment seine Schärfe zu nehmen. Diese aber beschrieb im Anschluss, wie gut es für sie gewesen sei, *alleine* durch diese Krise zu gehen und ohne dabei durch eine Intervention von außen „unterbrochen“ zu werden. Sie hatte keine Umarmung gebraucht und gewollt. Die wohlwollende Präsenz reichte ihr völlig, um sich ausreichend begleitet und unterstützt zu fühlen.

Natürlich sind dem Ausdrücken und Ausagieren von Gefühlen auch Grenzen gesetzt. Wenn wir unserem Ärger Luft machen, indem wir Mitarbeiter, Ehepartner oder Kinder zusammenschreien und ein Klima der Angst und Aggression erzeugen, ist jegliches Thinking Environment zerstört.

Wenn wir jedoch die Wahrnehmung unserer Gefühle schärfen und einen bewussteren Umgang mit ihnen erlernen, sind sie nicht mehr hinderlich für unsere Professionalität, sondern dienen als Wissensquelle. Sie müssen dann nicht mehr wie ein Ball unter Wasser gedrückt werden, überwältigen uns aber auch nicht völlig.

2.7 Information

In einem Thinking Environment ist es die Aufgabe des Denkpartners (also des Coaches, der Führungskraft etc.), relevante Informationen bereitzustellen und damit für das Gegenüber gute Bedingungen zu schaffen, um über die entsprechende Fragestellung nachdenken zu können. Wissen zurückzuhalten ist eine Form der Infantilisierung („Mal sehen, ob du auch herausbekommst, was ich schon weiß!"), die in einem Thinking Environment vermieden wird. Andererseits steht auch die denkende Person in der Verantwortung, relevante Informationen einzuholen. Dies nicht zu tun, schränkt die Qualität des eigenen Denkens ein.

Ein Mangel an Information ist sicher nicht das Problem unserer Zeit. Im Gegenteil gilt es zu filtern, um angesichts der alltäglichen Informationsflut Fokus und Aufmerksamkeit zu bewahren. Das gilt auch für die einzelne Denksitzung: Notwendige und relevante Informationen werden zur rechten Zeit und im rechten Maß zur Verfügung gestellt. Das kann einerseits vor dem Denkprozess geschehen, aber auch im Verlauf desselben, wenn deutlich wird, dass die denkende Person offensichtlich nicht über eine entscheidende Information verfügt. In diesem Fall heißt es aber dennoch, die absolute Aufmerksamkeit aufrechtzuerhalten und erst am Ende einer Denkwelle die Informationen bereitzustellen. Bei der Vermittlung reduziert man sich auf das Nötige, was die Person braucht, um gut weiterdenken zu können, und fragt nach dem kurzen, prägnanten Impuls: „Was denken Sie jetzt?"

Möglicherweise gäbe es vonseiten des Denkpartners noch viel mehr zu sagen. Nur läuft dieser dann Gefahr, den Prozess an sich zu reißen, das Denken für die andere Person zu übernehmen. Ohnehin muss bedächtig abgewogen werden, welche Information wirklich relevant ist. Der Denkpartner muss aufmerksam dafür sein, ob und wie viel eigene Meinung mit einfließt, wenn er das Thinking Environment für die andere Person aufrechterhalten möchte.

Mit Information sind nicht immer nur nüchterne Zahlen, Daten, Fakten gemeint. Ich erinnere mich an eine Coachee, die zu Beginn der Denksitzung unruhig auf der vorderen Stuhlkante saß, nervös wirkte und fragte: „Was denken denn andere, wenn sie hier sitzen? Was kann ich denn hier denken?" Offensichtlich hatte ich den wohlwollenden Rahmen, in dem es keine Erwartungen zu erfüllen gibt, nicht klar genug vermittelt. Ohne diese Information (hier in Form einer Einladung) hätte sie sich nicht auf den Prozess einlassen können.

Neben dem Bereitstellen von Informationen umfasst diese Komponente noch eine zweite Dimension: das Aufspüren von Leugnungsprozessen, die auf individueller, organisationaler und gesellschaftlicher Ebene ablaufen können.

Diese Leugnung verläuft in drei Schritten:

1. Das, was vor sich geht, wird von den involvierten Personen ignoriert. („Ich schaue nicht hin, also ist es auch nicht da.")
2. Das Geschehen wird wahrgenommen, seine Bedeutung jedoch heruntergespielt. („Na gut, es passiert. Aber so schlimm ist es nun auch wieder nicht.")
3. Die Probleme werden schöngeredet oder umgedeutet. („Eigentlich hat das doch auch sein Gutes.")

Eine Coachee, die nach langem Zögern ihren unbefristeten Vertrag bei einer florierenden Consulting-Firma gekündigt hatte, beschreibt diesen Prozess folgendermaßen: „Einer Kollegin von mir ging es immer schlechter. Sie klagte darüber, dass Dokumente von ihrem Schreibtisch verschwanden, hinter ihrem Rücken Fehlerlisten geführt wurden und ihr wichtige Informationen vorenthalten wurden. Erst dachte ich: ‚Warum sollte das jemand machen? Kann ich mir nicht vorstellen, und wahrscheinlich bildet sie sich das nur ein!' *(Schritt 1)* Als die Fehlerlisten dann öffentlich wurden – tatsächlich war eine andere Mitarbeiterin damit beauftragt worden –, war das schon erschreckend und auch ein bisschen bedrohlich. Ich war erleichtert, nicht selbst davon betroffen zu sein. Gleichzeitig dachte ich, dass das schon seinen Grund haben werde. Vielleicht hatte die Kollegin wirklich viele Fehler gemacht, aus denen sie ja nun lernen könne *(Schritt 2)*. Als die Kollegin dann einige Wochen später kündigte, sagte ich mir, dass sie anderswo bestimmt glücklicher werden würde. Vielleicht war das einfach nicht der richtige Ort für sie gewesen *(Schritt 3)*.

Kurze Zeit später war ich dann selbst betroffen und konnte diese Verdrängung vonseiten des Umfelds aus ihrer Perspektive betrachten: Die anderen hatten es sich bequem gemacht in der Hoffnung, selbst nicht erwischt zu werden. Alle haben wir unter den Teppich gekehrt, dass hier grundsätzlich etwas schieflief, und stattdessen einzelnen Personen die Schuld zugewiesen. Das fühlte sich nicht richtig an."

Es werden aber übrigens nicht nur negative, sondern auch positive Tatsachen ignoriert und verdrängt.

Margaret Heffernan beschreibt in ihrem Buch *Wilful Blindness* (2012) unzählige Beispiele von individueller und kollektiver Verdrängung wider besseres Wissen. Tatsachen werden ignoriert, weil sie nicht in das bestehende Bild passen und ein Anerkennen davon möglicherweise zu Konflikten oder bedrohlicher Veränderung führen kann: „Wir denken vielleicht, dass uns das Blindsein sicherer macht, obwohl es uns in Wirklichkeit angeschlagen, verletzlich und ohnmächtig zurücklässt. Aber wenn wir den Tatsachen und Ängsten ins Auge sehen, erlangen wir echte Kraft und setzen unser Veränderungspotenzial frei" (2012, S. 5; Übersetzung durch die Autorin).

Nancy Kline empfiehlt die „Amy-Frage" (benannt nach ihrer Freundin Amy, die diese Frage gestellt hatte), um die Aufmerksamkeit auf die blinden Flecke zu richten und verdrängtes Wissen sichtbar zu machen: „Was weißt du jetzt schon, was du in einem Jahr herausfinden wirst?" („What do you already know that you are going to find out in a year?" Kline 2011, S. 83.)

Diese Frage kann auch auf gesellschaftlicher Ebene gestellt werden: Was wissen wir jetzt schon, was wir in einem oder fünf oder zehn Jahren herausfinden werden (aber noch nicht wahrhaben oder in der Konsequenz weiterdenken wollen)? Den Blick dorthin zu richten, mag schmerzhaft oder auch ermutigend sein – in jedem Fall fördert die erweiterte Perspektive die Qualität des Denkens.

2.8 Diversität

Wir scheinen ein gespaltenes Verhältnis zur Diversität, zur Vielfältigkeit von Individuen und Gruppen zu haben. Auf der einen Seite wird sie als erstrebenswerter Zustand postuliert und findet sich in Leitbildern vieler Organisationen wieder. Diversität soll Systeme durchlässig machen und Arbeitsfelder offen und flexibel gestalten helfen. Auf der anderen Seite wird sie skeptisch betrachtet, kann sie doch auch als Begründung für Diskriminierung missbraucht werden, indem Menschen qua eines bestimmten Merkmals als „anders" definiert und gewissermaßen darauf reduziert werden.

Insgeheim erscheint doch eher Homogenität ein wünschenswerter Zustand zu sein. Vorhersagbarkeit ist bequem! Byung-Chul Han spricht auch vom Terror des Gleichen, der heute alle Lebensbereiche erfasst: „Man akkumuliert Friends und Follower, ohne je einem Anderen zu begegnen" (Han 2016, S. 9). In den sozialen Netzwerken bilden sich „like-minded communities" oder sogenannte Echo-Kammern, in denen „das Andere" nicht mehr wirklich vorkommt und auch keine Begegnung stattfindet, sodass der „Erfahrungshorizont immer enger wird" (Han 2016, S. 10). Es wirkt fast so, als würden wir sagen: „Wir schätzen zwar Diversität, aber nur solange wir bestimmte Werte teilen, ähnlich denken, uns ähnlich kleiden und ähnlich handeln" (ebd.). In vielen Organisationen oder Unternehmen wird gleichartiges Denken bestätigt und belohnt. Sicher ist auch Ihnen der Wunsch vertraut, die eigenen Ansichten bestätigt und geteilt zu sehen.

Dieses Streben nach vermeintlicher Homogenität ist aber eine Form der Leugnung dessen, was uns – in unserer Vielfalt – ausmacht, und schränkt uns daher in unserem Denken ein. Deswegen ist in einem Thinking Environment die Vielfalt von Perspektiven und Ideen willkommen. Die Realität ist vielfältig und die Wahrnehmung eines möglichst umfassenden Bildes (auch in Widersprüchlichkeiten und Uneindeutigkeiten) schützt vor Kurzschlüssen und Schnellschüssen.

Die hier angesprochene Vielfalt kann sich übrigens auf verschiedene Aspekte beziehen, Nancy Kline spricht hier von „Gruppenidentitäten". Gemeint sind damit offensichtliche Zuschreibungen wie Geschlecht, sexuelle Orientierung, Einkommensklasse oder Herkunft, aber auch die Zugehörigkeit zu einer Abteilung innerhalb einer Organisation, Ausbildung, parteipolitische Zugehörigkeit u. Ä.

Nancy Kline führt zwei Arten einschränkender Annahmen auf und beschreibt, wie das Anerkennen von Diversität das Denken befreit:

1. Es gibt eine dominante Gruppe, die überlegen ist, und deswegen sollte jeder so werden wie sie.
2. Weil die dominante Gruppe überlegen ist, sollte sie Macht über andere haben.

Wenn sich diese beiden Annahmen auflösen, kann die Diversität verschiedener Gruppen deutlich werden und ein wirkliches Thinking Environment entstehen.

Die Annahmen, die die Unterdrückung des vielfältigen Denkens aufrechterhalten, können durch sogenannte Incisive Questions aufgelöst werden (vgl. Abschn. 2.9).

Der Weg zu mehr Diversität führt über eine Auseinandersetzung mit gesellschaftlichen Vorurteilen. Sich diskriminierender Annahmen bewusst zu werden und sich davon zu befreien, ist ein emanzipatorischer Akt. Er erlaubt es uns, wir selbst zu sein und eigenständig denken und handeln zu können. Das ist es, was wir in einem Thinking Environment ermöglichen möchten.

2.9 Einschneidende Fragen (Incisive Questions™)

Unser ganzes Leben ist von internalisierten und teils unbewussten Annahmen bestimmt, mit denen wir uns die Welt erklären und Orientierung schaffen. Die Konstruktion dieser Annahmen erfüllt damit einen wichtigen Zweck, weswegen wir uns ihrer auch nicht entziehen können. Wohl aber können wir uns diese Annahmen vor Augen führen und entscheiden, welche unser Leben beeinflussen dürfen und welche nicht: Wenn die Annahmen uns bestärken, ermutigen und unterstützen, fallen sie nicht weiter auf. Wenn sie uns aber einschränken und blockieren, halten sie uns davon ab, unser bestmögliches Selbst zum Ausdruck zu bringen und zu leben.

Oft sind es unsere Annahmen über uns oder die Welt, die zu Problemen führen. Schwierig wird es deshalb, weil wir diese Annahmen oft für Wahrheiten halten. Die Probleme entstehen also in unserem Denken. Dort können sie auch wieder gelöst werden. Eine einschränkende Annahme (z. B. „Das, was gerade ist, darf nicht sein!") blockiert das Weiterdenken und damit auch das Handeln.

Einschneidende Fragen – von Nancy Kline als Incisive Questions bezeichnet – helfen uns dabei, die einschränkenden Annahmen durch befreiende zu ersetzen und damit den Blick zu weiten und das Denken wieder fließen zu lassen.

Das englische Adjektiv „incisive“ im Sinne von Nancy Kline lässt sich nur schwer treffend ins Deutsche übersetzen. Eine Muttersprachlerin beschrieb es so: „Der Begriff ‚incisive‘ kommt aus dem medizinischen Bereich, aus dem Operationssaal. Dort werden so feine und präzise Schnitte gemacht, dass kein Blut austritt.“ Präzise wird die einschneidende Frage in einer Denksitzung, indem nur die exakten Worte der denkenden Person in der Formulierung verwendet werden, wodurch sie als „genau den Nerv treffend“ erfahren wird.

Incisive Questions werden in verschiedenen Situationen angewendet: Im Verlauf einer Denksitzung wird der Moment, in dem die Frage explizit gestellt wird, oft als ein Durchbruch im Denken wahrgenommen. Hat die denkende Person die Annahme „Ich bin nicht gut genug“ im Laufe der Sitzung ersetzt durch „Ich gebe jederzeit mein Bestes“, könnte die Incisive Question lauten: „Wenn du wüsstest, dass du jederzeit dein Bestes gibst, wie würdest du dann dein Ziel erreichen?“ Durch solch eine Formulierung wird der Zielzustand gedanklich vorweggenommen. Plötzlich werden neue Optionen und Sichtweisen möglich.

Neben dieser expliziten Form der einschneidenden Frage gibt es auch eine implizite Form. „Implizit“ bedeutet, dass die Frage nicht laut ausgesprochen wird, sondern eher als eine Haltung des Denkpartners mitschwingt. Ich schreibe sie mir manchmal vor meinem geistigen Auge auf. Wenn sich die denkende Person nur mit Mühe auf die Denkreise begibt, könnte eine implizite, nicht laut ausgesprochene Frage z. B. sein: „Wenn du wüsstest, dass du diejenige Person bist, die den Schlüssel zu deinem Problem in den Händen hält, wohin würde dich dein Denken als Nächstes führen?“ Es ist diese implizite Grundhaltung des Denkpartners, die das Gegenüber in seinem Denken ermutigt.

Wenn in einem Meeting das Denken stagniert und jede weitere Bewegung blockiert ist, lohnt es sich, nach der einschränkenden Annahme zu fragen: „Welche Annahme steht hier im Raum und hindert uns, an dieser Stelle weiterzudenken?“ So eine blockierende Annahme könnte sein: „Auf unsere Meinung kommt es hier sowieso nicht an. Diese Entscheidung wird allein auf Vorstandsebene getroffen.“ Eine Incisive Question kann diese Blockade auflösen: „Wenn wir wüssten, dass die Perspektive unserer Abteilung die Entscheidung maßgeblich beeinflussen kann, wie würden wir weiter vorgehen?“

2.10 Ort

Die Kurse, die ich während meiner Thinking-Environment-Ausbildung in England besucht habe, fanden in einem alten Gutshaus auf dem Land, in einem charmanten Hotel mit Blick auf die Themse oder einer malerischen Stadtvilla in London statt. Diese Orte und auch die Art und Weise, wie die Kursräume gestaltet waren (Blumendekoration und bereitgestellte Getränke), empfand ich als ungemein einladend: Ich war hier willkommen. Mein Denken war erwünscht. Meine Anwesenheit machte einen Unterschied.

Dabei muss es kein großer, lichtdurchfluteter Raum mit Blick auf zauberhafte Landschaften sein. Entscheidend ist, dass das physische Umfeld auf die ein oder andere Art vermittelt, dass es auf jeden Einzelnen ankommt. Ein Computerraum im fensterlosen Keller mit Computerbildschirmen auf jedem Tisch, der beispielsweise einer befreundeten Trainerin zugewiesen werden sollte, um mit Schülern in einem Thinking Environment zu arbeiten, erfüllt diese Kriterien nicht. Menschen erfassen sofort, ob sie hier von Bedeutung sind, und das wirkt sich unmittelbar auf die Qualität des Denkens aus.

Mit der Komponente Ort ist zudem nicht nur das physische Umfeld gemeint, sondern auch der Körper selbst. Das körperliche Wohlbefinden ist ausschlaggebend, wenn man davon ausgeht, dass das Denken nicht nur im Kopf, sondern im ganzen Körper stattfindet. Dann ist es nur folgerichtig, auch dem ganzen Körper Aufmerksamkeit zu schenken und zu überprüfen, ob die physischen Bedingungen für das Denken gegeben sind.

Eine kurze Meditation, die ich häufig an den Beginn einer Denksitzung stelle (z. B. „One Moment Meditation“, vgl. S. 170), erlaubt es, den eigenen Körper bewusster wahrzunehmen. Im Körper und im Moment angekommen, kann die Denksitzung beginnen.

Fragen zu Kapitel 2: Die zehn Komponenten des Thinking Environment

1. Fehlt Ihnen eine Komponente? Welche wäre das? Wofür ist die wichtig?
2. Welches Kompliment haben Sie mal bekommen, was Ihnen viel bedeutet hat? Konnten Sie es annehmen?
3. Wie gut ist es um Ihr Zuhören bestellt? Was könnten Sie tun, um noch besser zuzuhören?
4. Was wissen Sie schon heute, was Sie in einem Jahr herausfinden werden?
5. Welche Vorurteile pflegen Sie? Glauben Sie wirklich, was Sie denken?

3. Die Wirkung einer positiven Denkumgebung

„Das größte Kompliment, das mir jemals gemacht wurde, war, als jemand mich fragte, was ich denke, und dann meine Antwort anhörte."

(Henry David Thoreau)

Der Sozialpsychologe Harald Welzer beschreibt die Notwendigkeit eines Umdenkens in unserer Zeit so: „Man muss seine Handlungsmaximen radikal umstellen: nicht Effizienz, sondern Achtsamkeit, nicht Schnelligkeit, sondern Genauigkeit, nicht Weitermachen, sondern Innehalten wären Maximen für den Weg in die reduktive Moderne" (Welzer 2013, S. 141).

Achtsamkeit, Genauigkeit und ein regelmäßiges Innehalten sind auch die Grundvoraussetzungen für ein gelungenes Thinking Environment. Auf diese Weise können „mentale Infrastrukturen" (Welzer 2011) hinterfragt werden: Die denkenden Personen wenden sich mit interessierter Aufmerksamkeit ihren Gewohnheiten und blockierenden Annahmen zu, hinterfragen sie und lösen sie auf. An ihre Stelle können sodann neue, förderliche Annahmen treten, die zu einem freien, mutigen und stimmigen Handeln führen, das den eigenen Werten entspricht.

Die Arbeit mit dem Thinking Environment bewirkt nicht nur auf individueller Ebene eine Veränderung, sie strahlt auch auf die Beziehung zwischen den Menschen aus. Diese Wirkungen lassen sich auch aus Sicht der Hirnforschung begründen.

3.1 Individuation und Selbstermächtigung

Teilnehmende der Ausbildungskurse und Klienten staunen immer wieder über die starke Wirkung der achtsamen, aufmerksamen Haltung, die ein Coach in einem Thinking Environment einnimmt. Was so passiv erscheint, ist die wichtigste Kompetenz des Coaches in einem Thinking Environment und hilft dabei, wirklich freies, kreatives und mutiges Denken freizusetzen. Die positiven Erfahrungen in den Denksitzungen erlauben dem Coachee, das Vertrauen in die Qualität einer solch gearteten Denker-Denkpartner-Beziehung zu entwickeln und die Wirkungen auf unterschiedlichen Ebenen zu erleben. Zugleich ist die besondere Haltung des Coaches die Antwort auf die häufig gestellte Frage nach der Wirksamkeit des Ansatzes:

„Wenn der Coach gar nichts macht – dann könnte ich das doch auch alles der Wand erzählen! Was ist denn dann der Unterschied?“ – Das konsequente Bereitstellen eines Thinking Environment durch den Coach hilft der denkenden Person, sich selbst freundlich anzunehmen. Der Coachee weiß, dass er keine Leistung abliefern, dass er nicht erst „das Richtige“ herausfinden und auch nicht irgendwelchen Erwartungen entsprechen muss. Er kann anfangen, darauf zu vertrauen, dass er in diesem Kontext wirklich völlige Freiheit hat und die andere Person ihr trotzdem interessiert und freundlich zugewandt bleibt.

Das Sichlösen von vermeintlichen Erwartungen von außen lässt die denkende Person entspannen und ermöglicht es ihr, sich angstfrei dem ureigenen Denken und Fühlen zuzuwenden, auch den Schatten und Unzulänglichkeiten. Dann tritt ein manchmal unerwarteter Effekt ein: Ohne Mühe und eben genau dann, wenn man nicht mehr bestimmten Ansprüchen genügen möchte, findet mutiges und frisches Denken statt.

Oft sind es Momente der Überraschung, wenn Menschen ihre eigenen Möglichkeiten erkennen oder ihre eigene Weisheit erfahren, zu der sie zu Hause und alleine auf dem Sofa kaum Zugang haben. Denken in einem Thinking Environment ist ein Prozess der Selbstermächtigung. Die denkende Person kann sich als selbstwirksam erfahren: Nicht nur, dass sie sich intensiv ihren Fragen gewidmet hat, sie hat sie auch *selbst* bearbeitet und stimmige Handlungsoptionen entwickelt und ist nicht *beraten* worden.

Erfährt man diese ermutigende und wertschätzende Denkumgebung eine Zeit lang immer wieder aufs Neue, werden Selbstvertrauen („Ich habe mir das alles allein erarbeitet!“), Selbstwertschätzung („Ich habe gar nicht gewusst, dass ich so kluge Gedanken haben kann!“) und die Fähigkeit zur Selbstermächtigung („Jetzt weiß ich, wie ich es angehe!“) gefördert. Die gefühlte Abhängigkeit von einer Zustimmung von außen nimmt ab. Gleichzeitig – so meine Erfahrung – nimmt aber der Wunsch zu, eigene Fragestellungen in einem Denkraum, also im Beisein eines Denkpartners, zu bearbeiten. Und auch die Gewissheit wächst, dazu in der Lage zu sein. Es ist die paradoxe Schlussfolgerung: Um eigenständig und unabhängig denken zu können, bin ich bereit, mich dem Denkraum einer anderen Person anzuvertrauen.

3.2 Verbindung und Gemeinschaft

Aber nicht nur die denkende Person erfährt sich dabei neu, auch zwischen den Menschen, die sich in einem Thinking Environment begegnen, passiert manchmal Unerwartetes. Da das Zuhören eine besonders wirksame Art der Zuwendung ist, kann es Menschen auch verbinden und Gemeinschaft stiften. Mitunter erfahre ich die Kommunikation in einem Thinking Environment, sei es in einer Zweiersituation oder in einer Gruppe, als geradezu transformierend und so, wie Otto Scharmer es in seinem Buch *Theorie U – Von der Zukunft her führen* beschreibt: „In solchen Momenten verlangsamt sich die Zeit, die Atmosphäre verdichtet und der Raum erweitert sich (…). Die Grenze zwischen dir und deinen Gesprächspartnern ist nun geöffnet, in seid in einer gemeinsamen Anwesenheit, in einem gemeinsamen Flow" (Scharmer 2011, S. 282). Diese Verbundenheit, dieses Feld zwischen den Beteiligten, wird konkret spürbar und erfahrbar. Eine Kursteilnehmerin beschreibt das so: „Ich habe mich am Ende der Denksitzung den Bruchteil einer Sekunde gefragt, wer denn gerade die denkende Person und wer die zuhörende war." Andere berichten auch von einem Staunen darüber, dass die – von der anderen Person – durchdachten Fragen sehr eng mit den eigenen verknüpft waren und sich dabei die Trennung zwischen *dir* und *mir* in kurzen wundersamen Momenten auflöste. Auch der Denkpartner selbst kann – wenn er auf diese Weise zuhört – von einer anderen Perspektive so berührt werden, dass er eigene Sichtweisen hinterfragt oder erweitert und verändert aus der Sitzung herausgeht.

Die wohlwollende Haltung, die die zuhörende Person einnimmt, strahlt Wärme und liebevolle Zugewandtheit aus, was sich unmittelbar auf die denkende Person auswirkt, denn Liebe ist die einzige Emotion, die die Intelligenz erweitert („Love expands intelligence", Maturana & Bunnell 2016). Es geht um eine Begegnung von Menschen, in der niemand den anderen verändern oder optimieren will. In einem Thinking Environment fließt keine Energie in den Wettbewerb, in das Trennende. Das Gefühl der Verbundenheit setzt ganz offensichtlich neue Energien frei. So sagte ein Teilnehmer in der Abschlussrunde einer Veranstaltung in einem Thinking Environment: „Ich hatte den Eindruck, dass wir alle immer schöner wurden, als wir uns in dieser Aufmerksamkeit begegneten. Kann man das sehen?"

Verstehen ist eine Handlung

In einem Thinking-Environment-Kurs wurde ein Teilnehmer unruhig: „Es geht hier ja nur ums Denken! Wie kommt man denn dann ins Tun? Das kann ja nun nicht alles sein!" Es stimmt, dass der Fokus beim Thinking Environment tatsächlich auf dem Denken liegt. Wenn aber in dem Denkprozess die hinderlichen Annahmen, die dem Handeln im Wege stehen, ausgeräumt werden, ist das Handeln fast eine logische Konsequenz und erscheint oft geradezu mühelos. Krishnamurti beschreibt das so: „Man versteht nicht zuerst und handelt dann. Wenn man versteht, wenn man wirklich versteht, dann ist das bereits eine Handlung" (Quelle: ↗ http://www.jkrishnamurti.de).

Die Erfahrung zeigt auch, dass das Ergebnis einer Denksitzung meist positiv erfahrbare Werte beinhaltet: Am Ende gibt es oftmals Momente der Selbstachtung und Selbstermächtigung, des Humors, der Befreiung und der Würde. Nie steht am Ende einer Sitzung ein fertiger Racheplan. Und dafür braucht es keine aktive Steuerung. Das Denken bewegt sich von sich aus in Richtung auf eine in unterschiedlicher Form heilende oder heilsame Wirkung – auf individueller Ebene, aber auch auf zwischenmenschlicher Ebene. Das tiefe Gefühl, angenommen, gesehen und gehört zu werden, erlaubt es dem Menschen, sich selbst anzunehmen. Diese Art der Beziehung kann heilende Wirkung haben.

3.3 (Neuro-)wissenschaftliche Aspekte

> „Es gibt nichts, was die Entfaltung der in jedem Menschen angelegten Potentiale so sehr und so nachhaltig verhindert wie der Verlust der Freude am eigenen Denken und Gestalten."
>
> (Hüther 2015, S. 144)

Was Kindern noch ganz zu eigen ist, geht uns Erwachsenen leider zunehmend verloren: die Lust, die Begeisterungsfähigkeit, selbst zu entdecken und dabei eigene Erfahrungen zu sammeln.

Uns vertraute Umgangsformen, die geprägt sind durch Konkurrenzdenken, Zeit- und Leistungsdruck, schaffen kein denkförderliches Umfeld, schaffen kein Umfeld, das zum Explorieren einlädt. Selten sind unsere Beziehungen tatsächlich so beschaffen, dass sie zum eigenständigen Denken ermutigen, und viel Potenzial mag durch unsere Art, wie wir miteinander umgehen, verschüttet sein.

Zudem kommt hinzu: Unser Gehirn ist vorsichtig. Es liegt auf der Lauer, um Gefahren abzuwenden, und nimmt potenzielle Gefahrenquellen – aus Sicht der Evolution völlig nachvollziehbar – übertrieben wahr, um das „Überleben" zu sichern, und damit ist auch das Überleben – oder besser: das Bestehen – in unserem modernen Informationszeitalter gemeint.

Für die Wahrnehmung von Gefahr und die ständige Alarmbereitschaft ist die Amygdala (Mandelkernkomplex) verantwortlich. Sie nimmt die äußeren Impulse (z. B. visuelle, akustische oder taktile Reize) auf und löst vegetative Reaktionen aus. Wird ein Reiz als potenziell bedrohlich eingestuft, werden Stresshormone ausgeschüttet: Das Herz schlägt bis zum Hals und der Körper spannt sich an. Andere neuronale Netzwerke, in denen höhere kognitive Prozesse ablaufen, sind blockiert, das freie Denken setzt aus.

Bedauerlicherweise unterscheidet die Amygdala nicht zwischen realen Gefahren für Leib und Leben und nur vorgestellten bzw. potenziell ungefährlichen Situationen. Zu diesen als bedrohlich erlebten Situationen gehören etwa: Kritik, Widerspruch, eine Präsentation vor vielen Menschen oder ganz allgemein Veränderung, wenn die Komfortzone verlassen wird oder werden muss. Auch in Situationen, in denen sich Menschen nicht zugehörig fühlen, arbeitet die Amygdala auf Hochtouren und löst Reaktionsmuster wie Angriff (aggressives, cholerisches Auftreten), Flucht oder Erstarrung (Erduldung) aus.

Zum Glück verfügt unser Gehirn aber über eine ganz erstaunliche Fähigkeit: die Neuroplastizität. Dahinter verbirgt sich die Tatsache, dass es ein Leben lang möglich ist, durch neue Erfahrungen das Gehirn zu verändern. Permanent können sich neue Synapsen bilden, können neue Vernetzungen stabilisiert und seltener aktivierte neuronale Verbindungen schwächer werden oder über die Zeit verschwinden. Mit anderen Worten: Wir lernen immer hinzu.

Was wir lernen, ist davon abhängig, worauf wir unsere Aufmerksamkeit richten möchten, und das beeinflusst unmittelbar die Gehirnfunktionen. Im Sinne des Thinking Environment ist daher wichtig zu fragen: Wie können wir bestimmte Gehirnzustände aktivieren, die den Geist glücklich, liebend und weise werden lassen? Wie lässt sich – um das Denkpotenzial von Menschen und auch ihr Potenzial zur Transformation zu fördern – ein Umfeld schaffen, das diese ständige Alarmbereitschaft unserer Amygdala nicht erforderlich macht und das Angstzentrum beruhigt?

Welche Faktoren tragen aus neurowissenschaftlicher Perspektive dazu bei, (Denk-)Potenziale von Menschen freizusetzen? Und inwiefern gewährleistet das Thinking Environment eben genau diese Voraussetzungen?

Ein angstfreier Raum

Das Thinking Environment schafft einen Raum, in dem die aus neurowissenschaftlicher Perspektive relevanten Faktoren einer idealen Denkumgebung zum Tragen kommen. Denkende Personen wissen sich in einem sicheren und stressfreien Umfeld, in dem es keiner Verteidigung jedweder Art bedarf. Alle „potenziellen Bedrohungen“ (etwa negative Beurteilungen, nicht zu erfüllende Erwartungen, Konkurrenzgerangel) werden im Vorfeld und bei Bedarf auch später im laufenden Prozess explizit aus dem Weg geräumt (vgl. Abschn. 4.2 „Das Vorgespräch“): Alleine die Zusage, nicht zu unterbrechen, sondern nicht wertend und interessiert dabeizubleiben, schafft diese Art von „Beruhigung“. Hier muss man nicht mehr eigene Positionen durchsetzen, Meinungen vertreten, kämpfen. Man muss sich nicht mal jemand anderem erklären. Durch das grundlegende Wohlwollen und Interesse des Denkpartners wird die denkende Person eingeladen, neue Erfahrungen zu machen. Sie darf auch ratlos und wortlos sein, sie wird auf dem Weg in diese neuen Denk- und Erfahrungsräume begleitet.

Die begleitende Person (der Denkpartner oder Facilitator, vgl. S. 120 f.) setzt dabei nicht einfach ein Set an Coaching-Instrumenten ein; sie macht auch keine konkreten Handlungsvorschläge. Nein, sie verkörpert den Ansatz des Thinking Environment durch ihre Präsenz, ist innerlich beteiligt. Sie weiß, warum sie einem anderen Menschen so begegnen will, und hat selbst die Erfahrung eines derart eigenständigen Denkens gemacht. Nur so kann sie glaubwürdig andere dazu einladen und ermutigen.

Zugehörigkeit

Für die Gehirnentwicklung von Kindern ist eine sichere und stabile Bindung zu ihren Bezugspersonen notwendig. Erst auf dieser Basis kann sich ein kleiner Mensch für die Außenwelt öffnen und solide Lernerfahrungen machen. Dieses Prinzip gilt auch für uns Erwachsene: Wer Zugehörigkeit und Verbundenheit mit anderen empfindet, fühlt sich auch angesichts von neuartigen Situationen, die Ungewissheit, Veränderung, Unsicherheit bedeuten, geschützt. Er hat weniger Angst. Das Gefühl der Verbundenheit setzt das Bindungshormon Oxytocin frei, welches das Angstzentrum beruhigt. Um unsere Potenziale entfalten zu können, brauchen wir also andere Menschen. Kein Wunder, dass die Vorstellung, in einem Team zu arbeiten, sich einer Gruppe zugehörig zu fühlen, sich förderlich auf Leistungsfähigkeit und Leistungsbereitschaft auswirkt.

In Gruppenkontexten schafft das Thinking Environment einen solchen „Gemeinsinn“: Wenn das Denken jedes Einzelnen frei und eigenständig fließen kann, erhöht das die Qualität der Denkprozesse der gesamten Gruppe. Es kommt also auf jeden Einzelnen an, alle sind gefragt, ihr Denken wird gebraucht, sie gehören dazu, ihnen wird zugehört. Auch Momente der echten, von Herzen kommenden Wertschätzung können dieses Gefühl der Verbundenheit stärken. Ob in der Gruppe oder im Zweierkontext – in einem Thinking Environment begegnen sich die beteiligten Personen als Subjekte und die jeweils denkende Person wird nicht zum „Objekt von Bewertung“ des anderen gemacht, an das Erwartungen gestellt und für das Maßnahmen zur Optimierung getroffen werden. Das nämlich könnte zu Entfremdung, zu Distanz und einem Verlustempfinden führen.

Das Thinking Environment erlaubt eine wohlwollende Begegnung auf Augenhöhe, in der eine Person der anderen einen „Raum zur Entfaltung“ bereitstellt. Darin darf die denkende Person sich entspannen, sie muss nicht in Habachtstellung sein, sie wird nicht für „schlechte Ideen" oder „falsches Denken" abserviert. Sie darf nicht nur sie selbst sein, sie wird explizit dazu eingeladen, eigenständig zu denken, ohne sich daran auszurichten, welches Denken möglicherweise von ihr erwartet wird. Die Verbundenheit wird nicht durch Groupthink oder gleichartiges Denken hergestellt, sondern durch die Begegnung auf Augenhöhe und die Gleichwürdigkeit (Gleichheit).

Auch die Aufmerksamkeitsspanne von Menschen erhöht sich, wenn sie das Gefühl haben, gemeinschaftlich an einer Aufgabe zu arbeiten (Purps-Pardigol 2015, S. 69). Das ist es auch, was sich in Gruppenkontexten, in denen ein Thinking Environment stattfindet, unmittelbar beobachten lässt: Die Lust am gemeinsamen Denken und Entwickeln erhöht sich, man bleibt „dran".

Auch eine lebendige, respektvolle und „gehirngerechte" Feedbackkultur trägt sehr zu einem Gefühl der Zugehörigkeit bei. Das Verhältnis von 5:1 von Wertschätzung zu Kritik, wie von Nancy Kline angeregt, erlaubt wahrhaftige Rückmeldungen, ohne aber dabei wieder Angst zu erzeugen. Der sichere Raum macht möglich, dass kritische Punkte leichter angenommen und verarbeitet werden können und gemeinsames Lernen stattfinden kann.

Wenn wir die Wahrnehmung dessen, was wir (auch bei uns selbst) wertschätzen, schulen, hat das auch längerfristige Auswirkungen:

> „Wenn wir unseren Geist (...) in der Wahrnehmung verwurzeln, *dass wir gut sind, so wie wir sind*, dass *wir das Gute in uns selbst sehen* und dass wir *loslassen* können (...), dann wird unser Gehirn nach und nach die Form von ruhiger Stärke, Selbstvertrauen und innerem Frieden annehmen."
>
> (Hanson 2013 S. 12)

All diese beschriebenen Punkte fördern nicht zuletzt auch die Resilienz, die seelische Widerstandskraft des Menschen. Und zwar nicht nur bei der denkenden Person, sondern auch beim Denkpartner, der ja seine Aufmerksamkeit ebenfalls auf das „Gute" richtet.

Entfaltung und Gestaltung

Auch unser angeborenes Bedürfnis nach Entfaltung und Gestaltung findet in einem Thinking Environment Beachtung. Wird dieses Bedürfnis ignoriert oder dauerhaft nicht befriedigt, kann sich das massiv auf die Gesundheit auswirken. Wenn sich Menschen aber einbringen können in der Gestaltung und Entfaltung (von Projekten, Ideen etc.), messen sie dem Ergebnis ihrer Arbeit eine größere Bedeutung und einen höheren Wert bei (Purps-Pardigol 2015, S. 80).

In einer Denksitzung ist das gewissermaßen in Reinform zu beobachten: Die denkende Person erarbeitet sich ihre Ergebnisse eigenständig und alleine. Sie ist diejenige, die dafür Verantwortung übernimmt und sich durch den Denkprozess durcharbeitet. So wird sie selbst zum Akteur ihres Lebens unter möglicherweise auch widrigen Umständen. Purps-Pardigol spricht von dem „Ikea-Effekt“ (2015, S. 80): Selbermachen heißt auch Selbstwirksamkeit erfahren. In einem Thinking Environment wird man aber auch gefordert: Mach selbst! Denke selbst! Trau es dir zu! Ich traue es dir auch zu. Daran können Menschen wachsen.

Hinzu kommt das tiefe Vertrauen, das etwa ein Coach gegenüber einem Coachee ausdrückt. Weil es eine Grundannahme ist, dass die denkende Person auch den Schlüssel zur Lösung ihrer Fragen in sich trägt, besteht die Rolle des Denkpartners nur darin, den Raum zu halten und zu vertrauen – und *nicht,* das Denken für den anderen zu übernehmen. Denn das wäre unmittelbar ein Ausdruck davon, eben nicht mehr darauf zu vertrauen, dass der Coachee selbst dazu in der Lage ist. Schon zu niedrige Erwartungen an die Denkleistung des anderen oder auch Mitleid (zu unterscheiden von Mitgefühl) schränken das freie Denken ein.

Der Coach in einem Thinking Environment hat seinen Job dann gut gemacht, wenn die Gedanken des Coachees besser (i. S. v. zielführender, wirksamer, heilsamer) sind, als es seine Gedanken für ihn hätten sein können.

Die Kraft der inneren Bilder

Durch das Vertrauen und durch die Erfahrung von Selbstwirksamkeit können positive innere Bilder entstehen, die sich wiederum selbst verstärken. Kann man in einer bestimmten Situation noch nicht auf eigene (positive) Erfahrungen zurückgreifen, hilft das Vertrauen einer anderen Person dabei, dieses Defizit zu überbrücken und ein positives Bild zu erschaffen. Ein Beispiel dazu: Während eines Workshops meiner englischsprachigen Kollegin Maryse mit 180 Teilnehmenden übersetzte ich ihre Worte für das Publikum ins Deutsche. Meinem Herzklopfen nach zu urteilen, muss meine Amygdala dabei äußerst aktiv gewesen sein. Mit anderen Worten: Es war für mich eine herausfordernde Erfahrung und ich war ziemlich nervös. Immer wenn ich sprach, nickte Maryse mir jedoch mit größtem Wohlwollen und Freundlichkeit zu (obwohl sie kein Wort von dem verstand, was ich sagte), was ich als zutiefst ermutigend und bestärkend empfand.

Im Gegensatz zu den positiven inneren Bildern sind negative, einschränkende Bilder (im Thinking Environment heißen Bilder „Annahmen“) wohl den meisten Menschen recht vertraut. Diese gilt es, neu zu bewerten oder anders zu interpretieren.

Es kann sich dabei um individuelle Bilder handeln („Ich habe es nicht so mit Zahlen!"), aber auch um Vorstellungen, die eine Gruppe betreffen, der man sich zugehörig fühlt („Männer können nicht über Gefühle sprechen"). Diese Bilder können die Potenzialentfaltung massiv einschränken. Denn je nachdem, ob wir positive oder negative innere Bilder produzieren, werden andere neuronale Netzwerke in unserem Gehirn aktiviert und miteinander vernetzt. Die Bilder beeinflussen also die Struktur unseres Gehirns. In Abhängigkeit davon erleben wir also entweder eine Weitung unseres Horizonts oder eine Einengung, entweder eine Stärkung unseres Selbstwertgefühls oder Angst und Selbstzweifel. Diese inneren Bilder prägen unsere Beziehungen und unser Zusammenleben.

Das Vertrauen in die andere Person, wie wir es im Thinking Environment erleben dürfen, ist gleichsam eine Einladung und Ermutigung, neue Interpretationen in Erwägung zu ziehen. Das Angebot kommt zwar von außen, wirksam und nachhaltig wird es aber durch das eigenständige Auflösen oder Ersetzen dieser einschränkenden Bilder und Muster. Denn zu einer wirklich eigenen Erkenntnis kann man nur durch eigenständiges Nachdenken kommen. Erst dann finden neue neuronale Verknüpfungen statt. Die denkende Person glaubt nicht mehr an das, was sie bisher für wahr und zutreffend hielt, und ersetzt die alten hinderlichen Annahmen fortan durch förderliche. Dieser Vorgang klingt so simpel wie wohltuend. Und doch ist es harte Denkarbeit, die durch Momente der Orientierungslosigkeit, des Durcheinanderseins und der Inkohärenz gekennzeichnet sind. Kurzum: Momente, die wir (und unser Gehirn) eigentlich lieber vermeiden würden. Es geraten nämlich auch innere Bilder ins Wanken, die uns Stabilität und – wenn auch unheilsame – Gewissheiten gegeben haben.

Gelingt es aber, diesen (Krisen-)Prozess zu durchlaufen, kann man neue Erfahrungen machen, die ermutigend und stärkend sind. Durch eigene Denkleistung konnte sich die denkende Person in einen neu geordneten, wieder „aufgeräumteren" Zustand bringen. Das wird oft als befreiend, beglückend, aufrichtend beschrieben. Dabei wird u. a. Dopamin freigesetzt, das als Botenstoff eine Verstärkung der neuen neuronalen Verknüpfungen anregen kann und so zu ihrer Stabilisierung beiträgt (Hüther 2015, S. 106 f.)

Entscheidend dafür, dass diese neue Erfahrung im Gehirn Veränderungen hervorruft, ist die Freiwilligkeit. Nur dann können Neustrukturierungen der neuronalen Netzwerke entstehen und damit Lernen stattfinden. Unter Zwang kann das Gehirn nicht „lernen". In einem Thinking Environment spielt das v. a. im Gruppenkontext eine Rolle: Es ist ein Balanceakt, alle Beteiligten einzubeziehen und zur Mitgestaltung einzuladen, aber gleichzeitig eben auch aufzufordern, ohne Druck auszuüben. Beispielsweise beginnt bei einer Runde (bei der alle Anwesenden zu einer Frage einen

Gedanken äußern) immer eine freiwillige Person, eine, die dazu bereit ist. Niemand wird gezwungen, und es gibt auch die Möglichkeit, das Wort weiterzugeben, wenn man noch nicht so weit ist. Alle sind aber ausdrücklich eingeladen, sich einzubringen und damit den Gruppenprozess mitzugestalten.

Die Denkräume unterstützen so dabei, sich eigene Potenziale zu erschließen und sie zu entfalten. Sie helfen bei der „Wiederentdeckung der Freude am eigenen Denken und der Lust am gemeinsamen Gestalten“ (Hüther 2015).

Die Lust am Spiel

Hüther und Quarch (2016) beschreiben die Bedeutung des Spiels, damit Menschen ihre Potenziale entfalten und ihre Kreativität und Lebendigkeit erfahren können. Im Spiel bringt das Gehirn Höchstleistungen. Denn hier können wir Dinge erproben, zielfrei, unbeschwert und experimentell agieren. Beim Spiel lässt die Aktivität der Amygdala nach. Mit weniger Angst und gleichzeitig mit der ausdrücklich willkommen geheißenen Lust am Entdecken, der Einladung zum freien Erforschen von Lösungen, können neue neuronaler Netzwerke aktiviert, neue Verbindungen geknüpft werden. Dabei entstehen nicht nur neue Ideen oder Lösungen, die „Belohnungszentren“ (Hüther & Quarch 2016, S. 20) im Mittelhirn lassen uns darüber hinaus auch noch Freude, Lust oder Begeisterung dabei empfinden.

Solch ein spielerischer Umgang mit Herausforderungen kann aber nur in einem Umfeld entstehen, das nicht aggressiv oder bedrohlich ist, sondern kooperativ. Das Thinking Environment schafft einen solchen Raum, der geprägt ist von größter Verbundenheit bei gleichzeitiger individueller (Denk-)Freiheit. Es lädt ein zum gedanklichen Experimentieren, zum spielerischen Erforschen ohne Zeit- oder Leistungsdruck. Die Formulierung der Incisive Questions (vgl. S. 52 ff.) mit zweifachem Konjunktiv ist ein Ausdruck dieses Explorierens mit spielerischer Leichtigkeit: „Wenn du wüsstest, dass …, wie würdest du dann …?“ („Jetzt, da du weißt, dass …, was tust du?“ würde sich ganz anders anhören und an spielerischer Leichtigkeit verlieren.) Der erste Teil der Denksitzung, das freie Explorieren, ist eine einzige Einladung, sich spielerisch auf die Reise zu begeben: Die denkende Person kann gedanklich in alle Richtungen und auch zurück gehen, sie kann lose Enden zusammenfügen, sich umschauen, abheben, landen, tauchen. Genau diese Art des Spielens führt zu mutigem und klarem Denken.

Die Musikgruppe PUR hatte wohl eine Vorstellung dieses spielerischen, abenteuerlichen Explorierens, zu dem Kinder noch einen leichteren Zugang haben als Erwachsene, als sie ihr Lied „Abenteuerland“ schrieben:

(...)
und ein kleiner Junge nimmt mich an die Hand

Er winkt mir zu und grinst:
Komm' hier weg, komm' hier raus
Komm' ich zeig Dir was
Das Du verlernt hast, vor lauter Verstand
(...)
Komm mit,
komm mit mir ins Abenteuerland
Auf Deine eig'ne Reise
komm mit mir ins Abenteuerland
der Eintritt kostet den Verstand

(Quelle: ↗ http://www.pur.de/band/songtexte/)

Aufmerksamkeit

Die Vorstellung, durch Multitasking effektiver oder zeitsparender zu arbeiten, ist aus neurobiologischer Perspektive nicht haltbar. Werden mehrere Aufgaben (scheinbar) parallel ausgeführt, verbraucht der präfrontale Kortex wesentlich mehr Energie als bei der Bearbeitung einer einzigen Aufgabe, was den Intelligenzquotienten messbar senkt (Purps-Pardigol 2015, S. 94). Unser Gehirn ist zudem gar nicht in der Lage, zwei oder gar mehr aufmerksamkeitsintensive Tätigkeiten gleichzeitig auszuführen. Auch wenn es so wirkt: Sie werden tatsächlich immer nacheinander ausgeführt. Allerdings kann sich das Gehirn nicht von einer Sekunde auf die nächste in den gleichen Konzentrationszustand versetzen, wenn sich der Fokus der Aufmerksamkeit ändert. Dadurch geht die sogenannte „Switch Time" verloren. Untersuchungen zeigen, dass Wissensarbeiter im Durchschnitt alle drei Minuten beim Denken unterbrochen werden. „Wenn sie einmal abgelenkt sind, kann es bis zu 23 Minuten dauern, bis sie wieder bei ihrer ursprünglichen Aufgabe sind", weiß Gloria Mark von der University of California in Irvine (Albers & Sanides 2015).

In einem Thinking Environment ist es das Anliegen, sich auf immer nur eine Sache zu einer Zeit zu fokussieren und eine möglichst störungsfreie Umgebung zu schaffen, die dies ermöglicht.

Achtsamkeit

Inwiefern die Arbeit mit dem Thinking Environment für mich eine Achtsamkeitspraxis darstellt, beschreibe ich ausführlicher in Abschnitt 4.1.2 („Zuhören als Achtsamkeitspraxis"). Unter Achtsamkeit verstehe ich einen bestimmten Geisteszustand und eine geistige Tätigkeit: Es ist ein Ausrichten der Aufmerksamkeit, ein bewusstes

Beobachten und ein nicht wertendes Wahrnehmen dessen, was gerade in diesem Moment in Körper und Geist geschieht, z. B. ein Gewahrsein dafür, wo die Gedanken gerade sind. Bei einem Thinking Environment übt sich die denkende Person in der Praxis des tiefen Schauens (Was denke ich? Was sind meine Gedanken? Was fühle ich?). Der Denkpartner beobachtet ganz bewusst seine drei Ströme der Aufmerksamkeit (vgl. S. 71 ff.) und übt sich somit ebenfalls in der Praxis des Nichtwertens.

Regelmäßige Achtsamkeitspraxis verändert die Funktion des Gehirns, das Stresserleben reduziert sich und die Amygdala verkleinert sich (Purps-Pardigol 2015, S. 203). Purps-Pardigol zitiert den ehemaligen Geschäftsführer von Eckes-Granini, Heribert Gathof: „Es klingt paradox, doch durch die Ruhe und die Stille, das Nichtdenken-Wollen, entstehen Ideen, die ich zuvor nicht oder nicht in dieser Klarheit hatte“ (S. 207).

Bei Stress wiederum fällt Lernen und Erinnern schwerer und es werden weniger neue Nervenzellen nachproduziert. Menschen, die sich regelmäßig entspannen, sei es durch Meditation oder auch durch den stressfreien Raum einer förderlichen Denkumgebung, können Stressreaktionen aktiv abdämpfen und der Zugriff auf andere neuronale Netzwerke fällt leichter. So führt Achtsamkeit (und das Thinking Environment als eine Form der Achtsamkeit) zu tieferen Einsichten und schnelleren Lösungen. Die Aktivität des linken präfrontalen Cortex, einer Region, in der auch das Glückserleben neurobiologisch verortet ist, verstärkt sich und die Stimmung hebt sich (Hanson 2013, S. 13).

Fragen zu Kapitel 3: Die Wirkung einer positiven Denkumgebung

1. Was versetzt Sie in Alarmbereitschaft? Bei welchen alltäglichen Kommunikationssituationen gehen bei Ihnen innerlich die Sirenen an?
2. Was könnten Sie in alltäglichen Begegnungen verändern, um anderen einen „angstfreien Raum“ anzubieten?
3. Welche inneren Bilder haben Sie von sich, die Sie einschränken und Ihr Selbstwertgefühl beeinträchtigen?
4. Was wertschätzen Sie an sich selbst?
5. Wenn Sie wüssten, dass Ihr Gehirn immer weiter lernen kann – v. a. dann, wenn Sie begeistert sind –, was würden Sie dann gerne ausprobieren und erfahren?

Teil II

Thinking Environment in der Praxis

4. Einzelsitzungen im Thinking Environment: Coaching

„Hier wagt er nicht weiterzudenken. Er hat Angst, richtig Angst davor, wohin ihn ein solcher zu Ende gedachter Gedanke führen kann. Sein ganzes Leben müsste er dann vielleicht ändern!“

(Hans Fallada, *Jeder stirbt für sich allein*)

4.1 Die Vorbereitung

4.1.1 Das Selbstverständnis und die Rolle des Coaches

Der erste formelle Schritt auf dem Weg zum sogenannten Time-To-Think-Coach[1] besteht darin, sich selbst in einer „Denkpartnerschaft“ (Thinking Partnership) auszuprobieren. Der „Thinking-Partnership“-Kurs ist ein Basiskurs, in dem Teilnehmende den Ablauf einer Thinking Partnership Session™ kennenlernen. Am Ende dieses Kurses ist die Voraussetzung geschaffen, mit anderen, die mit dem Ansatz vertraut sind, diese Art von Partnerschaft einzugehen und gemeinsam weiterzulernen.

Um als Time-To-Think-Coach zu arbeiten, folgt ein weiterer Ausbildungsschritt: der Coaching-Kurs. In diesem weiterführenden Kurs geht es darum, dieses Wissen auch in der Rolle als Coach anderen zur Verfügung zu stellen und die Haltung aus der Denkpartnerschaft in einen professionellen Coaching-Kontext zu übertragen. Um die Rolle des Coaches zu durchdringen, ist es in jedem Fall unerlässlich, auch die der denkenden Person „von innen“ erfahren zu haben.

In einem Thinking Environment ist es die denkende Person, die sich getrost als Experte für ihre eigene Fragestellung sehen kann. Der Coach hält „nur“ den Raum: Er begleitet den Coachee auf seinem (Denk-)Weg, ohne zu urteilen, zu steuern oder das Endergebnis beeinflussen zu wollen.

Die Rolle und das Selbstverständnis des Coaches in einem Thinking Environment unterscheidet sich in mancherlei Hinsicht von dem, was Menschen, die ein Coaching für sich in Anspruch nehmen möchten, üblicherweise mit dem Berufsbild assoziieren. Die gängigen Vorstellungen davon, wie ein „professioneller“ Coach zu sein hat, werden hier in Frage gestellt. Die Bezeichnung „Coach“ weckt bestimmte Erwar-

---

1 Time-To-Think-Coach ist der offizielle Titel für Personen, deren Ausbildung von Nancy Klines Firma Time To Think Ltd. zertifiziert wurde.

tungen, die leicht zu Missverständnissen führen und daher im Vorfeld der ersten Sitzung angesprochen werden müssen. Und auch als Coach gilt es, eigene Vorstellungen von Professionalität zu überprüfen und gegebenenfalls zu revidieren. So hat sich ein Time-To-Think-Coach von folgenden Vorstellungen verabschiedet:

- Die Qualität des Coaches bemisst sich an seinen Interventionsstrategien und dem Input, den sein Coachee durch ihn erhält. In diesem Sinne fängt ein Coach erst dann mit seiner Arbeit an, wenn er zu sprechen beginnt.
- Stille ist ineffektiv, sie signalisiert, dass nichts passiert, und so gesehen ist sie Zeitverschwendung. („Das bezahlt doch auch kein Mensch!")
- Das aufmerksame Zuhören hat vor allem den Zweck, entscheiden zu können, was der Coach als Nächstes sagen oder fragen wird.

Um eigenständiges Denken zu ermutigen, sind diese Annahmen nicht förderlich. Sie sind auch nicht zutreffend.

Coaching in einem Thinking Environment bedeutet auch, sich auf kein Ergebnis vorab festlegen zu lassen. Ein definiertes Ziel wie bei einem Auftragscoaching lässt sich hier nicht umsetzen. Dies wiederum erfordert vom Coach die Bereitschaft, sich auf Unbekanntes einzulassen und unerwartete Entwicklungen mitzugehen. Denn das Denken der Coachees darf jede Richtung einschlagen, die für die denkende Person sinnvoll erscheint. Der Coach muss nicht einmal alles verstehen, was die denkende Person sagt.

Die Aufgabe des Coaches besteht nicht darin, das Denken *für* die andere Person zu übernehmen, sondern den Coachee so weit wie möglich darin zu unterstützen, für sich selbst zu denken. Das zentrale Anliegen des Coaches ist, seinen Coachee fortlaufend darin zu unterstützen, bessere (Lösungs-)Ideen zu generieren, als er selbst hätte anbieten können. Daher entscheidet er sich dafür, der Intelligenz und der Fähigkeit seines Gegenübers, für sich selbst zu denken, zu vertrauen. Das erfordert eine gewisse Demut und oft auch ein Umdenken. Für viele Coaches kann es herausfordernd sein, eigene kluge und wegweisende Fragen zurückzustellen und keine lineare Struktur anzubieten, wenn der Coachee in alle Richtungen zu denken scheint und der rote Faden nach außen hin nicht sichtbar oder nachvollziehbar ist. Es lohnt auch, zwischen eigener Neugier („Ich würde gerne mehr darüber wissen, weil *ich* das nämlich für relevant oder wichtig halte") und einem genuinen Interesse am anderen zu unterscheiden („Wohin werden die Gedanken meines Gegenübers wohl als Nächstes führen?").

Vielleicht wird die Expertise des Coaches während der ganzen Sitzung nicht abgefragt, denn seine Sichtweisen und Perspektiven werden erst auf Nachfrage durch die Klienten geäußert und dies auch nur dann, wenn das Denken der Coachees wirklich zu einem Ende gekommen ist.

Die Grundhaltung des Coaches lautet:
Ich weiß nicht, wer dieser Mensch ist. Ich habe ein aufrichtiges Interesse an seinem Denken und ich nehme ihn – bedingungslos – an. Ich bin bereit, mich überraschen und im besten Sinne auch erschüttern zu lassen. Zwar begegne ich meinem Gegenüber in der Rolle als „Coach“, weil das das Setting ist und unsere Grundvereinbarung, in der wir hier aufeinandertreffen. Das bedeutet aber nicht, mich in eine interpretierende, analytische Rolle hineinzubegeben, die auf einer Metaebene stattfindet und letztendlich zu einer Distanzierung und schlimmstenfalls auch Infantilisierung führt, die die Komponente der Gleichheit verletzen würde.

Ein Coach in einem Thinking Environment bringt die Bereitschaft mit, sich auch berühren zu lassen. Diese Rolle könnte auch als ein Resonanzfeld oder Resonanzkörper beschrieben werden: Die denkende Person schlägt die Töne an und durch den Coach bekommen sie einen Klang.

Damit das geschehen kann, muss der Coach auf **drei Ströme der Aufmerksamkeit**, konsequent fokussiert bleiben:

1. Aufmerksamkeit, gerichtet auf den **Inhalt**,
2. Aufmerksamkeit, gerichtet auf die eigene **Reaktion**, und
3. Aufmerksamkeit, gerichtet auf das **Aufrechterhalten des Thinking Environment**.

(Kline 2015, S. 39 ff.)

Kline betont die Notwendigkeit, keinem der drei Ströme auf Kosten der anderen den Vorzug zu geben: Jeder Aufmerksamkeitsstrom soll zu 100 Prozent präsent sein (S. 40).

Aufmerksamkeit auf den Inhalt richten. Der erste Strom der Aufmerksamkeit richtet sich auf den Inhalt der Gedanken des Gegenübers: „Was denkst du?“ Der Fokus liegt dabei nicht nur auf dem gesprochenen Wort, sondern auch darauf, was entstehen möchte: „ Wohin führt dich dein Denken noch?“ Da nur ein Bruchteil von dem, was in der Person vor sich geht, verbalisiert werden kann, spielt auch die Stille hinter den Worten eine Rolle.

Auf den Inhalt zu fokussieren bedeutet aber nicht, diesen auch in allen Details verstehen zu müssen. Auch einem Kernphysiker beispielsweise, der den Denkraum nutzt, um über neue Entwicklungen in seinem Forschungsfeld nachzudenken, und dem – zumindest ich – inhaltlich außerstande wäre zu folgen, kann ich auf diese Art und Weise zuhören. Der Coach fokussiert dann eher auf den Denk*prozess*, der beim anderen vor sich geht. Anstatt sich darauf zu konzentrieren, *was* die andere Person denkt, achtet er mehr auf das Wie (angestrengt / angeregt / sich wiederholend etc.). Deswegen ist es im Allgemeinen auch nicht nötig nachzufragen, um inhaltlich folgen zu können, denn das kann immer eine Unterbrechung des Denkflusses bedeuten oder zu einer Steuerung durch den Coach führen.

Wie in Abschnitt 2.7 dargestellt, können in seltenen Fällen, in denen „blinde Flecken“ der denkenden Person offensichtlich werden und den Denkprozess behindern, Informationen bereitgestellt werden. Doch zuvor hat immer das aufmerksame Zuhören ohne Unterbrechung Priorität. Denn woher soll der Coach wissen, wo blinde Flecken sind, wenn er zuvor nicht genau hingehört hat?

Aufmerksamkeit auf die eigene Reaktion richten. Der zweite Aufmerksamkeitsstrom richtet sich auf die eigene Reaktion, die durch das Gehörte ausgelöst wird: „Was macht das mit mir, wenn ich das höre?“ Üblicherweise identifizieren wir uns am stärksten mit diesem Strom und messen ihm die größte Bedeutung zu. Auch weil wir darin geschult sind, „zuzuhören, um zu reagieren“. Dieser Strom nimmt daher leicht einen zu großen Stellenwert ein. Spätestens wenn wir – schon vorne auf der Stuhlkante sitzend – Luft holen, um endlich unsere Kommentare, die eigenen Perspektiven und Analysen auszusprechen und anzubieten, zeigt sich die Dominanz dieses Aufmerksamkeitsstroms. Die damit zum Ausdruck gebrachte Haltung wird von unserem Gegenüber jedoch durchaus wahrgenommen, sie beeinträchtigt seine Gelassenheit und wirkt sich unmittelbar auf die Qualität seines Denkens aus. Gibt der Coach tatsächlich seinem Impuls nach und unterbricht den Coachee, ist dessen eigenständiges unabhängiges Denken beendet.

Natürlich bietet der Coach seine Perspektiven aus den besten Absichten heraus an. Aber die Komponenten Gleichheit und Ermutigung sind dann nicht mehr ausreichend gegeben, denn sobald der Denkpartner meint, das Denken übernehmen zu müssen, zieht er explizit oder implizit in Zweifel, dass die denkende Person selbst dazu in der Lage ist.

Es kann auch passieren, dass wir in unseren eigenen Gedanken und inneren Reaktionen abtauchen und gar nicht mehr „da“ sind. Dann gerät der Inhalt dessen, worüber die Person nachdenkt, aus dem Fokus und wieder ist die Qualität des Thinking Environment beeinträchtigt.

Wir können uns entscheiden, die eigene Reaktion auf das Gehörte, den Lärm im eigenen Kopf, zwar wahrzunehmen, ihn dann aber leiser werden zu lassen. Erst dann ist es überhaupt möglich, sich anderen Menschen *wirklich* zuzuwenden und ihnen aus einer inneren Stille heraus zuzuhören. In Kapitel 8 finden Sie den Link zu einer geführten Meditation, die Ihnen als gute Übung dienen kann (S. 170).

Aufmerksamkeit auf das Aufrechterhalten des Thinking Environment richten. Der dritte Strom der Aufmerksamkeit richtet sich auf das Aufrechterhalten der zehn Komponenten des Thinking Environment (vgl. S. 35 ff.). Der Coach fragt sich während der Denksitzung immer wieder: „Sind die zehn Komponenten gerade präsent und wirksam?“ und „Welche Komponente scheint hier gerade besonders benötigt zu werden?“. Wenn die denkende Person beispielsweise sehr nervös wirkt und es ihr an Gelassenheit fehlt, kann man diese implizit durch die eigene Haltung und das eigene Auftreten übertragen, etwa indem man sich der eigenen Körperhaltung und Atmung bewusst wird, die Schultern fallen lässt und durchatmet. Oder wenn es offensichtlich an Informationen fehlt, die die denkende Person braucht, um gut über ihre Fragestellung nachdenken zu können, kann der Coach diese am Ende einer Denkwelle anbieten. (Wie sich konkret äußert, wann eine Denkwelle tatsächlich abgeschlossen ist, variiert von Person zu Person. Manchmal ist es der direkte Blickkontakt, manchmal ein Nicken oder ein längeres Schweigen. Diese Zeichen können aber auch trügerisch sein, wenn ein Coachee beispielsweise gewissermaßen abschließend nickt, im nächsten Moment aber wieder zum Sprechen ansetzt. Damit der Coach nicht mit der Analyse dieser Zeichen beschäftigt ist, ist es hilfreich, vorher zu vereinbaren, dass der Coachee von sich aus artikuliert, wenn er eine weitere Frage braucht, um weiterdenken zu können. Er übernimmt damit noch mehr Verantwortung für den eigenen Denkprozess.)

Die Ströme der Aufmerksamkeit in Balance

Sobald auf einen der drei Achtsamkeitsströme stärker fokussiert wird als auf die beiden anderen, beeinträchtigt das die Qualität des Thinking Environment. Wie also lässt sich dieses fragile Gleichgewicht über einen längeren Zeitraum hinweg konsequent aufrechterhalten?

Auch für erfahrene Coaches erfordert dies Übung. Zunächst geht es um eine wache (Selbst-)Wahrnehmung dessen, was gerade in diesem Moment geschieht. Als würde man eine Beobachterposition einnehmen und sich selbst dabei betrachten, wie man diese drei Ströme gleichzeitig bereitstellt. So können wir ein Bewusstsein dafür entwickeln, wie es sich äußert, wie es sich anfühlt, wenn die drei Ströme in ein Ungleichgewicht geraten.

Wir können zum Beispiel feststellen, dass wir inhaltlich nicht einverstanden sind mit dem, was wir hören. Manchmal drückt sich dieser innere Widerstand in einer körperlichen Anspannung aus oder eben in dem Wunsch, zu widersprechen. Wie gehen wir aber damit um? Was können wir tun, wenn wir das bemerken? In solchen Momenten können wir uns an den zehn Komponenten des Thinking Environment orientieren. Sich ihrer bewusst zu sein ist der Schlüssel. Sie weisen den Weg und bieten Hilfestellung. Beispielsweise können wir uns mit der Komponente „Diversität“ den Wert, die Notwendigkeit und Kostbarkeit der Perspektivenvielfalt vergegenwärtigen. Auch die Komponenten „Ermutigung" und „Wertschätzung" können wir wieder stärken, indem wir uns entscheiden, aus dem Vergleich auszusteigen („Ich hätte hier eine noch bessere Idee oder eine hilfreichere Perspektive als du"). Stattdessen richtet sich unser Fokus wieder auf die Fähigkeiten und Möglichkeiten des Gegenübers, die sich hier entfalten könnten.

Wenn wir mit den eigenen Gedanken abschweifen, kann es auch unterstützen, sich innerlich mit einer Frage in die schöpferische Aufmerksamkeit zurückzuholen („Was möchte wohl hier entstehen?").

4.1.2 Zuhören als Achtsamkeitspraxis

Solange ein Mensch lebt, begleiten ihn zwei Prozesse rund um die Uhr, die sich nicht (oder nur kurz) stoppen lassen: das Atmen und das Denken. Beides geschieht von alleine und meistens unbewusst. Den Fokus der eigenen Aufmerksamkeit darauf zu richten, erlaubt es uns, sich mit dem Moment und unseren eigenen Zuständen zu verbinden.

Wie schon in Abschnitt 3.3 beschrieben, verstehe ich unter Achtsamkeit einen Geisteszustand und eine geistige Tätigkeit, bei der es darum geht, die Aufmerksamkeit bewusst auszurichten und nicht urteilend zu beobachten und wahrzunehmen, was genau in diesem Moment in Körper und Geist geschieht. Der Zen-Meister Thich Nhat Hanh hält für eine gesunde Kommunikation die Energie der Achtsamkeit für notwendig: „Achtsamkeit erfordert, dass wir Wertungen und Urteile loslassen, unseren Atem und Körper spüren und unsere volle Aufmerksamkeit darauf richten, was in uns und um uns herum geschieht" (2014, S. 10).

Im seinem buddhistischen Zentrum in Plum Village in Südfrankreich gibt es während eines Retreats einmal in der Woche einen sogenannten *Lazy Day.* Das ist ein Tag des bewussten und achtsamen Nichtstuns. Erstaunlicherweise sind das die schwierigsten Tage! Weil wir es so gewohnt sind, auf die eine oder andere Art effektiv zu sein. An diesem besonderen Tag lassen sich Gewohnheiten und Muster leichter erkennen, man kann ihnen geradezu dabei zuschauen, wie sie sich ständig in den Vordergrund drängen wollen.

Auch ein Coach in einem Thinking Environment nimmt diese Haltung des „wachen und aktiven Nichtstuns" ein. Sie zeichnet sich u. a. durch *Absichtslosigkeit* aus, was das Ziel einer Sitzung betrifft: Es wird nicht geplant, nicht gesteuert, nicht mit Druck etwas veranlasst, damit etwas geschieht oder damit der Coachee zu einer Lösung kommt. In aller Offenheit und mit Interesse löst sich der Coach von Vorstellungen vom linearen Denken („Wo ist hier der rote Faden?", „Erst mal ein klares Ziel formulieren“ etc.) und entscheidet sich bewusst, Raum für das nicht lineare Denken hinter den Worten zu geben. In diesem Raum „hinter den Worten“, auch in der Stille, kann sich das eigenständige Denken entfalten. Hier kann die denkende Person in ihre Kraft kommen, in ihre „Musik“, und Zugang zu ihrem tieferen Wissen bekommen.

Auch die Unvoreingenommenheit macht das Zuhören in einem Thinking Environment zu einer Achtsamkeitspraxis: Unvoreingenommen zuzuhören bedeutet, nicht unmittelbar zu analysieren, zu interpretieren, zu kategorisieren oder zu bewerten, was man hört. Das ist nicht so einfach, weil wir es gewohnt sind, das Gehörte in unsere Schubladen einzuordnen und dann auf dieser Grundlage zu handeln. Es passiert automatisch und oft sind wir uns dessen nicht bewusst. Wenn der Denkpartner sich aber selbst beobachtet, seine eigenen inneren Zustände wahrnimmt, sich eigener Interpretationen bewusst wird, kann er darauf achten, worauf sich die eigene Aufmerksamkeit gerade richtet. Er wird bemerken, dass auch bei dem Bemühen um das offenste Zuhören und trotz des Vorsatzes, urteilsfrei zuzuhören, dennoch ständig Bewertungen, Interpretationen, eigene Bilder auftauchen. Als Denkpartner versuchen wir daher nicht, das Bewerten zu vermeiden (so schnell, wie das passiert, können wir gar nicht reagieren), sondern es zu erkennen und zu bemerken, wenn es geschieht. Um diese Gedanken und Wertungen dann freundlich wieder loszulassen und ihnen nicht zu folgen. Wir nehmen dann gewissermaßen die Rolle eines Beobachters der eigenen Gedanken ein und identifizieren uns nicht mehr mit ihnen. Sonst würde der zweite Strom der Aufmerksamkeit (vgl. Abschn. 4.1.1) zu stark und das Gleichgewicht der drei Ströme aus der Balance geraten.

Der Denkpartner kann diese Rolle bewusst einnehmen. Aber auch die denkende Person hört sich gewissermaßen selber zu. In einem Denkraum kann sie innehalten und mit sich selbst in Kommunikation treten. Sie richtet ihre Aufmerksamkeit auf ihre eigenen Gedanken (die dadurch nicht mehr wie eine wilde Horde Affen durch die Gegend springen, sondern klarer werden und zur Ruhe kommen). Dieses bewusstere Betrachten der eigenen Gedanken (und z. B. auch die Incisive Question) erlaubt es, eine neue Beziehung zu ihnen aufzubauen: Will ich glauben, was ich denke? Könnte ich auch etwas anderes denken?

Der Denkpartner bewahrt sich den Geist eines Anfängers und ist bereit, alles so zu hören, als wäre es das allererste Mal. Sein Zuhören ist staunend und offen. Sobald er nämlich darüber nachdenkt, was sein Gegenüber nun eigentlich tun oder denken sollte, ist er nicht mehr offen für das, was hier und in diesem Moment eigentlich entstehen kann und möchte, was sich unmittelbar auf die Qualität des Denkens auswirkt.

Die wertschätzende Haltung, mit der wir als Coach (oder generell als Denkpartner) die denkende Person begleiten, lässt sich auch auf uns selbst anwenden. Stellen wir uns während des Coachingprozesses (oder anderer Zuhörprozesse) immer wieder

Fragen wie „Performe ich hier gerade gut genug?“ oder „Bin ich genug Experte?“, kann sich das negativ auf die Gelassenheit und somit auch auf das Thinking Environment auswirken. Achtsamkeit hieße dann auch zu bemerken, wenn man sich als Coach selbst „in Frage“ stellt oder eigene hinderliche Annahmen im Weg stehen. Wie lässt sich dann das Gleichgewicht der drei Ströme wieder aktiv herstellen, was kann ich dafür *tun*?

Um als Coach wieder Vertrauen zu gewinnen, dass meine Art zu *sein,* eine ausreichend starke Wirkung entfalten kann, könnte ich mir aktiv eine gute Absicht unterstellen. Ich kann auch den Fokus bewusst auf das „Schöne“ an mir richten, auf das Liebenswerte in mir und auf mein Potenzial. Ich könnte mich selbst mit einer impliziten Incisive Question unterstützen: „Wenn ich wüsste, dass mein aufmerksames Zuhören ausreicht, um das Denken meines Gegenübers zu beflügeln, wie könnte ich jetzt gelassener sein?“

Es gilt, hellwache Präsenz zu zeigen und ganz im Hier und Jetzt zu sein. In dieser Haltung werden wir empfänglich für neue, bisher unbekannte Erfahrungen bei uns selbst als Denkpartner. Aber auch beim Gegenüber fördern wir ebendieses Erleben.

Denkpartner und denkende Person betreten gemeinsam diesen von Achtsamkeit geprägten und vielversprechenden Raum:

> „Die Praxis (der Achtsamkeit) zupft im Garten deines Geistes das Wildkraut und pflanzt Blumen – und das geschieht somit auch im Gehirn. Dadurch verschönert sich dein Garten und du wirst zu einem besseren Gärtner: Du kannst deine Aufmerksamkeit besser ausrichten, klarer denken, besser mit deinen Gefühlen umgehen, dich motivieren, du wirst widerstandsfähiger und fährst sicher auf der Achterbahn des Lebens.“
>
> (Hanson 2013, S. 13)

Weil es unserem Gehirn nicht möglich ist, sich auf zwei aufmerksamkeitsintensive Aktivitäten gleichzeitig zu konzentrieren (neurobiologisch gibt es gar kein Multitasking!), ist es für den Coach sehr entlastend, wenn er die dem Thinking Environment eigene Frage-Expertise verinnerlicht hat, wie sie in Abschnitt 4.3 („Ablauf einer Denksitzung“) detailliert beschrieben wird. Sich die – über Jahrzehnte entwickelten – präzisen Formulierungen von Fragen anzueignen und sie so durchdrungen zu haben, dass man nicht mehr darüber nachdenken muss, macht es noch leichter, sich in Achtsamkeit gelassen und hellwach zurückzulehnen, sodass das Gegenüber in die unterstützende Denkumgebung eintauchen kann.

Sind die Voraussetzungen aufseiten des Coaches erfüllt, muss der Coachee darüber informiert werden, wie eine Denksitzung abläuft und wozu genau er dabei eingeladen wird (oder auch welche Anforderungen dabei an ihn gestellt werden: selbst denken!). Das Vorgespräch ist daher entscheidend.

4.2 Das Vorgespräch

Das Ziel des Vorgesprächs besteht vor allem darin, einen sicheren Rahmen und Orientierung zu schaffen sowie den Coachee einzuladen und zu ermutigen, sich auf dieses „Experiment" einzulassen. Der Coachee muss wissen, was von ihm erwartet wird (oder eben gerade nicht erwartet wird).

Jedes Vorgespräch verläuft individuell, denn jede denkende Person braucht etwas anderes, um sich „sicher" zu fühlen, braucht eine andere Information, um sich in das eigenständige Denken hineinzubegeben. Daher beschränke ich mich in der folgenden Beschreibung auf die grundlegenden Eckpunkte der Vorgehensweise und erläutere, welche Vereinbarungen sinnvollerweise im Vorfeld getroffen werden sollten. Und natürlich besteht auch immer die Möglichkeit (und vielleicht auch die Notwendigkeit), im Verlauf einer Sitzung weitere Informationen „nachzureichen", um das Denken wieder oder weiter in den Fluss zu bringen. Nancy Kline empfiehlt, jeder neuen Frage, die gestellt wird, einen kurzen Satz voranzustellen, der erklärt, *warum* man diese Frage stellt (mündliche Mitteilung von Nancy Kline 2017). Der Gedanke dahinter ist, die eigene Fragetechnik zu demystifizieren und somit nicht Gefahr zu laufen, den Coachee zu infantilisieren.

Wenn Sie dem Coachee folgende Aspekte im Vorfeld einer Denksitzung mitteilen, können Sie einen sicheren, vertrauensvollen Rahmen schaffen:

- „Das Ziel einer Denksitzung ist, dass Sie für sich selbst und eigenständig denken können.
- ‚Eigenständig denken' bedeutet, sich freizumachen von Fragen wie ‚Was sollte ich hier denken? Was wird von mir erwartet?' Ich habe in diesem Sinne keine Erwartungen an Sie, etwas erreichen oder eine Lösung finden zu müssen.
- Ich stelle Ihnen Fragen, und Sie bekommen den Raum, darüber nachzudenken. Sie sind eingeladen, sich in einen ‚Denkraum' hineinzubegeben. Das ist kein Frage-Antwort-Gespräch.
- Ich – als Ihr Coach oder Denkpartner – stelle Ihnen mit den zehn Komponenten eines Thinking Environment eine Denkumgebung bereit. Das bedeutet u. a., dass ich Sie nicht unterbrechen werde. Ich werde Ihnen erst dann eine neue Frage stellen, wenn Sie mir ein Zeichen geben, dass Ihre Denkwelle (also ihr Schwung an Gedanken zu dieser Frage) vorbei ist oder Sie eine neue Frage gestellt bekommen möchten.
- Manche dieser Fragen wiederholen sich. Ich werde sie so lange erneut stellen, bis keine neuen Denkinhalte mehr dazu nachfließen. Erst wenn Ihnen zu dieser Frage keine weiteren Gedanken mehr kommen, stelle ich eine andere.
- Es geht nicht darum, in einer festgelegten Zeit ein bestimmtes Set an Fragen abgearbeitet zu haben. Denn jede Frage hat die Absicht, Sie zum freien und eigenständigen Denken einzuladen, und kann potenziell die letzte sein: Wenn Ihr Denken ‚abhebt', brauchen Sie keine weiteren Fragen.

- Ich werde Sie ansehen, Sie selbst können aber überall hinsehen. (Das hilft beim Denken!)
- Es interessiert mich, was und wie Sie denken.
- Denken Sie selbst so weit, wie Sie können, bevor Sie nach meinen Gedanken fragen.
- Das Denken ist nicht linear; das Sprechen schon. Stille erlaubt es, auch Zugang zu tieferem Wissen zu bekommen. In einer Denksitzung hat auch das Unausgesprochene einen Wert oder eine Funktion. Ich werde daher auch die Stille nicht unterbrechen, bis Sie mir sagen, dass Sie eine neue Frage gestellt bekommen möchten.“

Es ist auch hilfreich, dem Coachee eine grobe Übersicht über die sechs Teile einer Denksitzung und ein paar Beispiele möglicher Fragen zu geben, die im folgenden Abschnitt vorgestellt werden.

4.3 Ablauf einer Denksitzung

Über viele Jahre hinweg hat Nancy Kline beobachtet und untersucht, welchen Prozess das Denken durchläuft, bis es zu einer Einsicht, einem Durchbruch, einem Aha-Effekt kommt. Allein die oben beschriebene Art der Aufmerksamkeit, die der denkenden Person durch den Coach zuteilwird, kann einen solchen Ablauf bewirken oder initiieren. Für den Fall aber, dass die denkende Person diesen Denkprozess nicht ohne Weiteres von alleine durchläuft, hat Nancy Kline eine entsprechende Abfolge von Fragen entwickelt, die den Denkprozess nachbilden. Diese Fragen verstehen sich lediglich als eine Art Hilfskonstrukt, auf das man zurückgreifen kann, um den Denkprozess zu begleiten.

Aus diesen Fragen entwickelten sich dann die sechs Teile, aus denen sich eine Denksitzung zusammensetzt (vgl. auch Tab. 4.1):

4.3.1 Die sechs Teile der Denksitzung

Die unten stehende tabellarische und lineare Darstellung der sechs Teile einer Denksitzung soll als Orientierungshilfe dienen und die Struktur des Prozesses verdeutlichen. In der Praxis verläuft es aber natürlich selten so standardisiert und schematisch ab. Diese Darstellung des Ablaufs darf den Coach auch nicht dazu verleiten, die denkende Person durch einen strukturierten Prozess führen zu wollen. Es ist allzu verlockend, mit dem Durcharbeiten aller Fragen eine Lösung und ein Erfolgserlebnis herbeiführen zu wollen. Jede einzelne Frage in diesem Ablauf wird aber nicht primär gestellt, um eine Antwort darauf zu bekommen, sondern um den Coachee zu eigenständigem Denken zu inspirieren. Daher kann im Grunde jede Frage die letzte im Prozess sein, denn das Denken kann jederzeit „abheben“ und der Coachee keiner Unterstützung durch Fragen mehr bedürfen. Dieses Prinzip erfordert Offenheit und Flexibilität vonseiten des Coaches.

Teile	Fragen
1. Freies Explorieren	Worüber möchten Sie nachdenken, und was sind Ihre Gedanken? Was noch ... denken Sie oder fühlen Sie oder möchten Sie außerdem noch sagen?
2. Weiteres Sitzungsziel	Was möchten Sie in dieser Sitzung *noch* erreichen?
3. Annahmen: ■ Auflisten ■ Zentrale einschränkende Annahme finden ■ Überprüfen, ob sie wahr ist ■ Wahre alternative Annahme benennen	■ Welche Annahme hindert Sie daran, dass Sie ... ■ Welche Annahme hindert Sie *noch* daran, dass Sie ... (Auflisten, bis alle einschränkenden Annahmen benannt sind.) ■ Welche dieser Annahmen (oder einer weiteren, die Ihnen in den Sinn kommt), denken Sie, hindert Sie am meisten daran, Ihr Ziel zu erreichen? (Die zentrale einschränkende Annahme herausfinden.) ■ Denken Sie, dass es wahr ist, dass ... (zentrale Annahme einfügen)? Aus welchen Gründen denken Sie das? (Überprüfen, ob sie wahr ist.) ■ Wenn es also nicht wahr ist, dass ... (zentrale einschränkende Annahme einfügen), was sind Ihre Worte für das, was wahr und befreiend ist? (Die wahre befreiende alternative Annahme finden. – Dies gilt für den Fall, dass die denkende Person begründet, weshalb die Annahme für sie nicht wahr ist. Andere Fälle werden später beschrieben.)
4. Incisive Question / Einschneidende Frage	Wenn Sie wüssten, dass ... (wahre alternative Annahme einfügen), wie würden Sie ... (Ziel einfügen) erreichen? Wenn Sie wüssten, dass ... (wahre alternative Annahme einfügen), wie würden Sie ... (Ziel einfügen) *noch* erreichen?
5. Aufschreiben	Würden Sie die letzte Frage (gemeint ist die Incisive Question) aufschreiben? Möchten Sie sonst noch etwas aufschreiben? (Weitere Gedanken oder Antworten auf die Incisive Question)
6. Wertschätzung	Gegenseitige Anerkennung einer Qualität in der anderen Person.

Tabelle 4.1: Die sechs Teile einer Denksitzung mit den dazugehörigen Fragen

Die in Tabelle 4.1 genannten Teile bilden schematisch ein sogenanntes Aktionsziel. Ein Aktionsziel ist *eines* von neun verschiedenen Sitzungszielen (vgl. Tab. 4.2, S. 89 f.), die in Denksitzungen auftreten können. Aktionsziele kommen besonders häufig vor. Hat man sich als Denkpartner den hier abgebildeten Ablauf angeeignet, lässt sich der Fragenverlauf für alle anderen Ziele (und ihre Varianten) ableiten. So bildet das Aktionsziel gewissermaßen den Referenzrahmen für alle anderen Arten von Sitzungszielen.

Teil 1: Freies Explorieren

Im ersten Teil wird der Coachee zum Freien Explorieren eingeladen. Die Denksitzung beginnt mit der Frage: „Worüber möchten Sie nachdenken, und was sind Ihre Gedanken?"

Die Einladung zum freien Denken, die hier ausgesprochen wird, ist wirklich offen: Die denkende Person kann völlig frei und eigenständig über ein Thema ihrer Wahl nachdenken. Theoretisch könnte die Person auch im Schweigen denken, aber die Erfahrung zeigt, dass es den meisten Menschen beim Denken hilft, wenn sie ihre Gedanken aussprechen und somit in eine lineare Form bringen. Das Aussprechen kann gewissermaßen beim Ordnen helfen. Der zweite Teil der Frage („... und was sind Ihre Gedanken?") versteht sich als eine indirekte Aufforderung, die Gedanken auch in Worte zu fassen.

Wenn der Coachee signalisiert hat, dass eine Denkwelle vorüber ist, fragt der Coach: „Was noch ... denken Sie oder fühlen Sie oder möchten Sie außerdem noch sagen?"

Die Formulierung mag etwas ungewöhnlich klingen. Deswegen ist es wichtig, auf die Satzmelodie zu achten. Sie wird langsam und mit ganz kurzen Pausen zwischen den einzelnen Aspekten ausgesprochen. Jede „Teilfrage" (Was noch ... denken Sie? – ... fühlen Sie? – ... möchten Sie außerdem noch sagen?) lädt dabei erneut zum Denken ein. Sobald die denkende Person (wieder) zu sprechen beginnt, muss die Frage auch gar nicht zu Ende gestellt werden. Manchmal reicht schon ein: „Was noch ...?"

Diese Frage wird so oft erneut gestellt, bis das Denken dazu ganz versiegt. Als Coach mag es einem seltsam vorkommen, immer wieder die gleiche Frage zu stellen, obwohl der Coachee signalisiert hat, dass eine Denkwelle vorüber ist. Die denkende Person aber hört diese Frage immer wieder neu, weil sie verschiedene Aspekte anspricht. Sie wird so ermutigt, ihr Thema immer weiter aus verschiedenen Perspektiven zu beleuchten und zu vertiefen. Zu Beginn meiner Arbeit als Denkpartnerin hat es mich immer wieder in Staunen versetzt, wie viel weiter das Denken geht, als ich (als Zuhörerin) es vermutet, aber auch als die denkende Person selbst es angenommen hätte. Im Coaching fallen immer wieder Sätze wie: „Bis zu diesem Punkt bin ich schon öfter gekommen, aber dann stecke ich fest." „Hier weiß ich nicht weiter, ich drehe mich im Kreis." Wenn dann der Coach aber dennoch fragt: „Was noch … denken Sie oder fühlen Sie oder möchten Sie außerdem noch sagen?", entsteht oft etwas Neues, was die denkende Person überrascht und zum Weiterdenken anregt.

In vielen Fällen ist dieser erste Teil der Denksitzung bereits ausreichend, damit der Coachee ins eigenständige und freie Denken kommt. Voraussetzung ist, dass das Thinking Environment durch den Coach durchweg aufrechterhalten wird. Hier ist die ganze Essenz enthalten, das freie Explorieren der eigenen Gedanken. Es ist durchaus nicht ungewöhnlich, dass Denksitzungen von 60 Minuten „nur" aus diesem ersten Teil, dem Aufschreiben (Teil 5) und der Wertschätzung (Teil 6) bestehen. Alle weiteren Fragen (Teil 2–4) sind dementsprechend nur eine Hilfestellung, um den Denkprozess des Coachees zu begleiten und ihn zu unterstützen, wenn es nötig ist.

Teil 2: Weiteres Sitzungsziel

Erst wenn das Denken zur zweiten Frage aus Teil 1 („Was noch … denken Sie oder fühlen Sie oder möchten Sie außerdem noch sagen?") endgültig versiegt ist, geht es im Teil 2 um die Festlegung eines *weiteren* Sitzungsziels: „Was möchten Sie in dieser Sitzung *noch* erreichen?" Die Betonung liegt auf dem „noch", denn während des freien Explorierens hat die denkende Person schon Dinge für sich erarbeitet. Manchmal möchte sie gar kein weiteres Ziel formulieren, weil Teil 1 ausreichend war und sie schon alles erreicht hat, was sie wollte. Dann würde man direkt zu Teil 5 übergehen („Möchten Sie noch etwas aufschreiben?").

Wenn die Person aber weiterdenken will, ist sie nun eingeladen, auf eine bestimmte Fragestellung, eine Zielsetzung zu fokussieren. Oft kann die denkende Person nicht auf Anhieb unmittelbar und präzise das Sitzungsziel formulieren und erarbeitet sich in einem weiteren Denkprozess, worum es im Folgenden genau gehen soll. Auch wenn die Frage nach dem weiteren Sitzungsziel darauf ausgerichtet ist, einen konkreten, präzisen Satz zu formulieren, entsteht auch hier keine Frage-Antwort-Dynamik. Das Erarbeiten, das Erforschen dessen, worum es dem Coachee genau geht, sodass es sich in einem Satz zusammenfassen lässt, ist ein Denkprozess an sich, der eine wichtige Funktion erfüllt. Wenn nötig, kann der Coach deshalb am Ende einer Denkwelle, die nicht zu diesem einen konkreten Satz geführt hat, fragen: „Können Sie das noch einmal in wenigen Worten sagen?"

Erst wenn dieser Satz im Wortlaut steht, ist der zweite Teil der Denksitzung abgeschlossen.

Das Sitzungsziel sollte so prägnant gefasst sein, dass der Coach es für den Verlauf der gesamten Sitzung wortwörtlich im Kopf behalten kann, um sich darauf beziehen zu können. Es ist entscheidend, dass dieses Ziel später nicht paraphrasiert oder nur sinngemäß wiedergegeben wird. Der genaue Wortlaut der denkenden Person vermeidet Irritationen und erlaubt dem Coach, spätere Fragen „maßgeschneidert" zu formulieren. Es wird von der denkenden Person auch als ein Zeichen der Wertschätzung und Würdigung des eigenen Denkens wahrgenommen, wenn der Coach eben genau ihre Worte verwendet. Dabei ist es aber wichtig, sich den Wortlaut zu *merken* und nicht aufzuschreiben, denn das Notizenmachen während einer Sitzung zieht immer die Aufmerksamkeit ab. In Denksitzungen schreibt der Coach daher nie mit.

Je nach Formulierung, die der Coachee wählt, wird zwischen neun verschiedenen Arten von Sitzungszielen unterschieden, die ich in Abschnitt 4.3.2 genauer beschreibe. Die Art des Sitzungsziels entscheidet über den weiteren Verlauf der Sitzung. Weil die Wortwahl des Coachees dabei so wichtig ist und schon kleine Veränderungen einen anderen Fragenverlauf nach sich ziehen können, macht es Sinn, erst nach der Zielformulierung die Art des Zieles auszumachen. Die Versuchung des Coaches, schon während des Denkprozesses des Coachees über den weiteren Verlauf nachzudenken, ist groß und beeinträchtigt natürlich das Zuhören. Zudem ist es auch müßig, denn in den meisten Fällen verändert sich die Formulierung mehrfach, bevor der Coachee schließlich mit seiner eigenen Wortwahl zufrieden ist. Die Art des Zieles verändert sich entsprechend (z. B. von: „Ich möchte mich meinem Bruder gegenüber nicht mehr schuldig fühlen" hin zu „Ich möchte verstehen, warum ich mich meinem Bruder gegenüber so schuldig fühle").

Teil 3: Annahmen

Die meisten Blockaden, die unserem Handeln im Wege stehen, sind Blockaden im Denken. Und diese bestehen gewöhnlich aus einschränkenden Annahmen, die wir über uns oder die Welt anstellen. Viele dieser Annahmen mögen zu anderen Zeiten Sinn gemacht haben oder einer Logik gefolgt sein (z. B. „Ich darf keine Fehler machen", weil in der Kindheit jeder Fehler hart bestraft wurde). So gesehen kann eine derart einschränkende Annahme auch eine Schutzfunktion gehabt haben. Läuft sie aber weiterhin unüberprüft und unbewusst mit, auch in Situationen, in denen längst keine Gefahr mehr besteht, kann sie die Handlungsspielräume stark einschränken. Daher geht es in Teil 3 zunächst darum, diesen einschränkenden, hinderlichen Annahmen möglichst umfassend auf die Spur zu kommen und sie zu sammeln.

Ich möchte dies an einem Beispiel deutlich machen: Herr K. formuliert das weitere Sitzungsziel in einem Satz: „Ich möchte das Gespräch mit meinem Auftraggeber vorbereiten." Er hatte vorher beschrieben, wie schwer er sich damit tue und dass er bisher eine Blockade empfände, die ihn daran hindere, dieses Thema anzugehen.

Der Coach fragt zunächst: „Welche Annahmen hindern Sie daran, das Gespräch mit Ihrem Auftraggeber vorzubereiten?"

Herr K. benennt Annahmen, die ihm dazu in den Sinn kommen:

- „Der Auftraggeber interessiert sich nicht dafür, was ich anzubieten habe."
- „Es gibt andere Menschen, die das viel besser könnten als ich."

Wenn die Denkwelle abgeschlossen ist und keine weiteren Gedanken nachfließen, fragt der Coach nach weiteren Annahmen: „Welche Annahmen hindern Sie noch daran, das Gespräch mit Ihrem Auftraggeber vorzubereiten?

Eine neue Denkwelle entsteht:

- „Ich habe mich hier nur reingeschummelt und fühle mich wie ein Betrüger."
- „Ich habe das so noch nie gemacht."
- „Er könnte mich in die Mangel nehmen."

Wenn auch diese Denkwelle abgeschlossen ist, fragt der Coach Herrn K. erneut:

„Und welche Annahmen hindern Sie *noch* daran, das Gespräch mit Ihrem Auftraggeber vorzubereiten?" Bei Herrn K. kommen keine weiteren Gedanken dazu.

Erst in dem Moment, in dem er signalisiert, dass alle Annahmen benannt sind, geht der Coach zum nächsten Schritt über. (Solange aber noch immer ein einziger weiterer Gedanke als Reaktion auf die Frage genannt wird, wird diese erneut gestellt.)

Jetzt geht es darum, dass Herr K. die zentrale einschränkende Annahme auswählt, von der er denkt, dass sie ihn am meisten daran hindert, sein Ziel zu erreichen, und an der er weiterarbeiten möchte. Dazu fragt der Coach Herrn K.: „Welche dieser Annahmen – oder einer weiteren, die Ihnen in den Sinn kommt – denken Sie, hindert Sie am meisten daran, das Gespräch mit Ihrem Auftraggeber vorzubereiten?" Einige der vorher benannten Annahmen hat Herr K. en passant verworfen. Die Annahme, dass der Auftraggeber sich nicht dafür interessiere, was er anzubieten hat, erschien ihm im Moment des Aussprechens beispielsweise schon unlogisch („Sonst hätte er mich ja nicht zum Gespräch eingeladen!"). Diese Annahme ist also irrelevant geworden und bedarf keiner weiteren Bearbeitung.

Die Ergänzung „… oder einer weiteren Annahme, die Ihnen in den Sinn kommt" ermutigt den Coachee übrigens noch einmal dazu, nach einer weiteren Annahme zu stöbern oder die genannten neu oder noch präziser zu formulieren.

Manchmal kommt es vor, dass der Coachee den Coach um eine Zusammenfassung bittet: „Wie lauteten meine Annahmen noch gleich?" Wenn der Coach daraufhin anfinge, gewissenhaft aufzuzählen, um sein aufmerksames Zuhören unter Beweis zu stellen, hätte er das Denken für den Coachee übernommen und diesen aus der Verantwortung entlassen, ihm aber auch das notwendige Vertrauen genommen, selbst weiterzudenken. Es geht nicht darum, alle Annahmen im Detail präsent zu haben, sondern darauf zu vertrauen, dass die Annahme, die für den Coachee entscheidend ist, von diesem auch erinnert wird. Der Coach gibt also die Verantwortung für das Denken wohlwollend und geschmeidig an die denkende Person zurück.

In unserem Beispiel wählt Herr K. eine Annahme, die ihm noch immer blockierend im Weg steht, die er aber jetzt etwas anders formuliert: „Ich bin ein Betrüger."

Jetzt geht es darum, diese einschränkende Annahme genauer zu betrachten. Der Coachee klärt für sich, ob er diese Annahme tatsächlich als wahr empfindet. Der Coach fragt Herrn K: „Denken Sie, dass es wahr ist, dass Sie ein Betrüger sind? Und was sind Ihre Gründe dafür?"

Einschränkende Annahmen hinterfragen

Nun kann es nicht darum gehen zu bestimmen, was *die* absolute Wahrheit ist. Es geht um die subjektive Wahrnehmung des Coachees. Deswegen wird die Frage bewusst so formuliert („*Denken Sie,* dass es wahr ist, dass …?"). Mit der Frage „Und was sind Ihre Gründe dafür?" wird der Coachee aufgefordert, seine eigene Annahme zu hinterfragen.

An dieser Stelle – und nur hier – ist der Coach für einen Moment in einer analytischen Rolle. Er gleicht die Begründung des Coachees mit den zwei Kriterien Logik und Information ab. Relevant ist *nicht,* ob der Coach *selbst* diese Annahme als wahr oder unwahr einstuft. Es sind die Kriterien, die dies bestimmen:

- Ist die Begründung *logisch* nachvollziehbar?
- Stimmt sie mit vorhandenen *Informationen* (mit eigenen Informationen und mit denen, die der Coach vom Coachee selbst erhalten hat) überein?

Aus diesem Abgleich können sich verschiedene weitere Verläufe ergeben (vgl. Abb. 4.1):

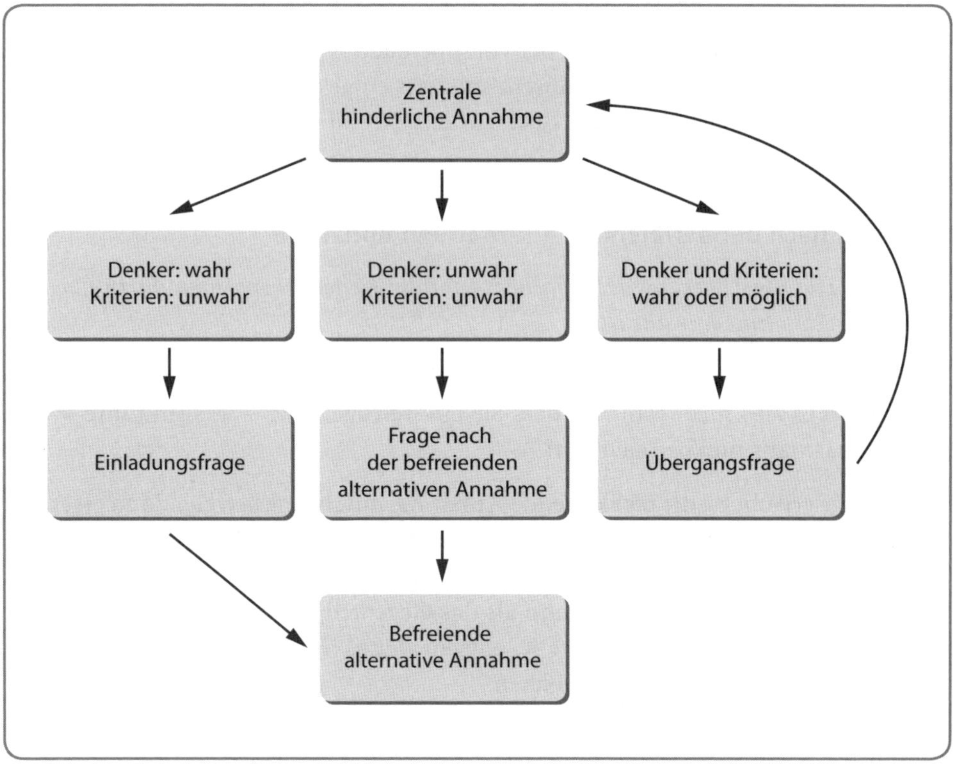

Abbildung 4.1: Bewertung der Annahmen und weiterer Ablauf

Die Einladungsfrage

Ablauf 1: Herr K. besteht darauf, dass seine Annahme wahr ist, obwohl seine Begründung logisch nicht nachvollziehbar ist und die gegebenen Informationen dagegensprechen.

Es ist hier nicht die Aufgabe des Coaches, die denkende Person vom Gegenteil zu überzeugen oder eines Besseren zu belehren – und so das Denken für den anderen zu übernehmen. Von einer Annahme, die lange eine Schutzfunktion hatte, möchte sich die denkende Person möglicherweise nicht so leicht verabschieden. Sie wird auch niemals dazu aufgefordert. Die Vorgehensweise ist sehr behutsam. Der Coach überlässt es der denkenden Person, ob sie die alte einschränkende Annahme tatsächlich loslassen möchte. Wenn dem nicht so ist, lässt er der denkenden Person ihre Ansicht und begleitet den weiteren Prozess durch die sogenannte Einladungsfrage: „Sie möchten das Gespräch mit Ihrem Auftraggeber vorbereiten. Sie nehmen an, dass Sie ein Betrüger sind. Was könnten Sie stattdessen glaubhaft annehmen, um das Gespräch mit Ihrem Auftraggeber vorzubereiten?" Der Coachee wird also nicht aufgefordert, die Annahme aufzulösen, sondern eingeladen, neben die hinderliche eine förderliche zu stellen, die den Blick auf das Ziel öffnet.

Die Frage nach der befreienden alternativen Annahme

Ablauf 2: Die Einschätzung des Coachees und die Kriterien stimmen darin überein, dass diese Annahme unwahr ist.

In diesem Fall stellt der Coach die Frage nach der befreienden, alternativen Annahme: „Wenn es also nicht wahr ist, dass Sie ein Betrüger sind – was sind Ihre Worte für das, was wahr und befreiend ist?"

Diese Frage erlaubt es, die blockierende Annahme durch eine befreiende zu ersetzen. Ganz bewusst wird hier nicht „einfach nur" nach dem Gegenteil gefragt, sondern die Frage wird so offen formuliert, dass etwas ganz Neues dabei herauskommen kann. Etwas, das noch kraftvoller sein kann als das Gegenteil der ursprünglichen Annahme („Ich bin *kein* Betrüger"). Herr K. entscheidet sich für die Formulierung: „Ich habe eine subtile Kostbarkeit anzubieten."

Die Übergangsfrage

Ablauf 3: Die einschränkende Annahme ist wahr oder zumindest möglich, etwa wenn die denkende Person die Annahme „Ich habe so etwas noch nie zuvor gemacht" ausgewählt hatte oder „Der Auftraggeber könnte mich in die Mangel nehmen".

Worauf es hier ankommt: Hinter solchen wahren oder möglichen Annahmen verbirgt sich oftmals eine unwahre Annahme, und die ist ursächlich für die Blockade. Um diese aufzuspüren, stellt der Coach die Übergangsfrage: „Es ist möglich, dass der Auftraggeber Sie in die Mangel nehmen könnte. Welche Annahme verursacht, dass *das* Sie daran hindert, das Gespräch mit dem Auftraggeber vorzubereiten?" Die Suche nach der blockierenden Annahme wird also fortgesetzt. Sie könnte zum Beispiel lauten: „Ich darf keine Fehler machen."

Diese neue Annahme wird wieder – genau wie die vorherige – angesehen und überprüft: „Denken Sie, dass es wahr ist, dass Sie keine Fehler machen dürfen?" Die Kriterien besagen, dass diese Annahme unwahr ist (= jeder Mensch ist fehlbar). Und der Prozess wird je nach Begründung des Coachees entweder mit der Einladungsfrage (wenn er sie für wahr hält) oder mit der befreienden alternativen Annahme (wenn er sie für unwahr hält) fortgesetzt.

Ganz gleich welchen Verlauf Teil 3 nimmt, am Ende steht eine befreiende alternative Annahme, wie die von Herrn K.: „Ich habe eine subtile Kostbarkeit anzubieten."

Teil 4: Incisive Question / einschneidende Frage

Im vierten Teil wird die befreiende alternative Annahme mit dem anfangs benannten Ziel verknüpft und daraus die Incisive Question formuliert. Sie ermöglicht es, das anfangs benannte Ziel mit einem frischen Blick zu betrachten, der vorher durch die blockierende Annahme verstellt gewesen war. Dieser Moment wird oft als Durchbruch beschrieben, als der Moment, in dem plötzlich ein Weg sichtbar wird oder eine Tür aufgeht.

„Wenn Sie wüssten, dass Sie eine subtile Kostbarkeit anzubieten haben, wie würden Sie dann das Gespräch mit Ihrem Auftraggeber vorbereiten?" Die Incisive Question wird im Konjunktiv formuliert und lädt damit zu einem Gedankenspiel ein, um größtmögliche Freiräume im Denken zu erlauben.

Herr K. richtet sich auf und spricht es aus: „Ich würde – im Bewusstsein um meine Kostbarkeit – selbstbewusster auftreten. Ich kann mich darauf verlassen, dass ich verkörpere, wofür ich stehe. Ich würde von meinen Erfahrungen berichten und mich außerdem auf das Gespräch freuen."

Die Incisive Question lädt dazu ein, die „Gedankenautobahn" zu verlassen und einmal einen neuen, bisher unbekannten Weg einzuschlagen, der einem vorher nicht ersichtlich war. Im Gehirn werden neue Synapsen gebildet. Häufig gibt es noch ein Staunen, ein zögerliches Betreten des neuen Raumes, der sich soeben aufgetan hat. An diesen neuen Gedanken muss man sich erst einmal gewöhnen, zumal es manchmal uralte, lang gehegte und tief verankerte Annahmen sind, die sich plötzlich aufgelöst haben und nun verabschiedet werden können. Der Widerstand, die Blockade, wurde von der denkenden Person aber selbst aus dem Weg geräumt. Und weil sie sich diesen neuen Zugang eigenständig erarbeitet hat, ist das Betreten dieses neuen Raumes keine Hürde mehr, sondern eher eine logische Konsequenz, die sich stimmig anfühlt.

Teil 5: Aufschreiben

Um diesen fragilen neuen Zugang zu stabilisieren, schreibt der Coachee die Incisive Question auf. Es kommt vor, dass die Frage dem Coachee innerhalb kürzester Zeit wieder entfällt und er sich an den Wortlaut nicht erinnern kann, weil der Gedanke noch so neu und wenig vertraut ist. Dann unterstützt der Coach gegebenenfalls dabei und wiederholt die genaue Formulierung, damit diese bewahrt werden kann.

Anschließend kann der Coachee noch weitere Gedanken notieren. Der Coach hält auch in dieser Zeit das Thinking Environment aufrecht, indem er mit aller Aufmerksamkeit und mit Blick auf den Coachee – und nicht auf die Notizen – das Aufschreiben begleitet. Die schreibende Person denkt ja weiterhin.

Teil 6: Wertschätzung

Abschließend drücken sich Coachee und Coach gegenseitig Wertschätzung aus, indem sie eine Qualität der anderen Person benennen. Ziel dabei ist, den Coachee durch die Wertschätzung zu unterstützen, weiterhin gut über sein Thema nachdenken zu können. Wie mit einer Art Stärkung, Ermutigung oder Bestätigung seines Soseins kann er sich nach der Sitzung auf den Weg machen.

Darüber hinaus empfinde ich die gegenseitige Wertschätzung, das wohlwollende Wahrnehmen der anderen Person, als eine Form des Dankes für diesen gemeinsamen Raum, diese gemeinsame Zeit, das Sich-aufeinander-Einlassen. Die Wertschätzung würdigt die Begegnung selbst.

Deswegen – das zeigt die Erfahrung – ist es auch für den Coachee naheliegend und mitunter geradezu ein Bedürfnis, seinerseits Wertschätzung für den Coach auszudrücken. So kann er auf Augenhöhe etwas zurückgeben.

Der Coach beginnt mit diesem letzten Teil der Sitzung. Dabei ist es wichtig, dass er sich nicht auf die Inhalte der Sitzung bezieht, um nicht doch im Nachhinein eine Bewertung auszusprechen. Stattdessen geht es darum, eine Qualität zu benennen, die man grundsätzlich in der Person wahrnimmt und die über den Moment hinausgeht. Aufrichtig, konkret und kurz soll die Wertschätzung sein. Statt eines unspezifischen „Ich finde Sie sympathisch“ könnte es konkret heißen: „Ich schätze an Ihnen Ihren starken Auftritt, Ihre Klarheit und Ihre deutlichen Worte.“

Der Coachee bedankt sich schlicht und drückt dann seinerseits die Wertschätzung für den Coach aus.

Die Wertschätzung stellt einen stimmigen Abschluss für die Sitzung dar.

Mit einiger Wahrscheinlichkeit wird in der Praxis ein Moment auftreten, in dem die denkende Person etwas anderes braucht als die Frage, die dem Schema gemäß als Nächstes „dran“ wäre. Dann sind es die zehn Komponenten (vgl. S. 35 ff.), die Orientierung bieten und dem Coach Hinweise geben, was erforderlich ist, um die denkende Person in ihrem Prozess weiter zu begleiten. Die Frage, die man sich als Coach also immer wieder stellt, lautet: „Was (= welche Frage oder welche Komponente) braucht mein Coachee wahrscheinlich jetzt, um weiterhin gut über seine Frage nachdenken zu können?"

Die Herausforderung für den Coach (und auch für den Coachee) besteht darin, anzuerkennen, dass das eigenständige Denken ein Ziel an sich ist. Das erfordert auch, die Vorstellung loszulassen, in einer bestimmten Zeit von A nach B zu kommen. Mit dem Ende der Denksitzung hört ja das Denken nicht auf. So kann eine Denksitzung auch „nur" ein Wegbereiter für weiter- oder tiefer gehende Denkprozesse sein.

Auf der anderen Seite ist es aber auch durchaus möglich, dass der Coachee diesen Denkprozess in Sekundenschnelle selbst durchläuft, ohne die einzelnen Fragen gestellt bekommen zu haben; oder dass die Fragen alle gestellt und durchdacht wurden, aber noch Zeit verbleibt. Dann kann der Coach erneut einladen: „Wir haben noch 20 Minuten Zeit. Wie möchten Sie den Rest der Sitzung gerne für sich nutzen?" Die Person kann erneut in den Denkprozess einsteigen.

4.3.2 *Sitzungsziele*

Bisher wurden neun verschiedene Arten von Sitzungszielen beobachtet und beschrieben (vgl. Tab. 4.2):

Acht davon stammen aus Nancy Klines Buch *More Time To Think* (S. 123). Seit Erscheinen dieses Buches sind aber noch ein neuntes Ziel und mehrere Varianten von Sitzungszielen aufgetaucht und es wurden entsprechende Fragestellungen erarbeitet (mündliche Mitteilung von Nancy Kline 2017). Der Ansatz erfährt also eine permanente Weiterentwicklung auf Grundlage von Praxiserfahrungen.

	Ziel	Erscheinungsformen	Beispiel
1.	Aktionsziel	etwas entscheiden, planen, herausbekommen, erarbeiten	„Ich möchte das Gespräch mit meiner Chefin vorbereiten."
2.	Gefühlsziel	sich anders / besser fühlen	„Ich möchte mich besser fühlen bei der Durchführung von Routineaufgaben."
3.	Verstehen-warum-ich-Ziel	Verstehen, warum ich etwas tue / denke / fühle / möchte	„Ich möchte verstehen, warum ich so angespannt bin, wenn ich an dieses Gespräch denke."

	Ziel	Erscheinungsformen	Beispiel
4.	Annahmen-bezogene Ziele	alle Annahmen finden	„Ich möchte alle Annahmen finden, die ich über ‚Teilzeit-führungskräfte' habe."
		ein neues Verhältnis zu den Annahmen entwickeln, z. B. beginnen oder aufhören, etwas anzunehmen oder zu denken.	„Ich möchte aufhören zu denken, dass ich schöner wäre, wenn ich abnähme."
5.	Frei-von-Ziele	aufhören, etwas zu tun oder zu fühlen, Blockaden lösen	„Ich möchte aufhören zu rauchen." Oder: „Ich möchte mich in solchen Situationen nicht mehr so hilflos fühlen."
6.	Neues Thema erkunden	betrachten, darüber nach-denken, untersuchen eines Themas, das in Teil 1 der Denk-sitzung noch nicht exploriert worden ist	„Jetzt möchte ich mir meinen Widerstand genauer anschauen, den ich zu diesem Thema habe."
7.	Information / Feedback	Informationen herausfinden oder Feedback in der Sitzung bekommen	„Ich möchte herausfinden, wie hoch der Anteil von männlichen Teilzeitkräften in Führungspositio-nen in Deutschland ist." Oder: „Ich möchte Ihr Feedback bekom-men, wie mein Gesagtes ankommt und was ich verbessern könnte."
8.	Aktivität	schreiben, arbeiten, gehen, üben, nachforschen, mit jemandem sprechen	„Ich möchte jetzt eine Liste der Vor- und Nachteile eines Umzugs erstellen."
9.	Unrealistische, nicht umsetzbare Ziele	jemand anderes verändern wollen; eine unethische Handlung planen; etwas Unrealistisches erreichen wollen	„Mein Mann soll weniger jähzornig sein." „Ich möchte einen Racheplan schmieden." „Ich möchte mich bis Ende des Jah-res als Rennfahrerin qualifizieren."

Tabelle 4.2: Neun Arten von Sitzungszielen

4.3.3 Beispiele

Aktionsziel

Jessie (42 Jahre): „Jetzt noch ein Kind?“

Jessie hatte schon am Telefon unter Tränen angekündigt, warum sie zu einer Denksitzung kommen wolle: Sie war – unerwartet und zu ihrem Entsetzen – schwanger, zehn Jahre nach der Geburt ihres jüngsten Kindes. Die Denksitzung sollte ihr helfen, eine Entscheidung darüber zu treffen, ob sie das Kind behalten oder die Schwangerschaft abbrechen wolle. Für mich als Coach war dies keine gewöhnliche Situation: Sollte in meinem Beisein wirklich über Leben oder Gar-nicht-erst-geboren-Werden entschieden werden? Und wie würde es sich anfühlen, die eigene Meinung während der Begleitung völlig außen vor zu lassen?

„Worüber möchten Sie nachdenken, und was sind Ihre Gedanken?“, frage ich Jessie am Anfang der Denksitzung mit etwas Unbehagen, aber auch entschlossen, diesen Raum für sie zu schaffen.

Jessie geht noch einmal alle Pro- und Kontra-Argumente durch, die sie schon seit Tagen gegeneinander abwägt. Sie will sich alle Argumente selbst noch einmal vergegenwärtigen und aussprechen. Sie schließt die Denkwelle ab mit der Aussage: „Eigentlich – immer wieder dieses eigentlich! – spricht alles dagegen, das Kind zu bekommen!“ Dann macht sie eine Pause. Nach einer Weile sieht sie mich wieder an. „Was noch …?“, frage ich, als sie auch schon einsetzt: „Na ja, das *Aber* läuft eben auch immer mit! Ich frage mich, was wohl andere darüber denken. Vielleicht würden sich meine anderen Kinder ja ein Geschwisterchen wünschen, wenn sie davon wüssten? Und wie würden andere in meiner Situation wohl entscheiden?“ Wieder verebbt der Gedankenfluss und ich frage: „Was noch … denken Sie oder fühlen Sie oder möchten Sie außerdem noch sagen?“ Sie setzt wieder an: „Ich fühle mich einfach so unsicher! Darf ich dieser Seele überhaupt versagen, auf die Welt zu kommen, und darf *ich* eine Entscheidung für sie treffen? Wie soll ich denn hier weiterkommen – ich weiß einfach nicht, was richtig und falsch ist!“ Sie blickt mich fragend und verzweifelt an: „Was würden Sie denn an meiner Stelle tun?“ Ich halte die Luft an. Will sie wirklich eine Empfehlung von mir? Ich überlege noch, wie ich die Verantwortung für das Denken geschmeidig an sie zurückgebe, ohne dass sie sich abgewiesen fühlt, als sie schon weiterdenkt: „Ist ja unsinnig, jemand anderes zu fragen. *Ich* muss ja damit leben.“ Ich höre weiter aufmerksam zu. „Irgendwie ist meine Frage im Moment weniger, ob ich abbrechen soll oder nicht. Sondern eher, wie ich aus diesem Dilemma, eine Entscheidung treffen zu müssen, herauskomme. Irgendwie warte ich darauf, dass mir jemand die Erlaubnis dazu gibt …"

„Und was noch …?", frage ich langsam. Sie zögert und sagt, dass das erst mal alles sei.

Ich frage sie nach ihrem Sitzungsziel: „Was möchten Sie in dieser Sitzung *noch* erreichen?" Nach einer weiteren Denkwelle fasst sie ihr Ziel in diesem Satz zusammen: „Ich möchte mir die Erlaubnis geben, *selbst* eine Entscheidung zu treffen." Ich frage nach den hinderlichen Annahmen: „Welche Annahmen könnten Sie daran hindern, sich die Erlaubnis zu geben, *selbst* eine Entscheidung zu treffen?"

Das weiß sie sofort: „Ganz klar – meine Entscheidung könnte falsch sein und ich könnte sie bereuen!" Nach kurzem Zögern stellt sie fast erschrocken fest: „Da kommt ein großes Thema! Das kenne ich schon von mir. Und schon so lange. Es geht weit über diese aktuelle Frage hinaus. Ich warte *immer*, wirklich immer, dass jemand anderes für mich entscheidet! Aber wem würde ich sonst gestatten, so eine zentrale Entscheidung für mein Leben zu treffen? Ich muss ja auch die Konsequenzen tragen. Außerdem könnten andere meine Entscheidung sowieso nicht gutheißen, ganz egal, wie sie ausfällt!"

Es entsteht wieder Stille. Dann fügt sie nachdenklich hinzu: „Vielleicht ist es auch nicht richtig, wenn *ich* die Entscheidung treffe! Ich bin so pragmatisch und irgendwie auch egoistisch, vielleicht bin ich …", und dann beginnt sie zu weinen, „einfach kein moralischer Mensch."

Wir lassen den Satz noch eine Weile nachwirken, dann frage ich sie, welche Annahme sie noch daran hindern könnte, sich die Erlaubnis zu geben, *selbst* eine Entscheidung zu treffen. Aber ihr fällt keine mehr ein.

„Und welche dieser Annahmen – oder einer weiteren, die Ihnen in den Sinn kommt –, denken Sie, hindert Sie am meisten daran, sich die Erlaubnis zu geben, *selbst* eine Entscheidung zu treffen?"

Jessie überlegt. „Ich könnte meine Entscheidung bereuen."

„Denken Sie, dass es wahr ist, dass Sie Ihre Entscheidung bereuen könnten?", frage ich. „Na ja, möglich ist es auf jeden Fall! Ich weiß nicht, wie es mir damit gehen wird. Ich kann mir schon vorstellen, im Nachhinein noch mal damit zu hadern."

(Was besagen die Kriterien? Weil diese Annahme eine Aussage darüber trifft, was in der Zukunft sein könnte, die wir noch nicht kennen, ist sie logischerweise möglich. Ich stelle Jessie also die Übergangsfrage.)

„Es ist möglich", sage ich also, „dass Sie Ihre Entscheidung bereuen könnten. Welche Annahme verursacht, dass Sie *das* daran hindert, sich die Erlaubnis zu geben, *selbst* eine Entscheidung zu treffen?"

„Ich nehme an, dass andere Menschen – dabei denke ich vor allem an meine Mutter! – besser wissen, was für mich gut ist", sagt Jessie. „Sie sollten für mich entscheiden, weil ich kein vertrauenswürdiger Mensch bin!" Sie wird immer leiser. „Das ist es: Mir und meinen Entscheidungen kann man nicht über den Weg trauen!"

(Das ist die neue Annahme, die – genau wie vorher die zentrale Annahme – weiter abgeklopft wird.)

„Denken Sie, dass es wahr ist, dass man Ihnen und Ihren Entscheidungen nicht über den Weg trauen kann?", frage ich sie und Jessies Stimme wird wieder etwas kräftiger: „Wenn Sie das so aussprechen, hört es sich fast lächerlich an! Ich bin doch nicht auf Drogen! Ich bin ein erwachsener Mensch! Und ich weiß sehr genau, dass ich nicht leichtfertig handele, keine Schnellschüsse mache. Außerdem lasse ich mein Herz mitreden, meine Ängste und Hoffnungen. Ich weiß doch, dass ich ein liebevoller Mensch bin", sie fängt wieder an zu weinen.

(Ihre Begründung und auch die Kriterien stimmen darin überein, dass die zentrale Annahme unwahr ist.)

„Wenn es also nicht wahr ist, dass man Ihnen und Ihren Entscheidungen nicht über den Weg trauen kann, was sind dann Ihre Worte für das, was wahr und befreiend ist?"

Sie überlegt eine Weile. Dann sagt sie mit sanfter Klarheit: „Ich weiß, dass mich bei jeder meiner Entscheidungen die Achtung vor dem Leben antreibt, vor meinem *und* dem der anderen."

„Wenn Sie wüssten, dass Sie bei jeder Ihrer Entscheidungen die Achtung vor dem Leben antreibt, wie würden Sie sich die Erlaubnis geben, *selbst* zu entscheiden?", frage ich sie.

„Erst mal würde ich den ganzen wirren Stimmen anderer Menschen in meinem Kopf den Mund verbieten. Ruhe jetzt mal! Sonst kann ich mich selbst nicht hören. Ich möchte alleine sein und in Stille. Ich würde mit dem Wesen in mir Kontakt aufnehmen und ihm erzählen, wie es mir geht, was mich umtreibt. Ich würde meine Ängste und Sorgen aufschreiben. Ich würde mir erlauben, traurig zu sein. Und eine Entscheidung treffen. *Meine* Entscheidung."

Für mich als Coach fühlt es sich an, als hätte ich nach einer gefährlichen Schiffsreise auf stürmischer See endlich wieder festen Boden unter den Füßen. Ich habe keine eigenen Perspektiven beigetragen, was bei ihrer Fragestellung sicherlich besonders kontraproduktiv gewesen wäre. Ich habe ihr einfach den Denkraum eröffnet und diesen gehalten.

Jessie möchte nichts mehr aufschreiben. Ich sage ihr abschließend, wie sehr ich ihre Loyalität, Hilfsbereitschaft und Präsenz schätze, die ich grundsätzlich an ihr wahrnehme. Sie bedankt sich und beschreibt ihrerseits, wie wohltuend ruhig und zurückhaltend sie mich erlebt hat. Die Sitzung ist beendet.

Aktionsziele wie das von Jessie, bei denen jemand etwas entscheiden, planen, tun möchte, kommen besonders häufig vor. Daher möchte an dieser Stelle ein zweites Beispiel aufführen. Es veranschaulicht, zu welch unerwarteten und berührenden Dynamiken das Thinking Environment führen kann. Die folgende Denksitzung im Rahmen eines Thinking-Partnership-Kurses mit vier Teilnehmenden ermöglichte der Kursteilnehmerin Lotti einen Zugang zu einem lange vergrabenen Thema und schien eine heilende Wirkung für sie selbst, aber auch für die anderen Anwesenden zu haben.

Lotti (35 Jahre): „Diese Schuld ist ewig, Heilung unmöglich"

Adam, der die Rolle des Denkpartners übernimmt, fragte Lotti: „Worüber möchtest du nachdenken und was sind deine Gedanken?"

Lotti schweigt ziemlich lange, und Adam schenkt ihr seine ganze Aufmerksamkeit.

Nach einer Weile sagt sie: „Ich will irgendwie nicht darüber nachdenken. Aber ich habe das Gefühl, ich muss. Ich sollte genau das jetzt tun. Ich traue mich nicht, es anzugehen. Aber es beschäftigt mich sehr."

Wieder folgt längeres Schweigen.

Dann fährt Lotti fort: „Ich habe es schon so oft wieder weggeschoben. Und das sollte ich vielleicht diesmal auch." Sie zögert. „Es fühlt sich irgendwie gefährlich an. Als hätte ich gar kein Recht, darüber nachzudenken."

Wieder folgt eine lange Pause. Dann ist es, als hätte sie eine Entscheidung getroffen: „Es ist mir sehr bewusst, dass ich hier eine der wenigen Deutschen bin. Und Miriam hat sich eben als eine Jüdin vorgestellt, die Tochter von Holocaust-Überlebenden ist. Das geht mir durch und durch."

Wieder schweigt sie für ein paar Minuten. Die Stille füllt den Raum. Lotti sucht nach Worten.

„Es fühlt sich einfach unmöglich an, dafür die angemessene Sprache zu finden. Das Thema versinkt in einem großen Tabu und ist unantastbar. Aber vielleicht geht es hier in diesem Rahmen." Sie sieht sich im Raum um. Alle sind sehr aufmerksam und interessiert.

„Ich bin 35 Jahre alt", sagt Lotti, „Als ich ein Kind war, habe ich gelernt, dass die Deutschen das schlimmste Verbrechen der Menschheitsgeschichte begangen haben und damit unvorstellbare Schuld auf sich geladen haben. Diese Schuld haben wir geerbt, meine Generation. Und es gibt keinen Weg, sich dem zu entziehen, das ist unsere Erbschuld. Man kann diese Schuld nicht loswerden, ohne zu vergessen, was passiert ist. Nur das Anerkennen dieser unermesslichen Schuld kann sicherstellen, dass nicht vergessen wird, was damals passiert ist. Ich glaube, das hat jedes Schulkind in Deutschland gelernt. Explizit oder implizit. Alle sind schuldig, nicht nur die, die damals gelebt haben. Auch die nachfolgenden Generationen. Und deren Kinder. In jedem Schulfach, in allen Jahrgangsstufen – das ist das, was wir gelernt haben."

Sie hört auf zu sprechen und sieht Adam an. Er hat seinen Blick auf sie gerichtet. Mit Interesse, Respekt, ohne Urteil, ohne Eile. Er stellt keine Frage.

„Es hieß immer, dass wir das niemals vergessen dürfen. Damit es nie, nie wieder passieren kann. Das stimmt natürlich auch. Was ist es nur, womit ich so hadere? Es hieß eben immer auch, um die Erinnerung aufrechtzuerhalten, müssen wir die Schuld akzeptieren. Und jeder Versuch, darüber zu sprechen, steht *sofort* im Verdacht, etwas relativieren zu wollen, das furchtbare Ausmaß kleinreden oder leugnen zu wollen. Ich bin als Kind mit meinen Eltern in das Konzentrationslager in Dachau gefahren und später alleine nach Auschwitz, um mich diesem Grauen auszusetzen, um mich unserer Geschichte zu stellen."

Wieder macht sie eine lange Pause. „Das ist erst mal alles", sagt sie dann nach einer Weile.

„Was noch … denkst du oder fühlst du oder möchtest du außerdem noch sagen?", fragt Adam freundlich.

„Vor unserem Haus, in dem ich wohnte, gibt es zwei Stolpersteine, die an die Deportation eines Geschwisterpaares nach Auschwitz erinnern. Mein Sohn ist vier Jahre alt. Gemeinsam putzen wir die Stolpersteine ab und zu. Manchmal legen wir Blumen hin oder stellen an ihren Todestagen eine Kerze dazu. Und auch andere Leute bleiben stehen, wundern sich über die Kerzen und lesen, was auf den Steinen steht. Wir wollen die Erinnerung an sie aufrechterhalten. Es ist so eine seltsame Vorstellung, dass sie durch die gleiche Eingangstür gegangen sind, wie wir es heute tun. Ich finde es so schwierig, einen guten Weg zu finden, wie ich das meinem Sohn erklären kann. Einerseits möchte ich, dass er versteht, was hier passiert ist und dass er ein Leben lang wachsam bleibt. Aber ohne ihm dabei diese schwere Last aufzuschultern. Ich weiß nicht, ob das wirklich so nötig ist. Es fühlt sich nicht richtig an."

Sie hat den Gedanken abgeschlossen und nickt. Adam stellt eine neue Frage: „Was noch … denkst du oder fühlst du oder möchtest du außerdem noch sagen?"

„Nichts. Ich glaube, das war es erst mal", sagt Lotti.

„Was möchtest du in dieser Sitzung noch erreichen?", fragt Adam.

Sie denkt eine Weile im Stillen nach. „Das ist irgendwie schon schwer überhaupt auszusprechen. Ich möchte über Heilung nachdenken … Ich möchte einen Weg zur Heilung finden." Sie zögert. „So ein Ziel darf man gar nicht haben."

Und wieder schweigt sie länger. Dann sagt sie: „Ja, das ist mein Ziel. Ich möchte einen Weg zur Heilung finden."

Adam fragt: „Welche Annahme könnte dich daran hindern, einen Weg zur Heilung zu finden?"

„Ich nehme an, dass das gar nicht geheilt werden kann. Und auch nicht geheilt werden soll. Wir tragen eine ewige Schuld für den Holocaust. Wer das heilen möchte, trägt dazu bei, dass es wieder passieren könnte. Mein Anliegen an sich ist schon völlig vermessen."

„Was nimmst du noch an, was dich daran hindern könnte, einen Weg zur Heilung zu finden?", fragt Adam.

„Ich verdiene es einfach, mich schuldig zu fühlen."

Lotti macht wieder eine Pause. Sie sieht Adam lange an. Seine Zuwendung, seine Stille, sein Respekt haben sich nicht verändert.

Lotti fließen die Tränen.

„Denkst du, dass es wahr ist, dass du es verdienst, dich schuldig zu fühlen?", fragt Adam.

„Ja. Das denke ich", sagt Lotti.

Wieder folgt Schweigen.

„Vor ein paar Wochen bekam ich die Feldpost meines Opas an meine Oma zu lesen. Ich habe diese Unmengen an Briefen verschlungen und hatte dabei gleichzeitig so Angst, etwas Schlimmes über meine Großeltern herauszufinden, worüber bisher in meiner Familie nicht gesprochen worden war. Es war eine Erleichterung, dass sie offensichtlich nicht persönlich Schuld auf sich geladen hatten. Aber Helden waren sie eben auch keine.

Ich glaube, dass meine Vorfahren in mir sind, dass sie ein Teil von mir sind. Ohne sie würde es mich nicht geben. Um ein vollständiger Mensch zu sein, muss ich meine Vorfahren integrieren, mitsamt ihrem Erbe, ihrer Geschichte. Was gebe ich denn sonst an meine Kinder weiter, wenn ich keinen Weg finde, wie sich unsere Geschichte heilen lässt?

Wenn ich einen Streit mit meinem Sohn habe, irgendeine Auseinandersetzung, dann sage ich ihm, dass ich sein Verhalten nicht gut finde *und* dass er zugleich mein geliebtes Kind ist. Das ist doch kein Widerspruch. Warum sollte das nicht auch auf andere Menschen zutreffen? Selbst welche, die schwere Verbrechen begangen haben. Ich kann ihr Handeln aus der Tiefe meines Herzens verurteilen. Aber wer bin ich, um sie als ganzen Menschen zu verurteilen?“

Wieder schweigt Lotti eine Weile. Dann sagt sie leise: „Nein, vielleicht ist es nicht wahr, dass ich es verdiene, mich schuldig zu fühlen.“

Sie sieht hinaus auf den Fluss.

„Wenn es also nicht wahr ist, dass du es verdienst, dich schuldig zu fühlen, was sind deine Worte für das, was wahr und befreiend ist?“, fragt Adam.

Lotti denkt lange nach. „Ich denke über Vergebung nach“, sagt sie, „Ich habe gelernt, dass Vergeben immer die Gefahr mit sich bringt, auch zu vergessen. Vergebung und Vergessen wird irgendwie gleichgesetzt. Aber ich bin mir gar nicht sicher, ob das stimmt.“

Wieder folgt eine lange Pause. „Nein“, sagt Lotti dann, „Vergeben heißt lieben, annehmen, integrieren. Vergeben, lieben und annehmen bedeutet ja, sich zu erinnern. Es ist das Gegenteil von Leugnen. Es ist ein Hinschauen. Sich trauen, hinzuschauen. Wenn wir nicht vergeben, wie können wir dann wachen Geistes in die Zukunft sehen?

Könntest du mich noch einmal fragen, Adam?“

„Wenn es also nicht wahr ist, dass du es verdienst, dich schuldig zu fühlen, was sind dann deine Worte für das, was wahr und befreiend ist?“, wiederholt Adam seine Worte.

„Meine Vorfahren verdienen Vergebung“, sagt sie. Sie weint.

„Wenn du wüsstest, dass deine Vorfahren Vergebung verdienten, wie würdest du einen Weg zur Heilung finden?“, fragt Adam sanft.

Und wieder überlegt sie.

„Vergeben ist der Weg zur Heilung. Es integriert einen dunklen Teil von mir selbst. Es fühlt sich an, als könnte ich mich mit der Generation meiner Großeltern wieder verbinden. Eine große, schwarze, unüberwindbare Schlucht füllen, die voller Trauer, Scham und Trauma war. Und vielleicht ist dieses Hinschauen, mit dem Herzen, nicht abstrakt und theoretisch, mit all dem Horror, der darin liegt, überhaupt erst die Voraussetzung für Frieden."

Und weil oft im ersten Anlauf noch nicht alle Gedanken zum Ausdruck gebracht werden, fragt Adam noch einmal: „Und wenn du wüsstest, dass deine Vorfahren Vergebung verdienen, wie würdest du noch einen Weg zur Heilung finden?"

„Ich würde mich irgendwie vollständiger fühlen, kraftvoller. In allem was ich tue", antwortet Lotti.

Die Zeit ist um.

Sie lächelt erschöpft. Adam lächelt auch.

Lotti schreibt die Incisive Question und ein paar weitere Gedanken auf, bevor sie und Adam sich gegenseitig wertschätzen und die Sitzung beenden.

Im Anschluss haben alle Kursteilnehmenden die Möglichkeit zu sagen, was sie von dieser Sitzung gelernt oder was sie durch sie erfahren haben.

Als Miriam, die jüdische Kursteilnehmerin, an der Reihe ist, laufen ihr Tränen übers Gesicht und sie sagt: „Danke, Lotti. Ich hätte im Leben nicht gedacht, dass eine junge Frau wie du heute so denkt! Das kann ich gar nicht fassen. Ich wünschte, ich könnte dir sagen, wie völlig sinnlos und wenig hilfreich ich Schuld finde. Schuld ist nicht der Weg. Aber Vergebung erlaubt, dass sich Menschen wieder annähern. Das war mutig von dir. Danke."

Aus dieser Denksitzung zum Thema Umgang mit der historischen Schuld ist eine tiefe Begegnung nicht nur zwischen Lotti und Miriam, sondern zwischen allen Anwesenden erwachsen. Es war deutlich, dass dieses Thema für alle Relevanz hatte und über eine individuelle Fragestellung hinausging.

Die Prinzipien des Thinking Environment können so etwas möglich machen:

- Alles darf gedacht (und ausgesprochen) werden. Es wird nicht bewertet, nicht zensiert und nicht gesteuert.
- Die denkende Person hat den nötigen Raum und die Aufmerksamkeit, um sich auch langsam und gegen eigene innere Widerstände ihrem Thema anzunähern. (Üblicher ist es vermutlich, sich diesem offensichtlich schmerzhaften Prozess zu entziehen – wie Lotti es ja auch jahrelang getan hatte.)

- Gefühle hatten Raum. Scham, Trauer und Verzweiflung wurden vom Umfeld getragen und konnten ihren Ausdruck finden.

Es war die Denkumgebung, die diesen Denkprozess unterstützt hatte.

Gefühlsziel

Das Gefühlsziel verläuft nach dem gleichen Muster wie das Aktionsziel. Nur wird bei der Incisive Question nicht nach dem Tun, sondern nach dem Fühlen gefragt: Statt „Wenn du wüsstest, dass …, wie würdest du dann dein Ziel erreichen?“ lautet der zweite Teil hier: „… wie würdest du dich (in Bezug auf dein Ziel) *fühlen*?“

Ingrid (60 Jahre): „Noch mal durchstarten?“

In diesem Beispiel geht es um eine Denksitzung im Rahmen eines Kurses. Die denkende Person heißt Ingrid, David ihr Denkpartner.

Ingrid beschreibt im ersten Teil, wie sie nach einer persönlichen Krise ihren alten Job aufgegeben hatte und in ein tiefes Loch gefallen war. Nur langsam hatte sie sich davon erholt. Jetzt sprudelten die Ideen wieder und sie habe Lust, etwas Neues zu wagen. Dennoch fühle sie sich innerlich blockiert. Nachdem das Thema für sie ausreichend exploriert ist, fragt ihr Denkpartner: „Was möchtest du in dieser Sitzung noch erreichen?“

Ingrid fasst ihr Ziel in diesem Satz zusammen: „Ich möchte mich frei fühlen für den Erfolg.“

David fragt Ingrid: „Welche Annahmen könnten dich daran hindern, dich frei zu fühlen für den Erfolg?“

Ingrid seufzt: „Ich könnte schlicht und ergreifend scheitern. Das kenne ich ja. Ich weiß, wie sich das anfühlt. Vielleicht ist aber auch die Zeit noch nicht reif dafür. Bin ich schon so weit? Nicht, dass ich loslaufe und mir dann die Luft ausgeht!“

Sie denkt eine Weile im Stillen nach. Dann sagt sie: „Jetzt musste ich so lange jeden Cent umdrehen. Dieser Spagat – erst arm wie eine Kirchenmaus zu sein und dann auf einmal möglicherweise erfolgreich –, mag sein, dass ich den nicht hinkriege. Und außerdem kann es natürlich sein, dass das alles viel zu lange dauert!“ Nach einer Pause fügt sie an: „Ich habe auch keinen blassen Schimmer, ob ich die notwendige Finanzierung für den Start zusammenbekomme! Kannst du mich noch einmal fragen?“, bittet sie David.

„Welche Annahmen könnten dich *noch* daran hindern, dich frei für den Erfolg zu fühlen?“, fragt er.

„Kann ich mal eben aufstehen? Ich muss im Stehen denken!“, sagt sie und erhebt sich. Es sieht so aus, als wolle sie einen Schritt nach vorne tun, aber könne die Bewegung nicht weiter ausführen. „Ich kann richtig spüren, wie ich blockiert bin! Mein ganzer Körper sagt, dass das noch nicht geht! Ich kann keinen neuen Schritt machen!“

(Es war deutlich zu sehen, wie sehr die Wahrnehmung ihres ganzen Körpers sie dabei unterstützt, zu denken. So konnte sie ihre Empfindungen besser in Worte fassen.)

„Dieser ganze alte Kram belastet mich zu sehr und zieht mich runter. Ich habe das Gefühl, mich dafür erklären zu müssen, mich rechtfertigen zu müssen.“ Eine Weile schweigt sie. Dann sagt sie: „Es ist einfach die Angst, die mich daran hindert, den ersten Schritt zu machen. Irgendwie denke ich, dass es nicht möglich ist, mit diesem Gepäck weiterzugehen. Ich trage so viel Ballast mit mir herum. Mit diesem Paket kann ich einfach nicht weitergehen. Das geht nicht. So ist das.“ Dann folgt eine Pause. Als sie David wieder ansieht, fragt er: „Und welche Annahmen könnten dich noch daran hindern, dich frei zu fühlen für den Erfolg?“

„Na ja, es ist mit viel Arbeit verbunden!“, und plötzlich muss sie fast lachen: „Darauf freue ich mich eigentlich! Aber ich weiß nicht genau, wie der erste Schritt aussieht!“ Dann lässt sie sich wieder in den Sessel fallen.

„Welche Annahmen könnten dich noch daran hindern, dich frei zu fühlen für den Erfolg?“, fragt David.

„Das waren alle.“

„Und welche dieser Annahmen – oder einer weiteren, die dir in den Sinn kommt –, denkst du, hindert dich am meisten daran, dich frei zu fühlen für den Erfolg?“

Ingrid reagiert spontan: „Ganz klar: Es ist dieser Rucksack voller Schrott, den ich mit mir rumtrage und der mich lähmt. Ja, das ist meine Annahme, an der ich weiterarbeiten will: Ich kann mit diesem Rucksack nicht weitergehen!“

David fragt sie: „Denkst du, dass es wahr ist, dass du mit diesem Rucksack nicht weitergehen kannst?“

Ingrid ist nachdenklich: „Na, irgendwie denke ich das schon. Aber vielleicht sollte ich den noch mal aufmachen und reinschauen.“ Es wird still. Dann sagt sie ganz leise: „Da ist ja nicht *nur* Schrott drin, auch wenn das erst mal so aussieht. Ich habe so viel dadurch gelernt – oder besser: lernen *müssen*. Ich kann schon auch meine Qualitäten sehen. Ich musste Federn lassen, aber gleichzeitig fühle ich mich auch viel erfahrener.“ Dann lächelt sie fast beschämt: „Vielleicht sogar manchmal ein bisschen weise? Ich weiß schon, dass ich mit so einem Gepäck nicht leichtfüßig in die Luft springen kann, aber das will ich ja auch gar nicht. Mein inneres Bild ist eher, dass ich gleichmäßig und stetig einen Berg besteige … Insofern: Nein, das ist nicht wahr. Ich kann damit weitergehen. Langsam und stetig. Kraftvoll. Das kann ich ganz bestimmt. Ich kann damit weitergehen."

(Die Begründung war logisch nachvollziehbar. Die denkende Person sagt, dass ihre Annahme „unwahr" sei, und auch die Kriterien sprechen dafür. Daher stellt David die Frage nach der befreienden alternativen Annahme:)

„Wenn es also nicht wahr ist, dass du mit diesem Rucksack nicht weitergehen kannst – was sind dann deine Worte für das, was wahr und befreiend ist?"

„Na, dass ich kann. Ich kann damit weitergehen. Genau genommen bin ich froh, dass ich den Rucksack dabeihabe, denn da sind auch ein paar Nuggets drin, auf die ich zurückgreifen kann, wenn es mal hart auf hart kommt. Die brauche ich sogar. Wie so eine Art eiserne Reserve für harte Zeiten." Sie macht eine Pause. „Genau genommen, sollte ich vielleicht auch gar nicht von einem Rucksack sprechen, es ist eher die Handtasche einer reifen Frau. Nicht unelegant. Mit Geheimnissen darin, die erst mal niemanden etwas angehen." Sie schmunzelt ein bisschen und scheint dieser Vorstellung schweigend noch weiter nachzuspüren, bevor sie sich David wieder zuwendet.

Der fragt sie mit freundlichem und wohlwollendem Ausdruck: „Kannst du noch mal in weniger Worten sagen, was wahr und befreiend für dich ist?"

Ingrid muss fast lachen: „Ohne meine Handtasche gehe ich nicht mehr aus dem Haus!"

„Wenn du wüsstest", fragt David, „dass du ohne deine Handtasche nicht mehr aus dem Haus gehst, wie würde sich das anfühlen in Bezug auf deinen Erfolg?"

Ingrid sprudelt: „Ich kann mir das richtig bildlich vorstellen, wie ich sie mir morgens umhänge. Sie gefällt mir. Ich gefalle mir damit. Und dann gehe ich mit ihr los. Ich gehe einfach los. Ich glaube … ich kann dann … einfach losgehen."

Und weil noch etwas Zeit ist, fragt David noch einmal: „Wenn du wüsstest, dass du ohne deine Handtasche nicht mehr aus dem Haus gehst, wie würde sich das noch anfühlen in Bezug auf deinen Erfolg?"

„Ich merke richtig, wie ich mich leichter fühle. Und kraftvoller. Zuversichtlicher und mit weniger Angst, dass was passieren könnte. Ich fühle mich irgendwie auch beschützt."

„Würdest du die letzte Frage aufschreiben?", fragt David. Sie schreibt die Frage auf und macht sich noch ein paar weitere Notizen. „Danke", sagt sie dann und lächelt.

Da sich alle weiteren Ziele von dem Modell des Aktionsziels ableiten lassen, stelle ich sie im Folgenden eher schematisch und in etwas kürzerer Form vor:

Verstehen-warum-ich-Ziel

Das Explorieren des sogenannten Verstehen-warum-ich-Ziels verläuft anfangs wie das des Aktionsziels, aber der Prozess wird früher beendet. Wer verstehen möchte, warum er selbst etwas tut oder denkt, ist im Grunde auf der Suche nach einer unwahren Annahme, die so gelebt wird, als sei sie zutreffend. Wenn diese gefunden wurde, ist das Ziel erreicht. Die Annahme wird daher nicht aufgelöst und ersetzt. Wenn die unwahre Annahme aufgespürt ist, endet der Prozess mit der Frage: „Verstehen Sie jetzt, warum ...?"

Elisabeth (52 Jahre): „Ich muss Opfer bringen."

Elisabeth hat zwei Kinder. Beide sind erwachsen und leben in einer anderen Stadt. Die Tochter arbeitet, der Sohn macht eine Ausbildung. „Im Grunde gibt es überhaupt keinen Anlass zur Sorge", sagt sie, „aber ich sorge mich. Ständig. Und ich weiß, dass das unsinnig ist. Ich möchte mich aber endlich wieder mehr meinem eigenen Leben widmen! Das scheint mir fast unmöglich!"

Ihr Ziel formuliert sie dann so: „Ich möchte verstehen, warum es mir so schwerfällt, mir wieder mehr Raum für mich zu nehmen."

„Welche Annahmen könnten Sie daran hindern, sich wieder mehr Raum für sich zu nehmen?", frage ich sie.

„Ich kann meinen Kindern schon eine große Hilfe sein. Wir haben ein gutes Verhältnis, und sie fragen mich auch nach meiner Meinung. Ich vermisse sie. Es ist aber nicht so, dass ich nicht wüsste, was ich in meiner Freizeit machen soll. – Ich quelle über vor Ideen. Aber etwas hindert mich daran, mir Zeit für die Umsetzung zu nehmen. Ich denke immer wieder, dass den Kindern etwas Schreckliches zustoßen könnte. Das kann natürlich immer sein. Aber ich denke, dass ich es verhindern könnte. Nicht direkt, aber indirekt." Dann entsteht eine lange Stille.

„Wissen Sie, was ich denke?", fragt sie dann langsam, fast staunend. „Ich denke, je weniger Raum ich für mich habe, desto mehr Gnade wird meinen Kindern zuteil. Das heißt, meinen Kindern kann es nur dann gut gehen, wenn ich Opfer bringe."

Dann schweigt sie wieder eine Weile, bevor sie weiterdenkt: „Das ist wie ein Aberglaube, ich fasse es nicht! Das hat fast eine mythologische Dimension. Und es ist eigentlich überhaupt nicht meine Art, so zu denken! Aber so denke ich tatsächlich. Oh, das sitzt tief. Ich glaube, das dachte ich schon immer."

„Verstehen Sie jetzt, warum es Ihnen so schwerfällt, sich wieder mehr Raum für sich zu nehmen?", frage ich, nachdem ihre Denkwelle beendet ist.

„Ja", sagt sie und staunt weiter über sich selbst. „Es fühlt sich an, als wäre eine Talsperre gesprengt worden und das Wasser stürzt in die Tiefe. Das muss sich jetzt erst mal setzen."

Das war einer der magischen Momente, in dem die denkende Person erkennt, dass eine lang gehegte und oftmals verborgene Annahme bei Licht betrachtet nicht zutreffend ist. Es wird offensichtlich, dass das Hindernis „nur" aus den eigenen Gedanken besteht. Gedanken, zu denen man bisher keinen Zugang hatte und die man bisher unbewusst für zutreffend gehalten hat. Auf einmal lässt sich klar erkennen: „Ich kann das glauben, muss es aber nicht. Ich kann die hinderliche Mauer selber einreißen." Diese Erkenntnis kann zwar einerseits ein Befreiungspotenzial haben, aber andererseits zunächst auch einfach nur traurig oder ernüchternd sein: „Wie konnte ich so lange damit leben? Ich will gar nicht darüber nachdenken, wie sich das permanent auf mein Leben ausgewirkt hat und welche Möglichkeiten mir dadurch entgangen sind."

Annahmenbezogene Ziele

Von annahmenbezogenen Zielen gibt es verschiedene Varianten. Eine davon ist, dass der Coachee alle Annahmen zu einem bestimmten Thema, das ihn umtreibt, herausfinden und ansehen möchte. Selten treffen Klienten so eine Zielformulierung schon zu Beginn der Sitzung, eher erarbeiten sie sich diese in der Explorationsphase. Meiner Erfahrung nach sind es vor allem jene Personen, die schon Erfahrungen mit Denksitzungen haben und um die zentrale Bedeutung von Annahmen wissen, die ein solches Ziel formulieren.

Tobi (36 Jahre): „Was ich über sanfte Männer denke"

Tobi hatte im ersten Teil der Denksitzung beschrieben, dass er mit sich selbst immer wieder hadere. Er führte aus, dass er sich irgendwie defizitär fühle, als sei er nicht ganz in Ordnung so, wie er war. Daneben gab es aber auch durchaus Momente, in denen er mit sich ganz im Reinen war. Diese für ihn undurchsichtige Gemengelage hänge seiner Ansicht nach mit dem inneren Bild zusammen, das er von „sanften Männern" habe, zu denen er sich selbst zählte. Nun wolle er besser überblicken können, aus welchen Vorstellungen sich dieses Bild genau zusammensetzte; er wollte diese Vorstellungen aussprechen und ansehen; sich mit seiner eigenen Betrachtungsweise befassen, sich ihr bewusster werden, um besser damit umgehen zu können.

Tobi formulierte sein Ziel so: „Ich möchte alle meine Annahmen ansehen, die ich über sanfte Männer habe."

Ich frage ihn also: „Welche Annahmen haben Sie über sanfte Männer?"

Tobi muss nicht lange überlegen: „Sanfte Männer sind schwach! Sie haben vielleicht gar keine eigene Meinung. Ich denke das natürlich nicht wirklich, aber das sind die Gedanken, die mir dazu kommen. Ich glaube, dass sanfte Männer eben so gesehen werden. Manchmal kann ich gar nicht recht auseinanderhalten, ob das andere denken oder ich selbst auch. Sanften Männern fehlt auf jeden Fall etwas, sie müssen noch etwas aufholen oder lernen. Sie müssen sich erst noch beweisen. Krass! Das denke ich wirklich manchmal. Und ob sie wirklich ernst zu nehmen sind, weiß ich nicht so genau." Er macht eine Pause und sieht mich nach einer Weile wieder an. Ich frage erneut: „Welche Annahmen haben Sie *noch* über sanfte Männer?"

„Eigentlich sehe ich sie eher als Verlierer." Nach einer Weile des Schweigens spricht er weiter: „Vielleicht können sanfte Männer auch besser zuhören und sich auf andere einlassen. Der mangelnde Kampfgeist hat wahrscheinlich auch sein Gutes. Das ist doch auch einfach eine Typfrage und lässt sich ja gar nicht so ohne Weiteres ändern."

Als ich noch einmal nach weiteren Annahmen frage, scheinen alle ausgesprochen worden zu sein, es kommen keine weiteren.

Sein Ziel, alle seine Annahmen über sanfte Männer anzusehen, ist damit erreicht. Daher hört dieser Prozess an dieser Stelle erst mal auf. Tobi hatte nicht danach gefragt, diese Annahmen zu überprüfen oder aufzulösen oder damit weiter umzugehen. Um sein Ziel zu würdigen, frage ich abschließend: „Kennen Sie nun alle Annahmen, die Sie über sanfte Männer haben?"

(Wenn noch Zeit verbleibt, kann man anschließend nach einem weiteren Sitzungsziel fragen: „Was möchten Sie in dieser Sitzung *noch* erreichen?" Dann besteht die Möglichkeit, entweder ein komplett neues Ziel zu formulieren oder eben an dem zuvor erarbeiteten anzuknüpfen, indem man diese Annahmen weiter bearbeitet oder auch auflöst. Die Entscheidung, was als Nächstes ansteht, liegt ganz bei der denkenden Person.) Tobi entschied sich, es hierbei zu belassen. Er hatte sich die Annahmen angesehen und brauchte in diesem Moment nichts weiter.

Bei den anderen Varianten der annahmenbezogenen Ziele geht es darum, das Verhältnis der denkenden Person zu einer von ihr schon benannten Annahme zu verändern. Die zentrale zu bearbeitende Annahme ist also schon ausgewählt. Deswegen fallen die zwei vorherigen Schritte, das Sammeln der Annahmen und die Auswahl einer zentralen Annahme, weg. Der Prozess beginnt direkt mit dem Überprüfen der ausgewählten Annahme. Der Wunsch des Coachees, ein neues Verhältnis zu einer Annahme zu entwickeln, kann unterschiedlich formuliert sein.

Einige Beispiele hierzu:

„Ich möchte vertrauen, dass ich gut genug bin." – Die Annahme „Ich bin gut genug" ist benannt und die denkende Person will aufhören, damit zu hadern und sie zu hinterfragen. Sie will sie sich aneignen und sich durch sie unterstützen lassen.

Oder die denkende Person benennt ihr Ziel so: „Ich möchte herausfinden, ob der Jobwechsel eine gute Entscheidung war oder nicht." Hier soll die Annahme „Der Jobwechsel war eine gute Entscheidung" abgeklopft, hinterfragt und überprüft werden: Denke ich, dass sie wahr ist oder nicht, und aus welchen Gründen denke ich das?

Oder die denkende Person möchte aufhören, etwas zu denken, also eine Annahme loswerden, wie z. B. „Ich möchte aufhören zu denken, dass ich schöner wäre, wenn ich abnähme".

Frei-von-Ziel

Das Frei-von-Ziel verläuft im Prinzip wie das Aktionsziel, nur umgekehrt: Geht es beim Aktionsziel um die Annahmen, die jemanden daran *hindern,* ein Ziel zu erreichen, so geht es beim Frei-von-Ziel um die Annahmen, die dazu *führen,* dass man etwas tut, was man eigentlich *nicht* (mehr) tun möchte. Es werden die gleichen Fragen gestellt, nur „negativ" formuliert.

Jan (45 Jahre): „Befördert, aber in der Krise"

Jan ist kürzlich befördert worden und hat jetzt eine Führungsposition. Die neue Stelle ist anstrengend und er phasenweise überfordert. Sein Ziel für die Sitzung lautet: „Ich möchte aufhören, an meiner neuen Führungsposition zu zweifeln."

Ich frage ihn nach den Annahmen, die dazu führen, dass er an seiner neuen Stelle zweifelt.

„Das ist eben alles neu. Ich habe das noch nie gemacht, und so eine große Verantwortung hatte ich bisher auch nicht. Ich kenne die Verfahren zwar zum Teil, aber mir fehlt noch der Überblick. Es könnte sein, dass ich den Erwartungen meiner Vorgesetzten und Mitarbeiter nicht gerecht werde. Von meiner Familie will ich gar nicht erst anfangen. Meine Kinder merken schon jetzt, dass ich weniger Zeit für sie habe. Und ich könnte das Ganze natürlich in den Sand setzen. Das wäre am schlimmsten. Ich könnte scheitern. Das darf aber nicht passieren. Ich könnte mit einer Enttäuschung einfach nicht umgehen."

Von allen Annahmen ist es die letzte, die er als die zentrale auswählt und die am stärksten dazu führt, dass er an seiner neuen Stelle zweifelt.

„Denken Sie, dass es wahr ist, dass Sie mit einer Enttäuschung nicht umgehen könnten?", frage ich ihn deshalb.

„Ja, das denke ich! Ich habe eine so einzigartige Chance bekommen. Ein Scheitern wäre furchtbar. Das will ich mir gar nicht vorstellen."

Um diese Annahme noch weiter zu überprüfen, frage ich noch mal nach seinen Gründen: „Was sind weitere Gründe dafür zu denken, dass es wahr ist, dass Sie mit einer Enttäuschung nicht umgehen könnten?"

„Ich bin es auch meiner Frau schuldig. Ich will ihr beweisen, dass ich das schaffe."

Für den Denker bleibt seine Annahme wahr. Die Kriterien aber können das nicht bestätigen. Deswegen stelle ich die Einladungsfrage: „Sie möchten aufhören, an Ihrer Führungsposition zu zweifeln. Sie nehmen an, dass Sie mit einer Enttäuschung nicht umgehen könnten. Was könnten Sie stattdessen glaubhaft annehmen, um aufzuhören, an Ihrer neuen Führungsposition zu zweifeln?"

„Ich tue sowieso alles, was in meiner Macht steht. Mehr als mein Bestes kann ich sowieso nicht geben. Ich kenne auch die Erwartungen an mich ganz gut und habe kein schlechtes Verhältnis zu meiner Vorgesetzten, die sich ja auch für meine Beförderung eingesetzt hat."

„Könnten Sie noch mal in weniger Worten sagen, was Sie stattdessen glaubhaft annehmen könnten?"

„Ich könnte annehmen, dass ich in der Firma ein wohlwollendes Umfeld habe." Aus dieser befreienden alternativen Annahme formuliere ich dann die Incisive Question:

„Wenn Sie wüssten, dass Sie in der Firma ein wohlwollendes Umfeld haben, wie würde das Ihre Sicht auf Ihre neue Führungsposition verändern?" (Auch hier: Weil der Coachee *aufhören* wollte etwas zu tun, wird der zweite Teil der Incisive Question etwas freier auf das Ziel bezogen).

„Ich könnte mit meinen Defiziten offensiver umgehen und sie mir zugestehen. Schließlich bin ich ja neu und hab noch eine Art Schonfrist. Ich muss mich trauen, mehr zu fragen. Ich könnte mir auch sagen, dass ich hier offensichtlich gewollt bin und mir diese Position anscheinend zugetraut wird. Auf jeden Fall täte es mir – und wahrscheinlich auch der Qualität meiner Arbeit – ganz gut, wenn ich etwas weniger angespannt wäre und weniger Druck auf mich selbst ausüben würde."

Andere Arten von Zielen: Neues Thema, Information, Aktivität

Ein neues Thema erkunden

Die denkende Person hat sich im ersten Teil des freien Explorierens schon einiges erarbeitet. Auf die Frage nach einem weiteren Sitzungsziel nennt sie ein neues Thema, etwas, um das es vorher noch gar nicht ging. Dann führt der Denkpartner sie zurück in den ersten Teil mit einer entsprechend offen formulierten Frage: „Was denken Sie zu diesem Thema und was sind Ihre Gedanken?"

Ein Beispiel: Tim denkt über das ausgesprochen angespannte Verhältnis zu seinem Kollegen Franz nach. Er beschreibt, worüber er sich maßlos ärgert und wie es Franz immer wieder gelingt, seine roten Knöpfe zu drücken. Auf die Frage nach dem weiteren Sitzungsziel reagiert er mit einer Wendung: „Jetzt möchte ich Ideen sammeln für ein Gespräch mit ihm, das nächste Woche ansteht." Zwar kann ein Zusammenhang zu dem vorher Gesagten bestehen, aber Ideen für dieses Gespräch zu sammeln, ist ein neuer Ansatz, den er vorher nicht verfolgt hatte. Deswegen wird Tim erneut zum Explorieren eingeladen, diesmal aber angelehnt an seine Fragestellung: „Welche Ideen haben Sie für das Gespräch mit Franz, das nächste Woche ansteht?"

Information / Feedback

Katharina möchte in ihrer Denksitzung ein Meeting planen, das sie moderieren wird. Darin möchte sie zum freien unabhängigen Denken einladen und Aspekte des Thinking Environment, mit dem sie sich schon länger intensiv befasst, einfließen lassen. Im ersten Teil der Denksitzung exploriert sie zunächst, warum ihr das freie Denken so wichtig ist, was sie in dem Meeting als zentral herausstellen will und wie sie es konkret angehen möchte. Als auf die Frage „Was noch … denken Sie oder fühlen Sie oder möchten Sie außerdem noch sagen?" keine weiteren Gedanken kommen, frage ich sie nach ihrem weiteren Sitzungsziel: „Was möchten Sie in dieser Sitzung *noch* erreichen?"

„Jetzt brauche ich mal was von Ihnen!", sagt sie. „Sie kennen sich doch aus. Wie hört sich das denn für *Sie* an? Was sagen *Sie* denn dazu?"

Sie möchte von mir Informationen oder Erfahrungen oder ein Feedback zu diesem Thema. Mir fallen sofort verschiedene Punkte ein. Die Versuchung, alles, was mir dazu in den Sinn kommt, auch zu äußern, ist groß. Dann aber würde ich den Denkprozess an mich reißen und entscheiden, was *ich* meine, was für sie relevant ist. Für den Coach geht es an dieser Stelle aber darum, nur auf den konkreten Bedarf zu reagieren und keine Annahmen darüber anzustellen, was die Person vielleicht sonst noch alles brauchen könnte.

Ich bitte sie daher erst einmal um Konkretisierung: „Zu welcher Frage genau möchten Sie meine Gedanken?" Darauf folgt eine weitere Denkwelle. Sie betrachtet, mit welchen Aspekten sie sich schon sehr sicher fühlt, was beim letzten Mal auch schon gut gelaufen ist. Dann erschließt sie sich den Bereich, in dem für sie noch Fragen offen sind und sie gerne auf Erfahrungen anderer aufbauen möchte. Sie schließt die Denkwelle mit einer Frage an mich ab: „Nach dem, was Sie jetzt gerade von mir gehört haben, was denken Sie, sollte ich bei der Planung der einzelnen Tagesordnungspunkte im Vorfeld noch beachten?"

Ich gebe ihr einen kurzen Impuls zu diesem Aspekt und gebe dann an sie zurück: „Und was denken Sie jetzt?" Sie nimmt meinen Impuls auf, führt ihn weiter und lässt ihn unmittelbar in ihre Planung mit einfließen.

Beim Ziel Information / Feedback hält sich der Coach also einerseits zurück, um nicht Fragen zu beantworten, die gar nicht gestellt worden sind. Andererseits bietet er aber durchaus sein Wissen an, wenn er merkt, dass der denkenden Person entscheidende Informationen fehlen, um gut über ihr Thema nachdenken zu können.

Aktivität

Diese Art von Sitzungszielen mag in einem Coaching-Kontext ungewöhnlich erscheinen: Der Coachee entscheidet sich, die Sitzung dafür zu nutzen, eine bestimmte Aktivität durchzuführen, bei der er sich durch eine förderliche Denkumgebung unterstützen lassen möchte. Hier wird also nicht ein bestimmter Ablauf an Fragen gestellt, sondern es werden vielmehr „nur" der Raum und eine förderliche Atmosphäre für ein Handeln des Coachees bereitgestellt. Jetzt sind es die zehn Komponenten, die dem Coach Orientierung geben, wie er sein Gegenüber bestmöglich in seiner Aktivität begleitet.

Beispiel: Ole weiß schon im Vorfeld, wozu er seine nächste Denksitzung nutzen will. Ihm steht ein wichtiger Vortrag in Form eines Webinars bevor, an dem Hunderte von Zuschauern teilnehmen werden. Noch dazu geht es ihm bei diesem Vortrag um sein Herzensanliegen Klimaschutz, für das er eine breite Öffentlichkeit gewinnen möchte. Das Ziel für unsere Sitzung ist eine konkrete Aktivität: Er will diesen Vortrag in meiner Anwesenheit halten. Er möchte sich selbst dabei erleben und wissen, wie es sich für ihn anfühlt. Ich frage ihn, was er von mir braucht und welche Art von Unterstützung er sich wünscht.

Er hat schon lange an dem Vortrag gefeilt und ist inhaltlich sehr gut vorbereitet. Von mir wünscht er sich, dass ich vor allem auf seine Gestik und Mimik achte. Außerdem möchte er wissen, ob der Vortrag auch für Menschen, die sich nicht täglich und detailliert mit diesem Themenbereich befassen, nachvollziehbar und verständlich ist.

Während er spricht, höre ich ihm aufmerksam zu. Ich unterbreche nicht, auch wenn ich nicht jedes Detail verstehe. Wir haben im Vorfeld besprochen, dass ich mir ab und an Notizen mache, auch wenn ich das auf das Nötigste reduziere, um ihm meine möglichst ungeteilte Aufmerksamkeit schenken zu können.

Als sein Vortrag zu Ende ist, gehe ich auf seine Fragen ein. Ich habe das Verhältnis fünf Wertschätzungen zu einer Kritik im Hinterkopf. Das fällt mir aber zum Glück hier gar nicht schwer, ich war ziemlich beeindruckt. Aber ich nenne ihm auch noch die Stellen, an denen ich ausgestiegen bin, weil ich inhaltlich nicht mehr mitkam.

Wir beenden auch diese Sitzung mit einer Wertschätzung und ich sehe mir den Vortrag Wochen später im Internet an: eins a.

Andere Aktivitäten, die als Inhalt einer Denksitzung vorkommen können, sind z. B. das Führen eines anspruchsvollen Telefonats in Anwesenheit und mit wohlwollender Begleitung des Denkpartners oder das Erstellen einer Pro- und Kontra-Liste. Die Aufgabe des Coaches besteht darin zu erfragen, welche Art von Unterstützung für die denkende Person wünschenswert ist, um die bestmögliche Denkumgebung zu schaffen und so eine optimale Begleitung zu ermöglichen.

Unrealistische Ziele

Unrealistische Ziele sind Ziele, die sich aus verschiedenen Gründen vom Coachee nicht umsetzen lassen. Ein häufig unterschätzter Grund ist fehlender Einfluss, etwa wenn es darum geht, einen anderen Menschen zu ändern. In so einem Fall spiegelt der Coach, warum ein so formuliertes Ziel nicht bearbeitet werden kann, und regt zu neuem Nachdenken über die Formulierung des Ziels an, z. B. mit einer Frage wie: „Wie könnten Sie Ihr Ziel so formulieren, dass Sie dabei wieder in eine aktive, handelnde Rolle kommen?“

Wenn alles ganz anders kommt ...

In vielen Sitzungen kommt es nicht dazu, dass die Frage nach einem konkreten Sitzungsziel überhaupt gestellt wird. Die denkende Person braucht gar keine weiteren Fragen, um ins eigenständige Denken einzutauchen. Dann bleibt es beim ersten Teil, dem freien Explorieren, und der Denkpartner hält „einfach nur" den Raum. Wie herausfordernd aber auch das sein kann, habe ich von Klaus gelernt:

Klaus (61 Jahre): Stille

„Worüber möchten Sie nachdenken und was sind Ihre Gedanken?"

Anfangs beschreibt Klaus seine derzeitige Situation. Er hat 30 Jahre lang den gleichen Job gemacht. Als sein Chef in den Ruhestand ging, wurde ihm für eine Übergangsphase die Rolle als Interimschef seines Teams angeboten, die er auch annahm. Als ein neuer Chef eingestellt wurde, war er wieder ins Team zurückgestuft worden.

„Wie soll ich jetzt meine Rolle neu finden?", fragt er sich. „Der neue Chef hat zwar den Blick fürs Größere, aber ich habe doch die jahrelange Erfahrung! Ich kann und darf doch meine Expertise nicht zurückhalten?!" Darüber will er weiter nachdenken. Klaus wirkt betrübt und sehr ruhig. Zwischen den einzelnen Denkwellen, in denen es um das Verhältnis zu den Kollegen und seine Selbstwahrnehmung geht, werden die Pausen immer länger, die Worte plätschern nur noch vereinzelt. Irgendwann spricht er gar nicht mehr. Er taucht geradezu ein in die Stille.

Mit Stille kann ich gut umgehen, denke ich. Nach ein paar Minuten Schweigen kommen mir aber Zweifel: Ist das eine „gute" Stille? Hat er alles, was er braucht? Habe ich ihm klar genug vermittelt, dass ich nur dann eine neue Frage stelle, wenn er mir ein Signal gibt, und ansonsten die Stille nicht unterbreche? Sollte ich hier noch mal eine Erklärung abgeben? Braucht er eine Information von mir, damit er gut weiterdenken kann?

Ich merke, wie ich nervös werde. Nancy Kline hatte einmal von einer Denkerin berichtet, die im Vorfeld der Denksitzung angekündigt hatte, dass sie lieber schweigend denken möchte. Bei solch einer Vereinbarung weiß der Coach, woran er ist und was das Gegenüber braucht. Das war hier leider nicht der Fall. Ich rufe mir ins Gedächtnis, was ich Klaus im Vorgespräch zur Stille gesagt habe, und beginne, mich etwas zu entspannen. Ich entscheide mich, das Schweigen nicht zu unterbrechen, und beobachte stattdessen meine eigene Aufmerksamkeit: Der erste Aufmerksamkeitsstrom, der auf den Inhalt fokussiert (vgl. S. 71 f.), ist logischerweise dünn, der zweite Strom geradezu reißend. Ich richte bewusst den Fokus auf den dritten Strom der Aufmerksamkeit: Wie kann ich das Thinking Environment für meinen Coachee aufrechterhalten? Erst mal lasse ich meine Schultern fallen und entspanne mein Gesicht. Dann formuliere ich in Gedanken Fragen an ihn: „Wo möchte Ihr Denken noch hingehen? Wenn Sie wüssten, dass der Schlüssel zu Ihrer Frage bei Ihnen liegt, welche Gedanken kämen Ihnen dann noch?“ Ich entscheide mich, meine Aufmerksamkeit darauf zu richten, was ich an ihm schätze.

Mir kommt eine Szene aus dem Film „Momo“ in den Sinn, in der Momo einen Vogel wieder zum Singen bringen soll, der seit einem halben Jahr stumm ist. Sie setzt sich vor den Käfig und schenkt dem Tier ihre ganze Aufmerksamkeit. Kurz darauf fängt der Vogel tatsächlich wieder an zu zwitschern. Momo erklärt nachdenklich: „Ich glaube, man muss ihm zuhören, auch wenn er nicht singt.“ So mache ich das dann auch. Über 30 Minuten lang.

Die Stille wird erst durch den Wecker unterbrochen, der mich 15 Minuten vor Ende der Sitzung erinnern soll, ausreichend Zeit für einen runden Abschluss einzuplanen. Diese Unterbrechung nutze ich, um ruhig einzuwerfen: „Sie sagen, wenn Sie was brauchen.“ Klaus antwortet mit für mich überraschender Selbstverständlichkeit und ganz beiläufig: „Jaja, mache ich.“ Dann versinkt er für weitere zehn Minuten in Schweigen. Anschließend richtet er sich auf, sieht mich an und stellt fast staunend fest: „Was für eine ungewöhnliche Erfahrung. Wie wohltuend! Ich war schon sehr lange nicht mehr so in Stille mit mir, obwohl ich das sehr brauche. Wahrscheinlich geht es genau darum. Ich erlaube mir einfach, mehr loszulassen und nicht mehr zu steuern. Danke!“

Niemals sonst ist mir das Zuhören *als Achtsamkeitsübung* so bewusst geworden.

Noch eine besondere Art von Sitzungen ist mir in meiner Coaching-Praxis begegnet. Ich nenne sie „Counting your blessings“ oder Dankbarkeitssitzungen:

„Counting your blessings“ oder Dankbarkeitssitzungen

Nicht immer kommen Coachees mit einem zu lösenden Problem in die Sitzung, und nicht immer entwickeln sie im freien Explorieren eines. Einer Denksitzung ist der Anspruch, Probleme zu lösen oder etwa Verhaltensweisen zu optimieren, nicht unbedingt immanent. So habe ich selten, aber wiederholt erlebt, dass Coachees stattdessen darüber nachdenken möchten, welche Bedingungen dazu führen, dass es ihnen gerade so gut geht. Diesen „Segnungen“ oder den glücklichen Umständen die ganze Aufmerksamkeit zu schenken und sie sich zu vergegenwärtigen, kann beeindruckende, weil sichtbar ermächtigende, Wirkung haben.

Fragen zu Kapitel 4: Einzelsitzungen im Thinking Environment: Coaching

1. Gibt es etwas, das Sie unbedingt in Angriff nehmen, ändern oder beginnen möchten, es aber derzeit nicht tun? Welcher Schritt wäre das?
2. Welche Annahmen könnten Sie daran hindern, diesen Schritt anzugehen? Und welche noch?
3. Welche dieser Annahmen hindert Sie am meisten daran, diesen Schritt anzugehen? Und denken Sie, dass diese Annahme wahr ist?
4. Was könnten Sie stattdessen glaubhaft annehmen, um diesen Schritt anzugehen?
5. Wenn Sie wüssten, dass *(und hier können Sie Ihre neue Annahme einsetzen)*, wie würden Sie dann diesen Schritt angehen?

5. Weitere Einzelsitzungen im Thinking Environment

„Manche Leute waren der Ansicht, Beppo Straßenkehrer sei nicht ganz richtig im Kopf. Das kam daher, daß er auf Fragen nur freundlich lächelte und keine Antwort gab. Er dachte nach."

(Michael Ende, *Momo*)

Die Begegnung in einem Thinking Environment, wie sie in Kapitel 4 anhand der Denksitzungen beschrieben wurde, lässt sich auch auf andere Zweiersituationen übertragen. Wie ganz allgemein eine dialogische Situation in einem Thinking Environment ablaufen kann, wird ab Seite 134 ff. („Dialog") beschrieben. Hier denken zwei Personen gemeinsam über eine Fragestellung nach – abwechselnd, in relativ kurzen Intervallen und ohne unterbrochen zu werden. Der Dialog kann für sich alleine stehen. Er kann aber auch z. B. Teil einer Coaching-Sitzung oder einer Supervision sein, wenn also die Perspektiven beider „Parteien" für das Erarbeiten des Ergebnisses gefragt sind, beispielsweise wenn der Coachee den Coach nach Informationen fragt, die ihm selbst nicht zur Verfügung stehen.

Die Arbeit mit dem Thinking Environment lässt sich auch z. B. auf Interviewsituationen übertragen, auf Mediation (Kline 2015, S. 202) oder Paare (S. 210). In diesem Kapitel werden beispielhaft (Einzel-)Supervision und Mentoring vorgestellt. In beiden Fällen verfügt eine Person über mehr Wissen und Erfahrung oder auch über mehr Weitsicht als die andere. So besteht die Gefahr, dass die Begegnung nicht mehr auf Augenhöhe stattfindet und damit das Prinzip der Gleichwürdigkeit verletzt wird. Deswegen erfordert diese Komponente besondere Aufmerksamkeit. Auch die für Supervision oder Mentoring-Sitzungen entwickelten Abläufe des Thinking Environment tragen dem Rechnung.

5.1 Supervision

Das Setting einer Supervision im Sinne des Thinking Environment ist zu großen Teilen vergleichbar mit denen in einem Coaching: Auch hier stellt die zuhörende Person, also der Supervisor, dem Supervisand einen Denkraum mit den zehn Komponenten zur Verfügung. Er hört aufmerksam und interessiert zu und unterbricht nicht. Er gibt (auch hier) wenig Input. Wenn überhaupt! Die ständige Einladung und Ermutigung zum eigenständigen Denken ist ebenso zentral. So ermöglicht

Supervision in einem Thinking Environment dem Supervisand, selbst zu entscheiden, wann und zu welcher Frage konkret er die Perspektive des Supervisors einholen möchte. Es ist im Großen und Ganzen nicht am Supervisor zu entscheiden, was sein Supervisand braucht. Wenn der Supervisor aber eigene Perspektiven einbringt und Input gibt, dann mit der Intention, frisches Denken beim Supervisand anzuregen und ihn zu ermutigen, statt ihm etwas überzustülpen.

Darüber hinaus wird vorab vereinbart, dass der Supervisor die Erlaubnis hat, zu benennen, was ihm in der nonverbalen Kommunikation oder an Gemütszuständen beim Supervisand auffällt, um diesen darin zu unterstützen, seine Gefühle auszudrücken und für seinen Denkprozess zu nutzen. Denn der Ausdruck von Gefühlen erlaubt Zugang zu tieferem Wissen und kann befreiende Wirkung haben.

Allerdings gibt der Supervisor immer nur so viel Rückmeldung, wie es dem Supervisand hilfreich ist, um sich seiner selbst bewusster zu werden und auf frische Gedanken zu kommen.

In der Supervision kommen nur die ersten beiden Fragen des Ablaufs einer Denksitzung (vgl. Abschn. 4.3) zum Tragen. Danach ist der Verlauf „dialogischer“ ausgerichtet als üblicherweise in einer Denksitzung. Die Herausforderung besteht darin, trotzdem die Komponente der Gleichheit aufrechtzuerhalten. Eine Supervisionssitzung durchläuft üblicherweise vier Schritte. Ganz praktisch kann das so aussehen:

Schritt 1

Der Supervisand wird – zu Beginn jeder Sitzung – dazu eingeladen, ein Thema zu bestimmen und seine Gedanken dazu mitzuteilen. Am Ende einer Denkwelle wird er durch den Supervisor dazu ermutigt, weiterzudenken und seine Gefühle wahrzunehmen. Die entsprechenden Fragen des Supervisors sind:

1. Mit Blick auf Ihre Arbeit, worüber möchten Sie heute nachdenken und was sind Ihre Gedanken?
2. Was noch ... denken Sie oder fühlen Sie oder möchten Sie außerdem noch sagen?

Schritt 2

Wenn der Supervisand Input vom Supervisor bekommen möchte, bewegt man sich ein Stück weiter in Richtung Dialog, versucht als Supervisor aber, das unabhängige Denken des Supervisanden so weit wie nur möglich aufrechtzuerhalten. Die entsprechende Frage des Supervisors an den Supervisand lautet also: Welche Frage haben Sie an mich?

Dann bietet der Supervisor eigene Erfahrungen an, die den Supervisand zu weiterem Denken anregen sollen.

Schritt 3

In einem dritten Schritt kann der Supervisand von sich aus fragen und dabei eine weitere Perspektive des Supervisors einholen: „Welche Beobachtungen, Fragen oder welchen Input haben Sie für mich, was wir noch nicht behandelt haben?“ An dieser Stelle kann der Supervisor eigene Gedanken und Ideen in Bezug auf das, was er vorher gehört oder wahrgenommen hat, mitteilen.

Schritt 4

Im letzten Schritt drücken sich Supervisor und Supervisand gegenseitig Wertschätzung aus.

In Grenzfällen, wenn ein Supervisor den Eindruck hat, dass sich der Supervisand in Gefahr bringt oder grobes Fehlverhalten vorliegt, oder auch wenn dem Supervisand wichtige und relevante Informationen fehlen, muss der Supervisor sich stärker einbringen. Üblicherweise macht er das auch in diesem Fall nur dann, wenn eine Denkwelle abgeschlossen ist. Dann kann er eigene Bedenken äußern und Fragen stellen, die bei ihm aufgekommen sind – um im Anschluss wieder das Denken des Supervisanden anzuregen: „Und was denken Sie dazu?“

Die Kunst besteht darin, auch in einem solchen Fall den Supervisand grundsätzlich zu ermutigen, dass er selbst für sich denken kann und nicht in Abhängigkeit eines Experten gerät, der ihm sagt, was er wie zu tun oder zu lassen hat.

5.2 Mentoring

Der Zweck eines Mentoring besteht üblicherweise darin, dass eine Person mit Wissensvorsprung ihre Erfahrungen und ihr fachliches Wissen an eine weniger erfahrene Person weitergibt, um diese in ihrer persönlichen und / oder beruflichen Entwicklung zu unterstützen.

Mentoring *in einem Thinking Environment* legt den Fokus darauf, dass ein Mentee für sich selbst und eigenständig über seine Fragestellungen nachdenken kann. Ein Mentee soll Vertrauen in sein eigenes Denken bekommen und bewahren. Deswegen geht es zwar auch hier um Wissenstransfer, um das Weitergeben von Erfahrungen, um erfolgreiches Problemlösen und das Erreichen von Zielen, aber ohne dabei den Mentee zu infantilisieren. Der Mentor lehrt, ohne zu belehren.

Um ein Mentoring in einem Thinking Environment durchzuführen, sollten sich beide Beteiligten mit den sechs Schritten einer Denksitzung (vgl. S. 78 ff.) vertraut gemacht haben. (Manche Unternehmen nutzen hierfür beispielsweise einen Kick-off-Workshop für den Mentoring-Prozess, bei dem mehrere Mentor-Mentee-Paare mit externer Anleitung durch einen Time-To-Think-Consultant in diesen Prozess eintauchen.)

Die folgenden vier Schritte haben sich im Ablauf einer Mentoringsitzung bewährt:

Schritt 1: die Denksitzung (für den Mentee)

Der Mentee bekommt die Gelegenheit, in einer Denksitzung von bis zu 45 Minuten seine eigenen Fragen zu durchdenken. Dafür schafft der Mentor mit den zehn Komponenten die idealen Bedingungen und begleitet den Mentee auf der Grundlage der sechs Teile einer Denksitzung (außer Wertschätzung, die erst am Ende der Mentoringsitzung stattfindet). Er bietet also „nur" den Rahmen an, innerhalb dessen der Mentee für sich selbst denken kann.

Schritt 2: das Interview

Nun kann der Mentee dem Mentor Fragen stellen, die für ihn relevant sind. Diese Phase kann bis zu 30 Minuten dauern. Auch hier – wie oben beschrieben – achtet der Mentor auf eigene Formulierungen und spricht von eigenen Erfahrungen, statt Rat zu geben. Der könnte nämlich, v. a. in diesem Setting, so ankommen: „Werde einfach wie ich, dann wird das schon." (= Das Gegenteil von eigenständigem Denken!)

Er achtet auch darauf, dass er mit seinen Erfahrungen auf die konkreten Fragen des Mentees reagiert und nicht selbst das Ruder übernimmt und entscheidet, was der Mentee noch zu lernen hat. Entscheidend ist, dass das Interview nicht aus einer Frage und dann 30 Minuten Monolog des Mentors besteht. Das Interview hat einen dialogischen Ablauf: Der Mentee stellt eine Frage, der Mentor stellt seine Perspektive dar und gibt das Wort zurück an den Mentee. Gleichzeitig hat er die Komponente „Information" im Sinn: Gibt es etwas, was der Mentee nicht zu wissen scheint, ihm aber beim Weiterdenken sehr hilfreich sein könnte? Gibt es blinde Flecken?

Schritt 3: die Denksitzung (für den Mentor)

Hier unterscheidet sich der Mentoringprozess im Sinne des Thinking Environment wohl am deutlichsten von dem, wie er üblicherweise gehandhabt wird. Dafür tut sich eine Parallele zur Denkpartnerschaft auf: wechselnde Rollen auf Augenhöhe. Der Mentee begleitet nun seinerseits den Mentor in einer Denksitzung von bis zu 30 Minuten und orientiert sich dabei an dem oben beschriebenen Prozess einer Denksitzung (S. 78 ff.).

Durch diesen Schritt wird Gleichwürdigkeit hergestellt. Es wird deutlich, dass auch eine erfahrene Person für sich Fragen durchdenken muss. Und dass eine beruflich unerfahrene Person ihr dafür einen Denkraum anbieten kann. Nicht zuletzt inhaltlich kann es für den Mentee sehr inspirierend sein, dem Mentor in seinem Denkprozess zu folgen.

Schritt 4: Abschluss

Im letzten Schritt, der bis zu 15 Minuten dauern kann, widmen sich Mentor und Mentee den folgenden drei Punkten:

1. Rückblick (Was lief in dieser Sitzung gut?)
2. Vereinbarungen treffen für weitere Mentoringsitzungen
3. Gegenseitige Wertschätzung

Die Geisteshaltung, in der ein Mentee einem Mentor in einem Thinking Environment begegnet, ist so treffend in dem Gedicht von Humberto Maturana „Plegaria del Estudiante" (2009; „Gebet eines Schülers") wiedergegeben. Hier habe ich die englische Version von Marcial F. Losada (2016) übernommen:

Prayer of the student
Don't impose on me what you know.
I want to explore the unknown
And be the source of my own discoveries.
Let the known be my liberation, not my slavery.

The world of your truth can be my limitation;
Your wisdom, my negation.
Don't instruct me; let's learn together.
Let my richness begin where yours ends.

Show me so that I can stand
On your shoulders.
Reveal yourself so that I can be
Something different.

You believe that every human being
Can love and create.
I understand, then, your fear
When I ask you to live according to your wisdom.

You will not know who I am
By listening to yourself.
Don't instruct me; let me be.
Your failure is that I be identical to you.

(Quelle: ↗ https://www.researchgate.net/publication/240275459_The_Biology_of_Business_Love_Expands_Intelligence)

Fragen zu Kapitel 5: Weitere Einzelsitzungen im Thinking Environment

1. Wer war Ihr bester Mentor in Ihrem Leben und warum?
2. Von wem möchten Sie gerne etwas lernen?
3. Was genau?
4. Wie wäre es, das Mentoring-Format wie hier beschrieben, direkt auszuprobieren? (Sie könnten sich dabei zunächst auf die ersten beiden Fragen der Denksitzung beschränken.)
5. Wie gelingt es Ihnen, anderen Menschen über (auch gefühlte) Hierarchieebenen hinweg auf Augenhöhe zu begegnen?

6. Gruppen im Thinking Environment: Meetings

„The smart way to keep people passive and obedient is to strictly limit the spectrum of acceptable opinion, but allow very lively debate within that spectrum – even encourage the more critical and dissident views. That gives people the sense that there's free thinking going on, while all the time the presuppositions of the system are being reinforced by the limits put on the range of the debate."

(Noam Chomsky, *The Common Good*)

Thich Nhat Hanh beschreibt, dass das Leiden unserer Zeit die Einsamkeit ist (Thich Nhat Hanh 2014, S. 17). Selbst wenn wir mit anderen zusammen sind, erleben wir mitunter dieses Gefühl. Wir kommunizieren zwar mit anderen, aber ohne wirklich in Verbindung zu treten. Ein Unbehagen macht sich breit. Wir versuchen vielleicht, dieses Beziehungsvakuum zu füllen, indem wir via E-Mails, WhatsApp oder andere Messengerdienste die Quantität statt die Qualität unserer Kontakte steigern. Das Unbehagen aber bleibt.

Begegnungen von Menschen in einem Thinking Environment laden zu mehr Tiefe und Wahrhaftigkeit ein. Grundlage dafür ist die Haltung, die sich aus den zehn Komponenten (vgl. S. 35 ff.) ergibt, und das daraus resultierende Verhalten. Wie das genau funktionieren kann, wurde bisher am Beispiel von Einzelsitzungen dargestellt. Die Prinzipien des Thinking Environment lassen sich aber auch auf die Arbeit mit und in einer Gruppe übertragen.

Die Denksitzung zu zweit erlaubt eine intensive Begegnung mit sich selbst und der anderen Person. In ihr kann die Essenz, die Idee des eigenständigen Denkens besonders deutlich spürbar werden, da man sich vollständig in die Welt des unabhängigen Denkens (s. Abschn. 1.1) begeben kann. In der Gruppe kann sich das individuelle Denken nicht ganz so viel Raum nehmen. Je mehr Menschen hinzukommen, desto dominanter wird die Dynamik des Austauschs. Deswegen ist es im Gruppenkontext herausfordernder, das Thinking Environment aufrechtzuerhalten.

Die Gruppe bringt jedoch auch Chancen mit sich, denn das gemeinsame Zuhören entfaltet eine besondere Wirkung: „Es gilt, nicht mehr nur die eigene Perspektive, sondern die Gefühle und Perspektiven des kompletten Geflechts der Beziehungen zwischen den Anwesenden zu berücksichtigen" (Isaacs 2011, S. 99). Neue Dynamiken und Energien können in der Gruppe entstehen, ein Gefühl der Verbundenheit wie ein fast physisch spürbares Netz zwischen den Involvierten. Teilnehmer eines

Meetings in einem Thinking Environment beschrieben das so: „Frische Funken von Sinn, Freude und Engagement fliegen jetzt wieder zwischen uns! Auch in den Tagen nach dem Treffen zeigt die neu erfahrene Energie ihre Wirkkraft."

Die Diversität, die Vielfalt an Perspektiven über Hierarchieebenen hinweg kann spürbar werden. Die Komponenten Diversität und Gleichheit bekommen im Gruppenkontext noch eine neue Dimension.

6.1 Die Rolle des Facilitators

Der sogenannte Facilitator in einem Thinking Environment begleitet und unterstützt kürzere oder längere Prozesse, von einzelnen Besprechungen bis hin zu umfassenderen Veränderungsprozessen in Unternehmen oder Organisationen.

Seine Aufgabe ist es, auf der Grundlage der zehn Komponenten und durch Thinking Environment spezifische Formate (wie z. B. Thinking Pairs vgl. S. 131 ff.) einen methodisch stabilen Rahmen zu schaffen und aufrechtzuerhalten.

Je stärker er selbst die zehn Komponenten verkörpern kann (etwa indem er größte Aufmerksamkeit und Gelassenheit ausstrahlt), umso glaubwürdiger und unterstützender wird seine Begleitung.

Der Facilitator entscheidet je nach Art des Themas oder der Fragestellung, welches Format oder welche Kombination an Formaten sich am besten für den Austausch eignet, und führt die Beteiligten ein. Ist die Begleitung durch den Facilitator schwach, tendieren Gruppen dazu, schnell wieder das vertraute Muster der Diskussion aufzugreifen. Je nach Fragestellung können andere Formate geeigneter sein, um zu einem Ergebnis zu kommen. Wenn z. B. verschiedene Perspektiven geschildert oder ein Meinungsbild erstellt werden soll, gewährleistet eine Runde (S. 129 ff.) möglicherweise mehr Beiträge als eine Offene Diskussion (S. 136 ff.).

Der Facilitator kann die Formate im Vorfeld eines Meetings oder eines Workshops planen, aber die Kunst der Facilitation besteht auch darin, je nach Entwicklung des Gesprächsverlaufs spontan zu variieren und auch aktuelle oder weiterführende Fragestellungen auszumachen, die sich im Prozess ergeben haben, und entsprechende Formate anzubieten.

Er muss immer die Frage im Blick haben, um die es gerade geht, und methodische Orientierung geben können. Werden die zehn Komponenten beispielsweise stark vernachlässigt, etwa weil eine Person in einer Runde sich übermäßig viel Raum nimmt und die Aufmerksamkeit der anderen nutzt, um spontan einen Vortrag zu halten, greift der Facilitator ein und erinnert an die Komponente Gleichheit. Oder er interveniert, wenn eine Offene Diskussion zu einem Schlagabtausch zwischen zwei Personen geworden ist. Um diese Dynamik zu unterbrechen, kann er eine Runde einberufen oder Thinking Pairs (S. 131 ff.).

Wenn das Denken der Beteiligten stagniert oder offensichtlich eine Blockade besteht, kann der Facilitator diese mit einer Incisive Question (vgl. S. 52 ff.) auflösen.

Die Rolle des Facilitators in einem Thinking Environment unterscheidet sich von der üblichen Rolle eines Moderators u. a. auch durch das, was er *nicht* tut: Es ist z. B. nicht seine Aufgabe, im Rahmen einer Offenen Diskussion, eine Rednerliste zu führen oder das Wort zu erteilen. (Und wenn sich Beteiligte melden, um an die Reihe zu kommen, erinnert er an die „Spielregeln".) Er schließt auch keinen Tagesordnungspunkt mit seiner persönlichen Sichtweise einer Zusammenfassung ab. Er ist im Großen und Ganzen nur für den Prozess und nicht für die inhaltliche Steuerung zuständig. Er übernimmt nicht das Denken für die anderen, sondern stellt den Rahmen sicher, in dem alle Beteiligten sich miteinander und gegenseitig einen Denkraum anbieten, in dem sie eigenständig, frei und kreativ denken können.

Manche Firmen, die das Thinking Environment für sich als Bestandteil ihrer Unternehmenskultur etablieren möchten, stellen Mitarbeitende für diese Aufgabe frei und ermöglichen ihnen die formale Ausbildung zum Time-To-Think-Facilitator. (Weitere Informationen hierzu finden Sie am Ende des Buches auf Seite 158 ff.)

Andere stellen ihren Mitarbeitenden den Ansatz vor, indem z. B. Teams ein Transforming-Meetings-Programm (vgl. Abschn. 6.2.1) durchlaufen. Dieses Programm ermöglicht es, dass die Verantwortung nicht auf einzelnen Personen lastet, sondern geteilt wird. Alle haben dann den Wert dieser veränderten Meetingkultur erfahren und können sich gemeinsam dafür einsetzen.

6.2 Auf dem Weg zu einer neuen Meetingkultur

Im Rahmen eines Workshops in einem Unternehmen fragte ich die Teilnehmenden, welche Herausforderungen sie bei ihren Meetings erleben und woran es bei ihren Sitzungen hapern würde. Es war eine leichte Übung für sie, die „Baustellen" aufzuzeigen, und die Liste wurde schnell lang:

- Langatmige Redner vertreten bekannte Positionen.
- Einzelne wollen sich profilieren.
- Introvertierte kommen nie zum Zug.
- Neuen Ideen werden abgewürgt.

- Die Agenda ist nicht klar.
- Es kommt immer wieder zu Unterbrechungen, mangelnder Konzentration, Ablenkungen.
- Die Sitzungen sind zu lang und umfassen zu viele Programmpunkte.
- Es ist unklar, was eigentlich dabei rauskommen soll.
- Virtuelle Meetings frustrieren wegen unzureichender Technik.
- Man kommt zu schnell vom Thema ab.
- Man geht zu kleinteilig vor, es gibt kein Vorankommen.
- Es entsteht kein Austausch und nichts Neues.
- …

Die Unzufriedenheit mit der Meetingkultur ist immens. Die Zeit, die Personen in Meetings verbringen, allerdings auch. Manche Tage bestehen aus einem regelrechten Meetingmarathon. „Zu einem Meeting eingeladen zu sein, ist bei uns ein Zeichen der Wertschätzung, weil es bedeutet, dass deine Meinung gefragt ist. Es führt aber dazu, dass wir eigentlich die ganze Zeit in Meetings verbringen, auch virtuell, sogar wenn wir im Auto sitzen“, beschreibt ein Teilnehmer meines Workshops die Situation.

Mit dem Wunsch nach mehr Effektivität oder einer zumindest sinnvoll genutzten Zeit, zücken Mitarbeitende in Meetings ihre Handys, arbeiten parallel ihre E-Mails ab oder unterbrechen sich gegenseitig ungeduldig, um schneller zum Ende zu kommen.

So passiert es, dass viele kluge (und auch gut bezahlte!) Menschen mit vielen Talenten sehr viel Zeit in ineffektiven Meetings verbringen.

Natürlich haben Unternehmen und Organisationen das Ziel, innovativ und kreativ zu sein und neue Ansätze zu entwickeln. Nicht zuletzt, um auf die sich schnell verändernden Rahmenbedingungen adäquat reagieren und den Umgang damit bewusst gestalten zu können. Wo aber findet das Nachdenken über die Handlungsoptionen statt, wenn nicht im Zusammentreffen der Beteiligten? Meetings sind das zentrale Moment von Firmen und Organisationen für Austausch, Verständigung auf gemeinsame Ziele, Strategieentwicklung und gemeinsames Lernen.

Die Planung und die Ausgestaltung dieser Meetings werden dennoch häufig unterschätzt und vernachlässigt. Man verzichtet auf Vereinbarungen oder Absprachen darüber, *wie* man miteinander arbeiten will und auf die sich Mitarbeiter berufen könnten. Stattdessen bedient man sich eingefahrener, mitunter destruktiver Kommunikationsmuster, die oft nicht mal mehr bewusst wahrgenommen werden. Die Sehnsucht nach einer sinnstiftenden Zeitgestaltung, nach wirklichem Austausch, Begegnung, gemeinsamem befruchtenden Weiterdenken und einer vertrauensvollen Atmosphäre, die neue Energien freisetzt, wird von vielen geteilt. Nur fühlt sich kaum einer dazu berufen, Alternativen für die vertrauten Muster anzubieten.

Im Gegenteil: Viele Führungskräfte tendieren dazu, auf die zunehmende Komplexität und den wahrgenommenen Kontrollverlust angesichts äußerer Herausforderungen mit noch stärkerer Kontrollausübung, einem paternalistischen „command and control", und einem Kontrollieren von Detailfragen auf tieferen Ebenen zu reagieren (LEAD Studie 2015, S. 27).

Angepasstes Denken und „Funktionieren im System" erfahren Anerkennung und werden mit Zugehörigkeit belohnt. Eigenständiges Denken und das damit verbundene mögliche Infragestellen des Status quo oder das Ansprechen unbequemer Wahrheiten sind nicht gefragt. Das Phänomen des Gruppendenkens (Groupthink) tritt zutage: Einzelne ordnen ihr eigenständiges Denken dem der Gruppe unter und passen sich an, um dazuzugehören. Sie halten sich mit vom „Mainstream" abweichenden Meinungen oder Perspektiven zurück. So werden die vielfältigen Ansichten oder Ideen nicht sichtbar und hörbar. In ihnen aber liegt das Potenzial für Innovation und neue Erkenntnisse.

Stark ausgeprägte Hierarchien sowie rivalisierendes Gegeneinanderarbeiten, statt auf Kooperation zu setzen, können von Angestellten als erniedrigend erfahren werden und ermächtigen bzw. ermutigen sie sicher nicht zum freien Denken.

Wie das Thinking Environment hier helfen kann

Selbst wenn es „nur" darum geht, bestehende Abläufe effizienter zu gestalten, Aufgaben in To-do-Listen zu strukturieren oder Verantwortlichkeiten zu verteilen, lassen sich die Prinzipien des Thinking Environment anwenden, die wohlwollende, wertschätzende Haltung, die das Potenzial Einzelner und damit auch das von Gruppen sichtbar werden lässt und die ermöglicht, dass alle Beteiligten sich für das Gelingen des Meetings verantwortlich fühlen.

Es erfordert nicht viel, um aus Meetings einen Denkraum zu machen, der diese Art der Begegnung fördern würde. Warum erscheint es so schwierig, das zu ändern?

Möglicherweise spielen hier mehr oder minder hinderliche Annahmen eine Rolle, die erst aufgelöst werden müssen, bevor ein Thinking Environment entstehen kann. Mir sind z. B. die folgenden begegnet:

- „Wir können uns die Zeit zum Denken nicht so einfach nehmen, wir haben zu viel zu tun."
- „Sich Zeit zum Denken nehmen bedeutet, nicht effektiv zu sein."
- „Es reicht, wenn einige wenige denken und die anderen ihren Job machen."
- „Eine neue Meetingkultur muss von der Unternehmensführung eingeführt werden, vorher passiert hier gar nichts."
- „Wer freies Denken zulässt, verliert die Kontrolle."

- „Wer mitdenken darf, will auch mitentscheiden."
- „Es ist ein Zeichen von Nichtwissen und von Führungsschwäche, wenn man andere nach ihrem Denken fragen muss."
- ...

Denken Sie, dass diese Annahmen wahr sind? Was könnten Sie stattdessen glaubhaft annehmen, um einen Schritt in Richtung einer besseren Meetingkultur zu machen?

Alfred Herrhausen sagt: „Die meiste Zeit geht dadurch verloren, dass man nicht zu Ende denkt" (Quelle: ↗ http://www.alfred-herrhausen-gesellschaft.de). Positiv ausgedrückt ließe es sich vielleicht auch so formulieren: Sich Zeit zum Denken zu nehmen ist erst die Voraussetzung für wirklich effektives Arbeiten.

Meetings in einem Thinking Environment machen nur dann Sinn, wenn auch das Denken der Mitarbeitenden, des Teams und der Kollegen tatsächlich gefragt ist. Wenn es um reine Vermittlung von Information geht, mögen andere Wege (ein Text, eine Videobotschaft oder ein Vortrag) zweckmäßiger sein.

Meetings in einem Denkraum abzuhalten bedeutet, „ethische Leitplanken" (Romhardt 2016, S. 18) für die Kommunikation zu markieren. Die zehn Komponenten können dafür einen gemeinsamen Bezugsrahmen schaffen.

Die Berücksichtigung eines bestimmten Meetingablaufs und die Anwendung verschiedener Formate in der Durchführung des Meetings unterstützen dabei, diese auch aufrechtzuerhalten.

6.2.1 Vorbereitung

Nancy Kline hat ein Programm entwickelt, das sich Transforming Meetings® nennt und in dem beschrieben wird, wie sich Meetings in einem Denkraum gestalten lassen (Kline 2015, S. 222). Die folgenden Ausführungen orientieren sich an diesem Konzept.

Meetings in einem Thinking Environment sparen Zeit. Dafür ist allerdings eine sorgfältige Vorbereitung nötig. Welche Themen möchten Sie gemeinsam mit anderen in einem entsprechenden Denkraum eruieren? Worüber genau möchten Sie sich austauschen? Wer sind die Personen, die zu diesen Themen etwas beitragen könnten oder sollten?

Die folgende Tabelle 6.1 kann Ihnen bei der Planung eines Meetings Hilfestellung geben. Sie bezieht sich auf folgendes Beispiel: Im Rahmen einer wöchentlichen Teamsitzung sollen erste Schritte für die Entwicklung eines Konzepts für die Einarbeitung neuer Teammitglieder formuliert werden („Onboarding"-Konzept).

Wöchentliche Teamsitzung	
Thema / Tagesordnungspunkt	Planung Onboarding-Konzept
Zeitdauer	30 Minuten
Ziel und Zweck:	Impulse aus dem Team sammeln und eine solide Grundlage schaffen, auf der zwei Personen anschließend ein konkretes und umfassendes Konzept ausarbeiten.
Gewünschtes Ergebnis: Was soll dabei herauskommen? ■ Soll eine Entscheidung getroffen werden? (Wer? Wie?) ■ Sollen Maßnahmen benannt werden? ■ Sollen Perspektiven abgeglichen werden? ■ Soll ein Meinungsbild abgefragt werden?	Erfahrungen mit der bisherigen Einarbeitung austauschen (Was lief gut? Was wäre noch wichtig gewesen?) Ideen / Vorschläge für konkrete Maßnahmen für die künftige Einarbeitung zusammentragen. Hinweise aus dem Team, was die zwei Personen, die das Konzept weiterentwickeln im Blick behalten sollten.
Das Thema als Frage formuliert	Was sollten wir bei der Planung für ein künftiges Onboarding-Konzept aus Ihrer Sicht beachten? Unterfragen: 1. Welche Erfahrungen haben Sie selbst bei Ihrer Einarbeitung in diesem Unternehmen gemacht? 2. Welche Maßnahmen schlagen Sie – nach dem, was Sie jetzt gehört haben – für die Einarbeitung künftiger Teammitglieder vor? 3. Was sollten Herr X und Frau Y aus Ihrer Sicht bei der weiteren Entwicklung des Onboarding-Konzepts beachten?
Sequenzen:	Mögliche Sequenzen für diese Fragen: Zur 1. Frage: Runde (5 Min.) Zur 2. Frage: Runde (5 Min.) Offene Diskussion (15 Min.) Zur 3. Frage: Runde (5 Min.)

Tabelle 6.1: Mögliche Struktur zur Vorbereitung auf das Meeting: Wenn Sie die Themen benannt haben, können Sie eine ungefähre Zeitplanung vornehmen

Präzise Fragen sparen Zeit

Es ist hilfreich, sich zu vergegenwärtigen, was genau der Anlass des Treffens ist: Geht es lediglich um einen Austausch von Informationen? Geht es darum, gemeinsam etwas zu planen? Soll ein Brainstorming durchgeführt werden? Möchten Sie vielfältige Perspektiven geschildert bekommen, um anschließend (gemeinsam oder auch allein) eine Entscheidung zu treffen? Die präzise Klärung im Vorfeld unterstützt Sie darin, klare Fragen zu formulieren, die in dem Meeting bearbeitet werden sollen.

Werden diese Fragen schon im Vorfeld an die Beteiligten versendet, geht das Darübernachdenken in dem Moment los, in dem diese die Agenda in der Hand halten.

Fragen zu formulieren ist eine so alltägliche Tätigkeit, aber ihnen wird bei der Planung eines Meetings oftmals zu wenig Aufmerksamkeit geschenkt. Und ihre Formulierung ist entscheidend:

- Möchten Sie ein Brainstorming zu einem Thema, fragen Sie z. B.: „Welche Ideen haben Sie zu …?"
- Möchten Sie die Perspektiven Ihrer Kollegen geschildert bekommen, um anschließend selbst eine Entscheidung treffen zu können, wäre die Frage etwa: „Was sollte ich aus Ihrer Sicht bei meiner Entscheidung berücksichtigen?" (Fragte man hier: „Finden Sie, wir sollten uns dafür oder dagegen entscheiden?", bekämen Sie eher ein Meinungsbild als eine Entscheidungsgrundlage.)
- Wenn Sie konkrete Maßnahmen entwickeln wollen, fragen Sie nach konkreten Maßnahmen.
- …

Das ist zwar sehr naheliegend, wird aber oft nicht beachtet. In der Meetingpraxis macht es einen entscheidenden Unterschied, ob die Beteiligten ihr Denken an einer präzisen Frage ausrichten oder frei assoziieren, was gemeint sein könnte und wohin die Frage führen soll. Letzteres kostet alle Beteiligten sehr viel Zeit. Das Nachdenken zu den Fragen wird je nach Formulierung anders ausfallen. Die klare Frage regt nicht nur zum Denken an, sie hilft auch, den Fokus der Diskussion präziser zu bestimmen und dadurch das Meeting effizienter zu gestalten.

Je nach Fragestellung sind unterschiedliche Formate geeignet, die in Abschnitt 6.2.2 beschrieben werden.

Was ist eigentlich die Frage?

In einem Workshop mit fünf Mitarbeitern einer Organisation erstellen wir gemeinsam eine Agenda für ein künftiges Meeting, bei dem es um die Meetingkultur selbst gehen soll. Ein Anliegen, das die Anwesenden bearbeiten wollen, lautet: „Probleme nicht nur benennen, auch lösen." Ich bitte die Teilnehmenden darum, dieses Thema in eine Frage umzuformulieren: „Welche Frage verbirgt sich hinter diesem Punkt? Worüber genau möchten Sie hier nachdenken und welche Art von Ergebnis möchten Sie erzielen?"

Aus dem Punkt „Probleme nicht nur benennen, sondern auch lösen" wird dann die Frage: „Wie schaffen wir uns die Bedingungen, um neu denken zu können?" Derart formuliert wird das Denken sofort viel mehr angeregt.

Wenn wir uns nicht die Mühe machen, der Formulierung dieser Fragen Aufmerksamkeit zu schenken, fallen wir schnell in vertraute Muster zurück. Statt zum freien Denken zu ermutigen, kann es dann leicht passieren, dass die Fragen so gestellt werden, dass sie nur unsere eigenen Ansichten und Gedanken bestätigen sollen. So aber können keine neuen Ideen entstehen.

Die Prozessbegleitung

Vor dem Meeting wird bestimmt, wer die Aufgabe des Facilitators übernimmt. In diesem Kontext hat der Facilitator vor allem ein Auge darauf, die Thinking-Environment-Prinzipien und -Haltung (die zehn Komponenten) während des gesamten Meetings zu gewährleisten, indem er sie möglichst selbst verkörpert und den anderen Beteiligten in Erinnerung ruft. Seine Aufgabe ist es außerdem, (nach vorheriger Zuarbeit der Kollegen in der Vorbereitung des Meetings) die einzelne Tagesordnungspunkte anzumoderieren, indem er die jeweilige zu behandelnde Frage benennt und erläutert, mit welchem Format diese behandelt werden soll. (Weitere Informationen zum Hintergrund und zur Funktion eines Facilitator finden Sie ab Seite 157 ff.)

Im Unternehmensalltag ist es selten möglich und auch nicht immer erwünscht, Meetings durch externe Facilitators begleiten zu lassen. Um ein Thinking Environment in einem Meeting zu etablieren, ist es sinnvoll, dass zunächst diejenige Person diese Aufgabe übernimmt, die mit dem Ansatz am meisten vertraut ist (und die das Mandat für diese Rolle bekommen hat, versteht sich). Das muss nicht notwendigerweise die Führungskraft sein. Sobald diese Art des Sichbegegnens und Miteinanderkommunizierens auch den anderen Beteiligten vertrauter geworden ist, kann die Aufgabe der Facilitation auch von ihnen wahrgenommen werden. Es ist auch möglich, die Rolle des Facilitators im Verlauf eines Meetings zwischen mehreren Personen aufzuteilen.

Die Raumgestaltung

Eine andere, ganz praktische Art der Vorbereitung betrifft die Raumgestaltung (Komponente „Ort"). Wie lässt er sich so herrichten, dass er den Teilnehmenden des Meetings Wertschätzung ausdrückt und somit signalisiert, dass ihr Denken hier gefragt ist? Viele Aspekte können dazu beitragen: ein Stuhlkreis, Tageslicht, vielleicht auch Blumen, anregende Literatur, Platz, um sich etwas ausbreiten zu können. Und nicht zu unterschätzen: ein Facilitator, der die ankommenden Teilnehmenden willkommen heißt. In manchen Organisationen, mit denen ich arbeite, hängt ein Plakat mit den zehn Komponenten an der Wand. Zentral aber ist der Stuhlkreis (möglichst ohne Tische), der ganz physisch den Wert der Gleichheit ausdrückt. Dass der *ganze* Mensch dabei sichtbar wird, spricht für sich.

6.2.2 Durchführung verschiedener Meetingformate

Wie auch immer das Meeting gestaltet wird – Grundlage für gutes Denken bleibt die bereits beschriebene Aufmerksamkeit. Das Zuhören, ohne zu unterbrechen, gilt selbst für hitzige Debatten. Eine klare und transparente Struktur, die allen bekannt ist, schafft einen stabilen Rahmen, damit sich das freie Denken entfalten kann. Dazu gehören z. B. die zehn Komponenten als Referenzrahmen sowie eine präzise Agenda mit Fragen und Zeitvorgaben.

Vier methodische Grundbausteine können in Meetings (und auch in längeren Workshops oder Seminaren) in einem Thinking Environment eingesetzt werden:
1. Runden
2. Thinking Pairs
3. Dialoge und
4. Offene Diskussionen

Je nach Art der Fragestellung eignen sich unterschiedliche Grundbausteine oder Zusammensetzungen von Grundbausteinen (wie z. B. eine Runde, gefolgt von einer Offenen Diskussion für die Bearbeitung eines Tagesordnungspunktes).

Es ist hilfreich, zu Beginn jedes Tagesordnungspunkts zu klären,
- welche Frage jetzt gemeinsam bearbeitet werden soll,
- mit welcher Methode man sich der Bearbeitung widmen möchte und
- ggf. was dabei zu beachten ist.

(Dazu mehr bei der Beschreibung der einzelnen Methoden.)

Runden

Nach einladender, wertschätzender Begrüßung der Teilnehmenden folgt eine Eröffnungsrunde. Das Prinzip Runde ist bestechend einfach und wirksam. Alle Anwesenden kommen dabei nacheinander zu einer bestimmten Fragestellung zu Wort mit der Gewissheit, nicht unterbrochen zu werden.

Wenn schon zu Beginn eines Meetings die Stimmen aller Anwesenden gehört worden sind, hat das auch eine psychologische Signalwirkung: Es kommt hier auf jeden Einzelnen an. Das Denken aller ist gefragt, ganz unabhängig von Status, Hierarchie und Erfahrung. Auch führt es dazu, dass alle noch präsenter sind, einander stärker wahrnehmen und mehr in Verbindung zueinander treten. Vor allem Introvertierten fällt es leichter, sich erneut einzubringen, wenn Sie bereits eine Wortmeldung abgegeben haben, während die anderen dabei aufmerksam zuhören. Die Runde vermittelt indirekt auch die Botschaft, dass keine einzelne Person das Denken für alle übernehmen kann oder „die Wahrheit" kennt. Erst die Perspektivenvielfalt, das gemeinsame Denken, verhilft zum bestmöglichen Ergebnis.

Ablauf einer Runde

Der Fokus einer Eröffnungsrunde richtet sich – wenn möglich – auf etwas Positives, Anregendes oder Ermutigendes wie z. B.: „Was wäre für Sie ein wünschenswertes Ergebnis des heutigen Meetings?" Oder auch: „Was ist uns seit unserem letzten gemeinsamen Treffen in der Bearbeitung dieses Projektes gut gelungen?"

Jede Person bekommt dann die Gelegenheit, über die gestellte Frage nachzudenken und sich zu äußern. Gleichgültig, ob eher zurückhaltendere oder dominantere Charaktere vertreten sind – alle bekommen die gleiche Zeit zur Verfügung gestellt. Je nach Gruppengröße, Bedarf und Fragestellung kann der Facilitator aber angeben, ob alle jeweils nur einen einzelnen Satz beitragen oder auch jeweils drei Minuten Gedanken zu einem Thema aussprechen können. (Auch mit 180 Personen ist es noch möglich, eine Runde durchzuführen. Dann sind es eher ein bis drei Worte, die jeder beitragen kann.)

Während der Runde sind alle aktiv. Die gerade sprechende Person, aber auch alle anderen sind sich bewusst, dass sich die Qualität ihrer Aufmerksamkeit darauf auswirkt, wie gut die anderen denken können und was sie deshalb zum Gruppenprozess beitragen. Wenn man wirklich aufmerksam zuhört, um bei den anderen das Denken zu fördern, kann man nicht gleichzeitig den eigenen Beitrag vorbereiten oder „planen", was man gleich sagen wird. Die Runde lebt von dem Vertrauen, dass jedem die gleiche Aufmerksamkeit entgegengebracht wird. Spontane Impulse und Reaktionen werden zurückgehalten, denn es ist entscheidend, dass die Runde ohne Unterbrechung zu Ende geführt wird. Je mehr man auf diese Weise arbeitet, desto mehr wird man feststellen, dass es nicht notwendig ist, alle Impulse sofort in die Runde zu geben, um dem gemeinsamen Denkprozess aller auf die Sprünge zu helfen.

Bevor es losgeht, wird die Richtung der Runde festgelegt. Eine freiwillige Person kann beginnen. Es wird keine Person ad hoc bestimmt, weil das bei manchen eine Blockade hervorrufen kann, zumal es vielen Menschen schwerfällt, vor größeren Gruppen zu sprechen. Die Richtung schafft Orientierung und damit einen gewissermaßen sicheren, berechenbaren Rahmen. Es gibt auch die Option, an den Nebenmann / die Nebenfrau weiterzugeben und am Ende der Runde noch einmal zu Wort zu kommen.

Besonders zurückhaltende Menschen, die lieber zuhören und in der Regel auf eigene Wortbeiträge verzichten, sollten diesen Ansatz als Einladung verstehen; als Einladung, ihre ganz eigene und unverwechselbare Ansicht zu erforschen und sich mitzuteilen. Mag sein, dass das Mut erfordert. Aber demütige Zurückhaltung lässt auf Dauer kein gemeinsames kreatives Denken zu.

Falls Sie selber introvertierte Kollegen haben, sind auch Ihr Verhalten und Ihre Haltung entscheidend. Sie könnten ihnen so zuhören, wie Momo es tut und wie es das Thinking Environment beschreibt. Denn durch Momos Art zuzuhören, wurde dem Menschen, der meinte, „sein Leben sei … bedeutungslos, … auf geheimnisvolle Weise klar, … dass es ihn, genauso wie er war, unter allen Menschen nur ein einziges Mal gab und dass er deshalb auf seine besondere Weise für die Welt wichtig war“ (Ende 1973, S. 16).

Das Prinzip Runde führt aber nicht nur dazu, dass auch stillere, zurückhaltende Personen ihren Raum einnehmen können, es fordert auch die lauteren und kommunikativeren Menschen auf, ihren Raum nicht zu überstrapazieren. Durch ungefähr ausgeglichene Redezeiten wird die Komponente Gleichheit konkret umgesetzt.

Nicht nur bei der Eröffnungsrunde, sondern im Verlauf des gesamten Meetings werden immer wieder und zu unterschiedlichen Gelegenheiten Runden durchgeführt. Zu jedem Tagesordnungspunkt, der auf der Agenda steht, findet eine Runde statt. Manchmal steigt man mit einer Runde ein, bevor man in eine Diskussion übergeht, oder sie folgt z. B. auf einen Dialog. Sie kann auch für sich alleine stehen.

Runden können eingesetzt werden, um in kurzer Zeit ein umfassendes Meinungsbild zu bekommen oder viele Ideen zu sammeln. Auch wenn sich ein Gespräch so entwickelt hat, dass nur noch einige wenige sprechen, hilft eine Runde dabei, alle wieder ins Boot zu holen.

Kurz vor Ende des Meetings bekommt jeder – wieder in einer Runde – die Gelegenheit, offene Fragen zu benennen, Dinge anzusprechen, die ihm noch unter den Nägeln brennen und die ggf. auf die Agenda der nächsten Sitzung kommen sollen und zu diesem Zweck dokumentiert werden.

Das Meeting wird durch eine Abschlussrunde beendet, bei der man wieder eine wertschätzende Perspektive einnimmt oder den Blick auf Erfolge richtet: „Was nehmen Sie aus dem heutigen Meeting mit?“, „Was sind die Dinge, die Sie jetzt direkt umsetzen möchten?“

Runden in virtuellen Meetings

Inzwischen sind in vielen Institutionen virtuelle Meetings eine übliche Form der „Zusammenkunft“. Um auch im virtuellen Raum ein Thinking Environment aufrechtzuerhalten, sind v. a. Runden hilfreich. Zu Beginn des Meetings wird dazu ein „virtueller Tisch“ gezeichnet, an dem sich jeder orientieren kann. Der Facilitator kann dies z. B. mithilfe eines Ziffernblattes vorschlagen: Auf der 12 sitzt Herr X, dann folgen im Uhrzeigersinn Frau Y, Herr Z usw. Die anderen Beteiligten machen sich eine Notiz dazu, sodass alle wissen, wer – im virtuellen Raum – links und rechts neben ihnen sitzt, und die Reihenfolge kennen. Der Sichtkontakt über Bildschirm fördert die Verbindlichkeit und wirkt der Versuchung entgegen, nebenbei anderen Tätigkeiten nachzugehen, etwa die E-Mails zu bearbeiten, weil es ja keiner sehen kann. Die Aufmerksamkeit würde unmittelbar darunter leiden und sich auf die Qualität des Denkens auswirken (und diese Auswirkung wird im virtuellen Raum noch leichter unterschätzt).

Bei einem virtuellen Meeting in einem Thinking Environment sind die Teilnehmenden auf guten technischen Support angewiesen. Die Komponente „Ort“ meint hier auch den virtuellen Raum. Sind die physischen Bedingungen für einen Denkraum gegeben? Kann ich meine Kollegen gut verstehen? Ist die Ton- und / oder Bildqualität ausreichend? Etc. Wenn die Bedingungen nicht gegeben sind und eine Person beispielsweise aus dem Auto heraus in der Rushhour der Innenstadt telefonisch an dem Meeting teilnimmt, kann zwar etwa ein Austausch von Informationen gelingen, nicht aber Räume für freies eigenständiges Denken geschaffen werden.

Thinking Pairs

Das „Thinking Pair“ ist ein Format, das es ermöglicht, über ein Thema oder eine Frage ohne Unterbrechung und unterstützt durch die Aufmerksamkeit einer anderen Person nachzudenken. In der Arbeit mit Gruppen, sei es in Meetings, Workshops oder Seminaren erfüllen Thinking Pairs eine wichtige Funktion: Die Beteiligten bekommen die Gelegenheit, für eine kurze Zeit ganz in die „Welt des unabhängigen Denkens“ einzutauchen (vgl. Abschn. 1.1). Sie nehmen dabei sowohl die Rolle der denkenden Person ein als auch die des Denkpartners. Vor allem zu Beginn eines Meetings fördert ein durchgeführtes Thinking Pair – in der Rolle des Denkpartners – unter noch leichteren Bedingungen als bei den anderen Formaten, die absolute Aufmerksamkeit zu trainieren, die für den weiteren Verlauf aufrechterhalten werden soll. In der Rolle der denkenden Person ermöglicht das Thinking Pair, nach innen zu lauschen und eigene Gedanken zu erforschen, in das eigenständiges Denken einzutauchen, weil es zunächst keinen unmittelbaren Austausch gibt.

Ein Thinking Pair besteht im Grunde aus zwei aufeinanderfolgenden Phasen freien unabhängigen Denkens. Erst denkt die eine Person für sich, dann die andere. Die beiden Personen schenken sich dabei in einem zeitlich begrenzten Rahmen gegenseitig ungeteilte Aufmerksamkeit und laden ihr Gegenüber dazu ein, mit sich selbst, ihren Gedanken und Gefühlen in Verbindung zu treten. Die Frage kann dabei – je nach Setting und Zeit, die einem zur Verfügung steht – ganz offen formuliert werden. („Worüber möchten Sie nachdenken und was sind Ihre Gedanken?“ – Die gleichen Fragen also, mit denen man auch in eine längere Denksitzung einsteigen würde.) Man kann das Thinking Pair aber auch thematisch ausrichten mit einer Frage wie: „Was denken Sie über …?“ Dies eignet sich, wenn man sich einem neuen Thema annähern möchte. Es erleichtert den Einstieg, wenn sich zunächst jede Person eigene Gedanken machen kann, bevor man in den Austausch mit der großen Gruppe tritt. So können neue und vielfältige Perspektiven zum Tragen kommen und es wird verhindert, dass die üblichen Wortführer oder diejenigen mit Wissensvorsprung alles dominieren.

Thinking Pairs lassen sich in einem Meeting auch dann spontan einsetzen, wenn Machtstrukturen vordergründig werden. Durch dieses Format werden eigenständige Denkimpulse von allen, unabhängig von der Hierarchie, gefördert.

Richtig ankommen

Die Mitarbeitenden einer großen Firma waren zur Teilnahme an einem meiner Workshops von weither angereist. Ich bat die Teilnehmer, sich zu zweit zusammenzufinden und sich gegenseitig zu fragen, worüber sie nachdenken möchten und was ihre Gedanken sind. Eine Frau, die schon beim Betreten des Raumes eine gewisse Anspannung und Genervtheit ausstrahlte, berichtete nach dem Thinking Pair, wie notwendig und überraschend reinigend sie diese Momente erlebt habe. Sie sei davor gedanklich noch ganz bei einer stressigen Verkehrssituation gewesen. „Jetzt“, sagte sie, offensichtlich gelöster, „bin ich erst richtig angekommen.“

Manchmal reichen schon zwei bis drei ungestörte Minuten, in denen man die absolute Aufmerksamkeit einer anderen Person geschenkt bekommt, um „anzukommen“. Es ist eine kurze Phase, in der es möglich ist, nach innen zu lauschen und die eigene Stimmung bewusster wahrzunehmen. Man kann so ggf. erst einmal Ballast abwerfen, statt sich – wie sonst oft üblich – unmittelbar nach dem Betreten des Raums auf die vermeintlichen Erwartungen von außen zu fokussieren („Was wird hier von mir erwartet?“, „Wie kann ich heute meinen Punkt machen?“).

Dieses Eingangsritual nach der Eröffnungsrunde ist schlicht und kurz, aber der Effekt kann entscheidend sein. Anschließend kann man sich mit größerer Präsenz dem anstehenden Inhalt des Workshops oder des Meetings zuwenden.

Ablauf von Thinking Pairs

Jeweils zwei Personen sitzen sich gegenüber. Vorab wird eine Frage formuliert, über die nachgedacht werden soll. Diese kann offen („Worüber möchten Sie nachdenken und was sind Ihre Gedanken?“) oder konkret („Was denken Sie über ...?“) gefasst sein.

Eine Person stellt der anderen die Frage und diese beginnt, sich eigenständig Gedanken dazu zu machen. Bereits im Vorfeld wurde abgeklärt, woran zu erkennen ist, dass eine Denkwelle abgeschlossen ist und eine weitere Frage gestellt werden soll. Das ist wichtig, um sicherzustellen, dass der jeweilige Denkpartner nicht unterbricht. Die zweite Frage, die im Prozess mehrmals gestellt werden kann, lautet dann: „Was noch ... denken Sie oder fühlen Sie oder möchten Sie außerdem noch sagen?“ (Oder wenn man sich einem bestimmten Thema widmet: „Was denken Sie *noch* zu der Frage ...?“)

Nach einer festgelegten Zeit (z. B. fünf Minuten) werden die Rollen gewechselt. Die Äußerungen des Gegenübers, seine verbalisierten Denkprozesse, werden nicht kommentiert oder bewertet, es gibt keinen Austausch, keinen Dialog. Zweck des Formates ist, zweimal nacheinander Raum für eigenständiges Denken zu schaffen.

Häufig werden die Thinking Pairs mit einer gegenseitigen Wertschätzung abgeschlossen. Nachdem beide Personen jeweils ihre Denkzeit hatten, benennen sie nacheinander eine Qualität, die sie an der anderen Person wertschätzen. Entscheidend ist, dass dabei nicht Bezug auf die Inhalte genommen wird. Das Gegenüber nimmt die Wertschätzung einfach entgegen, ohne sie zu relativieren oder zu hinterfragen. Ein schlichtes Danke reicht als Reaktion. In vielen Unternehmenskontexten mag dieser wertschätzende Abschluss sich zunächst fremd anfühlen. Aber er bewirkt einen Unterschied.

Dialog

Ein weiteres Format, das im Verlauf von Meetings angewendet werden kann, ist der Dialog. Die Gruppe teilt sich in Zweierpaare auf und jeweils zwei Personen widmen sich zusammen einer konkreten Fragestellung und denken über diese abwechselnd und gemeinsam nach. Der Dialog dient auch dem ersten Annähern an eine Fragestellung im sicheren Rahmen. Er ist vorbereitend für die Weiterarbeit in der gesamten Gruppe im Anschluss.

Mag einem der Ablauf von Thinking Pairs noch gewöhnungsbedürftig vorkommen (wann hat man schon mal die Gelegenheit, wirklich ununterbrochen fünf Minuten lang eigenständig zu denken?), wähnt man sich beim Dialog schnell auf vertrautem Terrain und ist leicht versucht, auf bekannte Kommunikationsmuster zurückzugreifen. Üblicherweise verstehen wir unter Dialog einen zügigen Austausch von Informationen und Meinungen in relativ schnellem Wechsel. Ideen werden dabei oft nicht zu Ende gedacht. Es kann passieren, dass das Gegenüber dem Gesprächspartner das Wort abschneidet und die Idee selbst weiterführt.

Der zentrale Unterschied von diesem Vorgehen zu einem Dialog, wie er im Thinking Environment gemeint ist, besteht darin, die Person, die gerade mit Denken und Sprechen an der Reihe ist, nicht zu unterbrechen. Jeder Dialogpartner kann sicher sein, seine Denkwelle mit der Aufmerksamkeit der anderen Person zu Ende führen zu können.

Im Vergleich zu einem Thinking Pair ist es hier anspruchsvoller, die Aufmerksamkeit aufrechtzuerhalten. Zum einen ist es herausfordernder, etwas Vertrautes abzuändern, als etwas eher Unübliches auszuprobieren. Zum anderen geht es beim Dialog darum, *gemeinsam* über eine Frage nachzudenken und sich gemeinsam etwas zu erarbeiten. Daher ist man stärker involviert und die eigene emotionale Beteiligung ist höher. Der zweite Strom der Aufmerksamkeit (vgl. S. 72), die eigene Reaktion, drängt sich dann gerne in den Vordergrund, noch während die andere Person denkt. Das Ziel ist jedoch, wirklich zu hören, was die andere Person sagen will. Eine innere Haltung wie etwa: „Ich weiß nicht, was du sagen willst, und ich bin sicher, dass es interessant ist", hilft beim Zuhören und dabei, sich für die Perspektive der anderen Person zu öffnen. Beobachten Sie sich selbst: Wie fühlt es sich an, wenn Ihr Gegenüber eine ganz andere Position vertritt als Sie selbst? Können Sie dem Impuls widerstehen, dagegenzuhalten oder gar den anderen von Ihrer Meinung überzeugen zu wollen, sobald Sie – endlich – wieder an der Reihe sind? Können Sie Ihre Gelassenheit bewahren und weiterhin mit Interesse und Faszination zuhören, ohne zu bewerten, was Sie hören? Können Sie sich an der Vielfalt der Perspektiven und der Diversität von Ideen erfreuen? Und all das, obwohl es gleich an Ihnen ist, weiterzudenken? (Im Gegensatz zur Runde ist hier das Sich-aufeinander-Beziehen möglicherweise stärker ausgeprägt.) Sobald ein „Kampfmodus" einsetzt, in dem die Gedanken des anderen disqualifiziert werden und der andere deswegen umso vehementer seine Meinung vertritt, hört das freie Denken auf.

Ablauf eines Dialogs

Was kann die Dialogpartner dabei unterstützen, im Thinking-Environment-Dialog zu bleiben und diesen gut für sich zu nutzen? Bevor der Dialog startet, muss die Frage, der sich die Partner widmen wollen, genau formuliert werden, und es muss ein zeitlicher Rahmen gesetzt werden. Alle Involvierten sollen ungefähr die gleiche Redezeit haben. Man unterbricht einander nicht, sondern versucht, sich die oben beschriebene Aufmerksamkeit entgegenzubringen.

Eine Person lädt die andere ein, über die gemeinsame Fragestellung nachzudenken, indem sie die Frage ausspricht. Die andere Person beginnt, darüber laut nachzudenken. Wenn ihre Denkwelle abgeschlossen ist, übergibt sie *selbst* das Wort an ihr Gegenüber, nonverbal oder auch durch eine Frage wie: „Und was denken Sie zu der Frage?"

Dabei ist es entscheidend, auf die gemeinsame Dialogfrage zu fokussieren. Die Frage meint also: „Was denken Sie zu *unserer gemeinsamen Frage?*", und nicht: „Was denken Sie *über das, was ich gerade gesagt habe?*" Meistens tendiert unser Denken eher in Richtung der letzteren Frage. Möchte man aber kreatives *und* fokussiertes Denken fördern, ist es notwendig, die Dialogfrage im Blick zu behalten. Natürlich *können* die Beiträge aufeinander aufbauen und sich aufeinander beziehen, und die denkenden Personen lassen sich von ihrem Gegenüber anregen und inspirieren. Aber die Person, die gerade an der Reihe ist, *muss* sich nicht notwendigerweise auf die Worte des anderen beziehen, wenn ihr etwas ganz anderes in den Sinn kommt, das aber auch eine Reaktion auf die gemeinsame Frage ist.

Entscheidend ist, dass die denkende Person *selbst* das Wort übergibt, verbal oder auch nonverbal. Die zuhörende Person braucht es sich nicht zu „holen". Daher basiert das Ganze auf dem Vertrauen, dass beide sich gegenseitig ungefähr gleiche Räume zugestehen und bei sich selbst erkennen und benennen, wenn eine Denkwelle abgeschlossen ist.

Wenn einem dies gelingt, kann man einen wertschätzenden Austausch von Perspektiven erfahren, sich gegenseitig inspirieren und die Lebendigkeit und Tiefe eines solchen Austauschs erleben.

Im Verlauf eines Meetings kann man den Dialog einsetzen, wenn man nicht nur das eigenständige Denken jedes Einzelnen ermöglichen, sondern auch einen geschützten

Raum für den Austausch von bestmöglichem Denken schaffen möchte. Hier geht es um das vertiefte gemeinsame gedankliche Eintauchen in eine Fragestellung, ein Aufeinanderaufbauen (miteinander, aber auch auf den eigenen Gedanken kann man immer weiter aufbauen, wenn man mehrfach an der Reihe ist).

Runde zum „frischesten" Denken

Die Gedanken, die in einem Dialog im Rahmen eines Meetings entstehen, werden üblicherweise nicht schriftlich festgehalten, sondern im Anschluss im Plenum durch eine Runde zum „frischesten Denken" („freshest thinking", Kline 2015, S. 232) zu der Dialogfrage zusammengetragen.

Der Ablauf dieser Runde gleicht dem der Eröffnungsrunde. Die Frage, die in der Runde nach einem Dialog (oder einem Thinking Pair, das sich mit einer thematischen Frage befasst hat) gestellt wird, richtet sich auf das „frischeste Denken". Es geht nicht um „Berichterstattung" oder darum, ein Fazit aus dem Dialog zu ziehen. Die Dialogpartner müssen sich auch nicht auf eine Perspektive geeinigt haben. Die Funktion des Dialogs war es vielmehr, voneinander inspiriert in einen Denkprozess einzusteigen und einer Frage nachzugehen, um anschließend in der Runde die Bandbreite der Perspektiven anzusehen. Die Frage ist dann: „Was ist Ihr frischestes Denken zu der Dialogfrage jetzt?" „Frisch" meint hier: Was möchten Sie beitragen, in dem Moment, in dem Sie an der Reihe sind? Möglicherweise sind Sie so angeregt durch das, was andere vor Ihnen in der Runde gesagt haben, dass Ihnen ganz neue Gedanken gekommen sind. Diese Art der Frage würdigt die Tatsache, dass das Denken immer weitergeht und nicht stagniert. Sie lädt ein zu Wachheit und Präsenz.

Offene Diskussion

Nach einer Runde, in der alle zu einem Tagesordnungspunkt zu Wort gekommen sind und nach der weiterer Bedarf an Austausch besteht, kann Raum gegeben werden für eine Offene Diskussion. Wie der Dialog ist auch dies eine scheinbar sehr vertraute Kommunikationsform. In einem Thinking Environment gelten jedoch Vereinbarungen, die von den Diskutanten eine gewisse Achtsamkeit erfordern.

Solange wir – wie oft üblich in Diskussionen – damit beschäftigt sind, unsere Ansichten zu verteidigen, und in Opposition verharren, können wir nicht gemeinsam zu neuen, effektiven und erfrischenden Denkprozessen gelangen. Um Teil eines gemeinsamen Denkprozesses zu werden, der zu gemeinsamer Entwicklung und aktiver Umsetzung einer Veränderung führt, um wirklich in eine Beziehung mit der anderen Person zu treten, müssen wir bereit sein, uns im besten Sinne „verunsichern" zu lassen. Die Kunst in der Offenen Diskussion ist es, innezuhalten und die eigenen Impulse in der Schwebe zu halten, d.h., sie weder unmittelbar auszudrücken noch sie zu unterdrücken (Bohm 2005, S. 20), sondern sie stattdessen achtsam wahrzunehmen. Es geht darum, der eigenen Reaktion und denen der anderen Aufmerksamkeit zu schenken: „Was nehme ich hier an – was nehmen die anderen vielleicht an?“ (Oft sind einem die eigenen Annahmen ja nicht bewusst, bis jemand anderes das Gegenteil behauptet.) Die eigene Perspektive einzubringen, aber sie nur als eine mögliche Sichtweise zu verstehen, die – im Sinne der Gleichheit und der Diversität – nicht höherwertig ist als die der anderen, bewirkt Gelassenheit und erlaubt auch ein Loslassen. (Ich habe nicht erst dann einen wertvollen Beitrag zu der Diskussion geleistet, wenn alle verstanden haben, warum ich Recht habe, sondern wenn meine Perspektive das, was gemeinsam erarbeitet wird, bereichert oder ergänzt hat.)

Wir haben die Tendenz, Personen und ihre Meinungen als eine Einheit zu sehen. In einer Offenen Diskussion kommt es aber nicht so sehr darauf an, *wer* etwas gesagt hat. Weniger die Personen als vielmehr ihre Gedanken stehen im Mittelpunkt. Diese Gedanken oder Meinungen kann man kritisch hinterfragen oder ihnen widersprechen, ohne aber dabei ihren Urheber als Person in Frage zu stellen. Die Wertschätzung für die anderen bleibt erhalten.

Einerseits kommt es also auf jeden Einzelnen und seine Beiträge an, andererseits aber lastet kein Druck auf den Beteiligten – man darf auch auf das gemeinsame Denken vertrauen.

Wenn alle Beteiligten ihren Raum bekommen und jede einzelne Person als „legitimer Anderer“ (Maturana & Bunnell 2016) wahrgenommen wird, kann sich ein Gefühl der Würde einstellen. Mit Hüther könnte man sagen, dass das Thinking Environment eine Einladung, eine Ermutigung und eine Inspiration ist, neue Erfahrungsräume zu betreten (Hüther 2015, S. 161).

Ablauf einer Offenen Diskussion

Bevor man konkret einsteigt in die Offene Diskussion, muss auch bei diesem Format die Frage für alle klar sein, um deren Bearbeitung es gehen soll. Diese wird in den Kreis hineingegeben. Dann darf im Prinzip jede Person jederzeit das Wort ergreifen, sofern gerade niemand anderes spricht. Herausfordernd wird es dadurch, dass man bei einer Offenen Diskussion in einem Thinking Environment auf eine Rednerliste verzichtet. Man meldet sich nicht und es gibt niemanden, der einem das Wort erteilt, auch der Facilitator (vgl. S. 157 f.) macht das nicht. All das würde die lebendige Dynamik und das Miteinander steuern und stören.

Der Schlüssel zu einem gelungenen Austausch ist auch hier wieder die Gewissheit, dass man nicht unterbrochen wird und seine Denkwelle abschließen darf, selbst dann, wenn es zu emotionalen, konfliktträchtigen Momenten kommt. In diesem Sinne wird die Offene Diskussion eine besonders große Herausforderung und zugleich eine enorme Chance. Wirkliches Zuhören, ohne eigene Ansichten verteidigen oder andere überzeugen zu müssen – darum geht es hier. Der häufige Wunsch nach Homogenität („Sieh das doch so wie ich und teile meine Ansichten!“) schränkt die Vielfalt der Perspektiven und damit die Qualität des Denkens ein.

Stellen Sie es sich bildlich vor, wie die Beteiligten Wortbeiträge in die Mitte des Kreises legen; einen Gedanken, den man auch von sich als Person loslösen und als Teil eines Mosaiks oder eines Gesamtkunstwerks betrachten kann. (Wenn es gelingt, die Identifikation mit dem eigenen Gedankenmosaik aufzuheben, kann auch eine einzelne Person durchaus verschiedene Perspektiven einnehmen.) Wenn man also das Bild selbst im Blick hat, fällt es womöglich leichter, die eigenen Impulse nicht spontan auszuleben. Seine Entstehung lebt von dem Vertrauen in die Intelligenz der anderen Anwesenden.

Wenn eine Denkwelle einer Person abgeschlossen ist, entsteht ein kurzer „magischer“ Moment der Stille. Dann übernimmt nicht einfach, wer am schnellsten die Lücke nutzt. Vielmehr werden den Teilnehmenden in diesem Moment der Stille ihrer eigenen Reaktionen und Impulse bewusst, sie lauschen der eigenen „Bewegtheit“ und begegnen einander in größter Aufmerksamkeit, um gemeinsam „auszuloten“, wer als Nächstes spricht. Dabei spielt auch die Komponente „Gleichheit“ eine Rolle, denn die Diskussion soll nicht nur von einigen wenigen dominiert werden. (In diesem Fall würde der Facilitator übernehmen und eine Runde oder ein Thinking Pair einleiten.)

Die Diskutanten sind gefragt, „sich ins Verhältnis zu setzen“ zu dem bisher Gesagten und der Gruppe. Ist es *mein* Redebeitrag, der jetzt zu diesem Kunstwerk beitragen soll? Oder ist es mein Schweigen? Muss das, was ich sagen möchte, jetzt gesagt werden, um uns als gemeinsam Denkende weiterzuführen? Sind die Redebeiträge verteilt oder sprechen nur noch wenige? Wer (oder auch was) ist jetzt – wirklich – dran? Es ist wie ein sekundenschnelles, höchst aufmerksames, wertschätzendes Abstimmen untereinander. Dann übernimmt die nächste Person das Sprechen. Ihr schenken dann alle wieder ihre absolute Aufmerksamkeit, um sie in ihrem Denken als Beitrag zum gemeinsamen Denken zu unterstützen. Die Beiträge können sich dabei unmittelbar aufeinander beziehen und aufeinander aufbauen. Aber anders als in üblichen Diskussionen muss das nicht geschehen und es muss auch nicht unmittelbar mitgeteilt werden, ob man eine geäußerte Ansicht nun teilt oder nicht. Es geht nicht mehr um *die* eine richtige Lösung oder Perspektive, sondern vielmehr um ein gemeinsames Explorieren in der Fülle. So sind auch immer neue oder anders geartete Impulse möglich, die sich nicht direkt auf das beziehen, was gerade gesagt worden ist.

> „Einen Impuls wach wahrzunehmen und ihn nicht automatisch auszuagieren, ist Ausdruck großer Freiheit. Und weises Kommunikationsverhalten. Die Kunst des Nicht-Unterbrechens, des Loslassens des eigenen Redeimpulses ist sehr hilfreich. Vielleicht ist schon alles gesagt und ich muss es nicht noch einmal wiedergeben. Impulsdistanz ist das Gegenteil von Reaktivität und Programmierung. Sie gibt der Kreativität Raum."
>
> (Romhardt 2016, S. 18)

Die Versuchung, in vertraute Kommunikationsmuster abzurutschen, die Unterbrechungen und ein Überzeugenwollen mit einschließen, ist bei Offenen Diskussionen am größten. Ehe man sichs versieht, ist man wieder beim schnellen „Schlagabtausch" angekommen und vernachlässigt die Möglichkeiten, auch im intensiven gemeinsamen Denken als Gruppe, individuelle, ununterbrochene Denkräume zu kreieren. Ein Kursteilnehmer sagte zu der Durchführung einer Offenen Diskussion in einem respektvollen „Flow" einmal fast ehrfürchtig, dass ihm nun klar sei, was das an „sittlicher Reife" erfordere.

Gerade weil die Offene Diskussion dann zur Anwendung kommt, wenn es um den Austausch, die Auseinandersetzung, das Abgleichen von Perspektiven geht, bei der die emotionale Beteiligung geradezu Voraussetzung ist, mutet es fast paradox an, auch hier die oben beschriebenen drei Ströme der Aufmerksamkeit (vgl. S. 71 ff.) aufrechtzuerhalten. Mit aufrichtigem Interesse zuzuhören und gleichzeitig aufgefordert zu sein, eigene andere Perspektiven einzubringen, ist eine Herausforderung.

Plan für den Ablauf eines Meetings:

- Begrüßung / Einführung
- Eröffnungsrunde mit positivem Fokus
- Protokoll: Entscheidung, wer, was und wie die Ergebnisse des Meetings festgehalten werden sollen.

Ablauf für jeden Tagesordnungspunkt

- Präsentation:
  Für den Fall, dass es zu Beginn des Tagesordnungspunktes eine Präsentation gibt, gilt die Vereinbarung, erst nach der Präsentation Fragen zu stellen oder Anmerkungen und Kommentare zu machen.
  Die präsentierende Person erläutert, welche Fragen ihre Präsentation behandelt, und benennt die Frage, der sich das Team in der anschließenden Runde widmen wird.
- Klärungsrunde:
  Der Facilitator fragt reihum, ob es noch Klärungsfragen gibt. Diese Fragen werden gesammelt, die präsentierende Person beantwortet sie anschließend.
  Der Facilitator achtet darauf, dass an dieser Stelle noch keine Diskussion entsteht.
- Tagesordnungspunkt:
  - Runde: Der Facilitator stellt die Frage, der das Team in einer Runde nachgeht.
  - Offene Diskussion: Im Anschluss an die Runde geht es über in die Offene Diskussion. Der Facilitator achtet darauf, dass niemand unterbrochen wird.
  - Weiter im Wechsel von Runde und Offener Diskussion, bis der Tagesordnungspunkt bearbeitet ist.
  - Der Facilitator stellt sicher, dass Ergebnisse wie Maßnahmen, Entscheidungen oder nächste Schritte festgehalten werden (z. B. auf Flipchart).
- Runde zu brennenden Fragen
- Abschlussrunden mit positiver Ausrichtung, zum Beispiel:
  - Was hat mich heute bei diesem Meeting inspiriert?
  - Welche Qualität schätzen Sie an Ihrem Kollegen / Ihrer Kollegin?

Die folgende Tabelle 6.2 verdeutlicht Ihnen nun noch einmal die wichtigsten Aspekte der einzelnen Formate im Überblick (anwendbar in Meetings, Seminaren oder Workshops):

	Runden	**Thinking Pairs**	**Dialoge**	**Offene Diskussionen**
Das Prinzip	Im Kreis sitzend kommen nacheinander alle zu einer bestimmten Fragestellung zu Wort.	Zwei Personen haben in zwei aufeinanderfolgenden Phasen Raum für freies Denken.	Zwei Personen denken zusammen über eine gemeinsame Fragestellung nach.	Im Kreis: Jede Person darf jederzeit das Wort ergreifen, sofern gerade niemand anders spricht.

	Runden	Thinking Pairs	Dialoge	Offene Diskussionen
Vorteile	■ Psychologische Signalwirkung: Es kommt auf jeden an! ■ Perspektivenvielfalt und Inklusion ■ Meinungsbild oder viele Ideen in kurzer Zeit	■ In der Rolle des Denkpartners: absolute Aufmerksamkeit unter leichten Bedingungen trainieren ■ In der Rolle der denkenden Person: Eintauchen in das eigenständige Denken	■ Vertieftes gemeinsames gedankliches Eintauchen in eine Fragestellung ■ Aufeinander aufbauen	■ gemeinsames Explorieren
Einsatz	■ Eröffnungsrunde ■ Im Verlauf eines Meetings etc., um Gedanken aus Thinking Pairs oder Dialog wieder ins Plenum zu tragen. ■ Vor einer Offenen Diskussion ■ Abschluss ■ Bei virtuellen Meetings	■ Um „anzukommen" ■ Um in das eigenständige Denken eintauchen zu können. ■ Zur Annäherung an ein neues Thema ■ Um frisches, individuelles Denken zu fördern	■ Um geschützten Raum für den *Austausch* von bestmöglichem Denken zu ermöglichen ■ Zum Einstieg in ein neues Thema	■ Für Austausch, Auseinandersetzung und Abgleich
Wichtig zu beachten	Jeder Person wird mit derselben Aufmerksamkeit zugehört: Während der Runde sind also alle Teilnehmenden aktiv. Die Runde soll ohne Unterbrechung bis zum Ende durchgeführt werden.	Es gibt keinen Austausch! Zweck des Formates ist, nacheinander Raum für eigenständiges Denken zu schaffen.	Ungefähr gleiche Redezeiten. Das Wort am Ende der Denkwelle an die andere Person übergeben (nicht holen!)	Weniger die Personen als vielmehr ihre Gedanken stehen im Mittelpunkt. Auch hier gilt: Nicht unterbrechen!

Tabelle 6.2: Formate zur Anwendung in Gruppen

6.2.3 Einschränkende Annahmen aufspüren – Blockaden lösen: Incisive Question™

Nicht nur in der Arbeit mit Einzelpersonen spielt die Auflösung von einschränkenden Annahmen durch Incisive Questions eine Rolle. Auch im Kontext der Arbeit mit Gruppen können sie eingesetzt werden, wenn kollektive hinderliche Annahmen im Raum stehen. Vielleicht kennen auch Sie diese Situationen (etwa in einem Meeting), in denen eine Frage gestellt wird, aber keine Reaktionen folgen. Alle schweigen. Keinem fällt etwas ein. Alle sind blockiert.

Es können unhinterfragte Annahmen sein, die das verursachen. Annahmen, die möglicherweise nicht bewusst und nicht ausgesprochen sind und dennoch von einigen oder sogar allen geteilt werden. Häufig sind diese Annahmen aus einer Angst heraus entstanden, zu der auch die Angst vor Veränderung gehört. Oder der innere Kritiker führt dabei das Wort (i. S. v. „Wenn es hierzu eine Lösung gäbe, hätte die längst jemand gefunden. Warum sollten ausgerechnet wir – oder gar ich! – jetzt dazu in der Lage sein?"). Ein Gefühl der Ohnmacht entsteht, das ein Weiterdenken verhindert.

Wenn Sie eine Vorstellung davon haben, welche Annahme das sein könnte, haben Sie – und auch jede andere anwesende Person – die Möglichkeit, mit einer Incisive Question das Denken wieder in den Fluss zu bringen. Die hinderliche Annahme wird dabei durch eine befreiende (liberating) Annahme ersetzt. Die bisher verstellte Sicht auf das, was entstehen könnte und was entstehen will, wird klarer. Der Blick wird weiter. (Außerdem weicht das möglicherweise beklemmende Gefühl eines persönlichen Defizits einer großen Erleichterung darüber, dass auch andere diese einschränkende Sichtweise haben und sie nicht auf individuellen Ursachen beruht.)

Nehmen wir an, es gilt, eine Strategie zu entwickeln, um aus einer akuten Krise herauszukommen. Die blockierende Annahme ist, dass nicht mehr genug Zeit bleibt.

Die passende Incisive Question könnte dann z. B. so formuliert werden: „Wenn Sie wüssten, dass wir uns genau jetzt die Zeit nehmen können, um daran zu arbeiten, wie lauteten dann Ihre Gedanken zu der Frage?"

Wenn nicht klar ist, was diese Blockade hervorruft, kann man die Anwesenden auch ganz direkt fragen: „Welche Annahme könnte uns daran hindern, hier weiterzudenken?" Sich den hinderlichen Annahmen zuzuwenden ist keine Zeitverschwendung, sondern eine Notwendigkeit, um den Knoten wieder zu lösen und frisches Denken anzuregen. Es lässt sich nicht forcieren.

Der Effekt dieser Incisive Question ist nicht nur, dass das Denken zu einer bestimmten Frage wieder ins Fließen kommt. Das Auflösen einer bestimmten hinderlichen

Annahme kann noch weitere „Nebenwirkungen“ mit sich bringen, indem gleichzeitig andere blockierende Annahmen durch diesen Prozess mit aufgelöst und durch befreiendere ersetzt werden, ohne dass dies explizit benannt wird. Dann schwingt z. B. mit: „Das Problem ist lösbar“, „Wir können das schaffen“, „Wir gehen das gemeinsam an.“

Das Denken wieder „ins Fließen“ bringen

Eine Gruppe von hoch inspirierten und engagierten Menschen möchte der Frage nach dem Kern und dem *Warum* ihres Tuns nachgehen. Allen ist es ein Herzensanliegen, aber möglicherweise ist ihre Vision ja zu groß, um sie konkreter fassen zu können? Ein großes Schweigen herrscht im Raum, die Gruppe scheint blockiert zu sein. Die Frage: „Welche Annahme könnte uns daran hindern, hier weiterzudenken?“, bringt die Ansprüche hervor, die die Denkblockade verursachen:

- „Das Warum muss druckreif formuliert sein, sodass wir es auf die Webseite stellen könnten.“
- „Es muss nach außen kommunizierbar sein.“
- „Es muss so formuliert sein, dass alle es unterschreiben könnten.“
- ...

Diese Annahmen lassen sich durch eine Incisive Question aufgreifen: „Wenn wir wüssten, dass wir eine individuelle Perspektive einbringen können, die zunächst nur der internen Diskussion dient, was würden wir dann über das Warum denken?“

Und so kommt das Denken wieder „ins Fließen“ und ein verbindendes und inspirierendes Warum wird entwickelt, in dem viele verschiedene Perspektiven zum Tragen kommen können.

6.2.4 *Entscheidungsfindung in einem Thinking Environment mit Gruppen*

Nicht nur die Qualität unseres Handelns, auch die Qualität unserer Entscheidungen ist davon abhängig, wie gut wir vorher darüber nachdenken konnten. Häufig verbleiben Meetings im Debattenmodus (Scharmer 2011). Dann werden Meinungen und Positionen einander gegenübergestellt und die Entscheidungen aus einer Entweder-oder-Perspektive getroffen. Dann gibt es Gewinner und Verlierer. Entweder-oder bedeutet auch, im Grunde keine wirkliche Wahl zu haben. Solange ein Klima der Angst, des Misstrauens oder des Ausgrenzens unbequemer Perspektiven herrscht (mangelnde Diversität), leidet die Qualität des Denkens und daher auch die der Entscheidungen.

Wurden aber während eines Meetings die zehn Komponenten in ihren unterschiedlichen Facetten umgesetzt, sind die Grundlagen für eine gute Entscheidungsfindung gelegt: Wenn Gefühle ausgedrückt werden konnten und dadurch bisher kaum zugängliche neue Informationen ihren Raum gefunden haben. Wenn widersprüchliche Perspektiven eher als Bereicherung des eigenen Denkens denn als Bedrohung gesehen und aufmerksam gehört werden, dann kann im besten Sinne Unsicherheit entstehen und eine Erschütterung eigener Gewissheiten.

Bei der Entscheidungsfindung geht es dann nicht mehr darum, wer (oder welche Perspektive) sich nun durchsetzt. Im besten Falle haben sich die beteiligten Personen von einer überstarken Identifikation mit ihren Meinungen gelöst und eher den Blick darauf gerichtet, was „in der Mitte“ entstanden ist, also zwischen ihnen.

Häufig beinhaltet der letzte Tagesordnungspunkt, dass eine Entscheidung getroffen werden soll. Manchmal stellt die Entscheidung einfach eine logische Konsequenz aus dem dar, was vorher gemeinsam und durch das grundsätzlich wohlwollende (und gleichzeitig auch potenziell konflikthafte) Miteinander entstanden ist. Dann erschließen sich die weiteren Schritte ganz offensichtlich.

Für den Fall, dass das nicht so ist, müssen andere Entscheidungsverfahren eintreten. Das Thinking Environment trifft allerdings explizit keine Aussage darüber, wie und auf welche Weise Entscheidungen in einer Gruppe getroffen werden sollen. Ob Institutionen sich nun dafür aussprechen, ihre Entscheidungen top down zu fällen, das Konsensprinzip über allem steht oder Mehrheitsentscheid zählt, bleibt grundsätzlich der Institution selbst überlassen. Der Fokus bleibt in jedem Fall darauf gerichtet, dass alle, die mit einer bestimmten Fragestellung vertraut sind, ihr bestes Denken beitragen konnten.

Die beim ehemaligen Unternehmensberater Frédéric Laloux beschriebene Art der Entscheidungsfindung innovativer Organisationen der Zukunft (Laloux 2014, S. 99 ff.) wäre eine konsequente Weiterentwicklung der Ideen des Thinking Environment: Jeder kann jede Entscheidung treffen, auch ggf. Geld ausgeben. Voraussetzung ist, dass zuvor

- Menschen, die sich thematisch mit dem Sachverhalt rund um die Entscheidung auskennen, um Rat gefragt worden sind und
- diejenigen, die konkret von der Entscheidung betroffen sind, die damit leben müssen und die Konsequenzen tragen werden, ebenfalls ihre Perspektiven und Standpunkte darlegen konnten.

All diese Meinungen müssen in die Entscheidung mit einfließen, die Entscheidungsfindung erfolgt also in einem Beratungsprozess und der anschließenden Verantwortungsübernahme. Alle, die etwas beizutragen haben, wurden gehört und es wurde auf die kollektive Intelligenz zurückgegriffen. Machthierarchien, so Laloux, seien nicht mehr notwendig. Jeder werde stattdessen Teil des Managements. Alle nehmen Rat an *und* geben Rat, haben also beide Rollen inne und gehen daher sorgfältig mit Entscheidungsprozessen um.

Aus meiner Sicht stellt diese Art der Entscheidungsfindung ein vielversprechendes Modell dar für Organisationen, die bestrebt sind, sich nach den Prinzipien des Thinking Environment auszurichten.

6.3 Wirkung und Herausforderung

Neue Kommunikationsformen einzuführen erfordert die Bereitschaft von allen Beteiligen, aktiv mitzugestalten, Zeit zu investieren und Geduld aufzubringen. Zu Recht werden Sie sich fragen: Lohnt sich das? Wie verändern sich Meetings, wenn dabei ein Denkraum im Sinne des Thinking Environment für die Teilnehmenden geschaffen wird?

In der Masterarbeit „A study of whether, and how meetings held in a Thinking Environment® impact organisational life" (2008) beschreibt Emily Havers auf der Grundlage von Interviews mit verschiedenen Firmen und Organisationen die Wirkung, die die Durchführung von Meetings in einem Thinking Environment entfaltet. Zusammenfassend hat ihre Studie ergeben, dass die Meetings in einem Thinking Environment in den meisten Fällen zu positiven Verhaltensänderungen führen und ein positiver Unterschied zu den bisher üblichen Meetings wahrzunehmen ist: Die Qualität des Denkens, die hier entsteht, wird von den Teilnehmenden als höher eingestuft. Alle Anwesenden bringen sich mehr ein, und bessere, mutigere Ideen und Lösungen können entwickelt, qualifiziertere Entscheidungen getroffen werden. Die Beteiligten fühlen sich mehr gewürdigt und gesehen, ihre Selbstwertschätzung und das Selbstbewusstsein steigen. Die Arbeit mit dem Thinking Environment wird darüber hinaus als Möglichkeit der persönlichen Entwicklung und als Bereicherung erfahren.

Auch bezüglich Struktur und Stringenz im Verlauf des Meetings sind positive Effekte zu beobachten. Der Fokus der Aufmerksamkeit richtet sich stärker auf die gemeinsamen Anliegen als auf die individuellen. Insgesamt ist die Arbeitsatmosphäre von Respekt und Vertrauen untereinander und von einem ehrlicheren Umgang miteinander geprägt. Die Meetings werden als wertvoller, produktiver, effektiver und sinnstiftender wahrgenommen (Havers 2008).

Mir beschreibt eine Führungskraft die Wirkung der Einführung des Thinking Environment in ihrer Abteilung so: „Die Regeln sind so einfach, dass alle sie verstehen und verinnerlichen können. Und weil jeder in dem formalen Ablauf seinen Platz hat, fühlen sich auch alle für das Gelingen mitverantwortlich."

Die Teilnehmenden identifizieren sich stärker mit dem, was erarbeitet wird. Entscheidungen – selbst wenn sie nicht der eigenen Meinung entsprechen – werden eher mitgetragen, weil zuvor alle unterschiedlichen Perspektiven wirklich gehört worden sind. Deswegen werden die finalen Beschlüsse weniger in Frage gestellt und müssen nicht nachverhandelt werden.

Das Profilierungs- und Konkurrenzdenken lässt nach und die „Diskussionen darum, wer Recht hat, nehmen ab. Insgesamt sind die Diskussionen effektiver, weil weniger Zeit in das Rechthaben geht", beschreibt mir diese Führungskraft weiter. Stattdessen kann ein Gefühl der Verbundenheit unter den Teilnehmenden entstehen, eine Verbindung jenseits der reinen Inhalte. Man erfährt nicht nur Anerkennung für inhaltliche Beiträge, sondern grundlegenden Respekt für die ganze Person.

Das Thinking Environment schafft auch für kontroverse Themen einen unterstützenden Rahmen: „Selbst in Fällen einer grundsätzlich angespannten Situation im Team kann über diese Methode, die alle akzeptieren, ein sinnvoller Austausch über zu regelnde Fragen geführt werden", beobachtet eine andere Führungskraft.

Ein anderer Kursteilnehmer schildert seine Erfahrung so: „Durch das Thinking Environment verlief unser Meeting anders als sonst. Üblicherweise ist hier mehr Anspannung im Raum, jeder muss sich seinen Raum und seine Redezeit erkämpfen. Wir sprechen sonst viel lauter und schneller und alle wollen ihre Meinung durchdrücken – bis auf die natürlich, die sowieso nie was sagen. Es war gar nicht so schwer, einander so zuzuhören und unterschiedliche Blickwinkel zu respektieren, weil der Rahmen und die Spielregeln so klar sind."

Eine Führungskraft, die nach einem Workshop das Thinking Environment in ihren Referatsbesprechungen eingeführt hat, beschreibt, wie durch die Thinking Pairs und die Dialoge das Redebedürfnis aller gestillt wird und eine gewisse Angespanntheit, etwas sagen zu wollen, nachlässt.

Ein Teilnehmer eines Meetings, der sich in der Regel immer sehr zurückhält, bemerkt, dass es ihm mithilfe des Thinking Environment erstaunlich leichtgefallen sei, sich einzubringen. Er fühle sich anerkannt, respektiert und viel mehr wertgeschätzt als sonst. Das sei für ihn eine neue Erfahrung gewesen.

Zudem gilt: Obwohl sich ein Gefühl der Entschleunigung einstellt, erfahren Menschen die Meetings in einem Thinking Environment als besonders effektiv, fokussiert und zielorientiert. Das Denken geht tiefer als üblich und die Ergebnisse sind klarer, das Arbeitsklima wertschätzender. Und weil die Qualität des Denkens sich unmittelbar auf die Qualität des Handelns auswirkt, führen solche Meetings nicht zuletzt auch zu besseren Leistungen und Arbeitsergebnissen.

Bereit für einen Kulturwandel im Unternehmen?

Meetings in einem Thinking Environment können noch zu weiteren „Nebenwirkungen" führen. Zum Beispiel kann das Ausgleichen der Redeanteile das vertraute Dominanzverhalten, mit dem die eigene Macht gesichert wird, außer Kraft setzen. Dann werden möglicherweise Machtgefüge erschüttert. Das kann verunsichern, weil sich die Beteiligten neu orientieren müssen.

Nicht überall lädt das bestehende Umfeld dazu ein, sich künftig gegenseitig und miteinander Denkräume zu schaffen. In manchen Unternehmenskontexten scheint ein Thinking Environment der gelebten Kultur geradezu diametral entgegenzustehen. Das trifft insbesondere auf stark hierarchisch organisierte Strukturen zu. Allein die Einführung einzelner Aspekte des Thinking Environment könnten für das Unternehmen einen Kulturwandel bedeuten.

Sehr verbreitet, aber dem Denken hinderlich, ist zum Beispiel die Annahme, dass Konkurrenz das Denken fördert. Die Vorstellung, dass „Denken im Austausch" wie es im Abschnitt 1.1 beschrieben wird, ausreichend ist, beschneidet die Möglichkeiten des wirklich unabhängigen und auch innovativen Denkens. Unternehmen wollen und müssen innovativ sein und sie bewegen sich in einem kompetitiven Umfeld. Nach außen wettbewerbsfähig, aber nach innen frei von Konkurrenz zu sein, um gut denken zu können – wie lässt sich das vereinbaren? Wie lässt sich in Meetings umschalten auf ein „Miteinanderdenken“ statt gegeneinander?

„Wir müssten anstelle unserer herkömmlichen Leistungsindikatoren andere Kriterien anlegen, wenn wir das Verhalten fördern möchten, was wir eigentlich brauchen! Wir könnten uns selbst und unsere Vorgesetzten danach beurteilen, inwieweit wir und sie die zehn Komponenten umsetzen. Wie aufmerksam oder wie wertschätzend wir miteinander sind. Das würde hier einiges ändern!“, schlägt ein Mitarbeiter eines großen Unternehmens vor.

Die Haltung macht den Unterschied

Um zu erfahren, wie viel effektiver Meetings in einem Thinking Environment sein können, ist es notwendig, sich offen und vorurteilsfrei auf die neuen Kommunikations- und Umgangsformen einzulassen, auch wenn manche davon zunächst gewöhnungsbedürftig erscheinen. Eine Führungskraft in einem Training sorgte sich beispielsweise, unmittelbar unter „Esoterikverdacht“ gestellt zu werden: „Wenn ich meine Leute frage, worüber sie nachdenken wollen und was ihre Gedanken sind, dann denken die doch, ich hätte etwas geraucht!“

Leicht geraten die Aspekte, die als ungewöhnlich oder zeitintensiv empfunden werden, in die Kritik, wie z. B. eine Eröffnungsrunde mit positivem Fokus („Wir sind ja hier, um Probleme zu lösen, nicht um uns gegenseitig zu sagen, was gut läuft“).

Auch die Momente der Wertschätzung werden schnell als unnötige „Zeitfresser“ betitelt, die dem effektiven Arbeiten im Wege stehen, und sie werden gerne auch wieder vernachlässigt, wenn sich der Facilitator nicht ausreichend dafür einsetzt.

Oft erschließt es sich erst rückblickend, am Ende eines Meetings oder Workshops, dass man enorm effektiv war, obwohl man sich Zeit für Wertschätzung und Runden etc. gegeben hat. Dann wird deutlich, dass man konkrete und nachhaltige Ergebnisse erzielen kann, gerade *weil* eine derart anregende Atmosphäre geschaffen wurde.

Die Wirkweise des Thinking Environment lässt sich zwar im Vorfeld beschreiben und begründen, aber erst die eigene Erfahrung schafft eine Einstellungsänderung und führt dazu, dass kritische Ansichten der Überzeugung weichen, dass dieser Ansatz wirklich etwas Neues und Sinnvolles schaffen kann.

Wie bei jedem Change-Prozess ist auch die Einführung und Aufrechterhaltung einer Thinking-Environment-Kultur herausfordernd.

Den *Sinn* des eigenständigen Denkens stets im Blick zu behalten, ist dafür absolut entscheidend. *Wofür* brauchen wir eigenständiges Denken? *Warum* möchten wir es fördern? Wenn Instrumente wie eine Eröffnungsrunde nur mechanisch umgesetzt werden, aber die wertschätzende Haltung verloren geht, verkommt auch die Runde schnell zu einer zweckfreien Einrichtung. Ohne entsprechende Haltung können Meetings in einem Thinking Environment nicht effektiv sein.

Ein Teammitglied aus einer Organisation schlug vor, in Zukunft zwischen Thinking-Environment- und „normalen" Meetings zu unterscheiden. Der Ansatz steht aber für eine Geisteshaltung, die sich nicht an- und ausschalten lässt. Soll es Meetings geben, in denen es mich interessiert, was der andere denkt und in denen ich mein Gegenüber nicht unterbreche, und dann wieder die üblichen, in denen das nicht so ist?

Aus meiner Sicht empfiehlt es sich daher, sich die einzelnen Aspekte des Thinking Environment nach und nach anzueignen und damit zu experimentieren. Es erfordert möglicherweise einen längeren Atem. Wenn sich einzelne Teammitglieder oder Führungskräfte vertieft und ausgiebig damit befasst haben, können sie besser für die Aufrechterhaltung dieser Haltung sorgen. Manche Unternehmen bilden Facilitator aus, die dafür freigestellt und in unterschiedlichen Unternehmensbereichen eingesetzt werden können. Es ist der Nachhaltigkeit sehr förderlich, wenn der Facilitator eines Meetings die zehn Komponenten selbst verkörpern und nicht nur darüber sprechen kann. Sonst verliert der Ansatz schnell an Glaubwürdigkeit und Prägnanz.

Was Sie sofort umsetzen können

Um die Einführung zu erleichtern, empfehle ich Ihnen einige niedrigschwellige Veränderungen, die unmittelbar spürbare Effekte erzielen.

- In einem Stuhlkreis zu sitzen schafft ein Gefühl von Gleichheit. Noch besser ist ein Stuhlkreis ohne trennende Tische in der Mitte.
- Führen Sie Runden durch: zu Beginn eines Meetings, am Ende und zwischendurch. Und in virtuellen Meetings sowieso.
- Richten Sie zunächst bewusst und absichtlich den Blick auf das Positive, bevor Sie sich kritischen Themen zuwenden. Wenn möglich auch zum Abschluss des Meetings.
- Schenken Sie der Planung und Vorbereitung eines Meetings mehr Aufmerksamkeit und formulieren Sie Tagesordnungspunkte als Fragen.
- Während der Meetings gilt: Keine Laptops oder Handys auf dem Tisch. Keine Ablenkung durch sonstige Signaltöne.

Und falls Ihnen das alles doch nicht so niedrigschwellig erscheint, könnten Sie damit anfangen, Ihr Gegenüber nicht zu unterbrechen und erst dann zu sprechen, wenn dessen Denkwelle vorüber ist.

Fragen zu Kapitel 6: Gruppen im Thinking Environment: Meetings

1. Denken Sie an eines der besten Meetings (oder wahlweise das beste Gespräch / die beste Diskussion), das sie je erlebt haben. Was machte es besonders?
2. Welche „ethischen Leitplanken“ würden Sie für künftige Meetings gerne vereinbaren?
3. Vertrauen Sie in die Intelligenz Ihrer Mitmenschen?
4. Wenn Sie wüssten, dass Sie mit Ihrer Haltung und Ihrem Verhalten die Meetingkultur in Ihrer Organisation oder Firma (oder auch die Gesprächskultur in Ihrer Familie) beeinflussen können, was würden Sie beim nächsten Mal ausprobieren?
5. Welche der vorgeschlagenen Aspekte erscheint Ihnen unmittelbar umzusetzen, um Ihre Meetings zu Denkräumen zu machen?

7. Weitere Gruppenkontexte im Thinking Environment

„It's the group sound that's important, even when you are playing a solo. You not only have to know your own instrument, you must know the others and how to back them up at all times. That's jazz."

(Oscar Peterson)

7.1 Präsentationen

Die meisten Menschen kostet es Überwindung und für manche ist es sogar der reinste Horror: vor anderen Menschen sprechen und / oder etwas präsentieren. Dabei finden Präsentationen in der einen oder anderen Form permanent statt. Nicht nur, wenn wir auf die Bühne „müssen", Schulkinder vor der Klasse ein Gedicht aufsagen oder dem Vorstand die letzten Quartalszahlen vorgestellt werden. Wir präsentieren uns schon im Kleinen, sobald wir laut eigenständig denken und unsere Sichtweise darstellen: „Die allermutigste Handlung ist immer noch, selbst zu denken. Laut." (Coco Chanel)

Es gibt eine weitverbreitete Angst, bloßgestellt zu werden oder zu scheitern. Die Vorstellung bevorstehender Schmach und Scham führt dazu, unseren Platz lieber in der zweiten Reihe zu suchen und den Schritt nach vorne zu vermeiden. Solange wir uns aber nicht würdig fühlen, unsere Perspektive, unsere Ideen, uns als Person hörbar werden zu lassen, schließen wir tatsächlich ein, unsere eigenen intellektuellen Fähigkeiten zu sabotieren.

Präsentationen in einem Denkraum fühlen sich anders an. Hier liegt der Fokus auf der Beziehung zwischen den Menschen. Zwischen der Person, die präsentiert, und ihren Zuhörern. Zur Erinnerung: Entscheidend für die Qualität des Denkens sind die Haltung und das Verhalten der anderen, die dabei sind, während wir denken.

Die präsentierende Person kann sich ihr Publikum also als Denker vorstellen und ihm alle Aufmerksamkeit schenken, während sie selber spricht. (Für den Fall, dass sie nicht nur Informationen über ihren Köpfen auskippen möchte, sondern bezweckt, dass das Publikum auch gut darüber nachdenken kann, was ihm vorgetragen wird.)

Gleichzeitig kann sie sich das Publikum auch als ihren Denkpartner vorstellen und sich von seiner Aufmerksamkeit anregen lassen.

Die Beziehung ist das zentrale Moment. Und auch für Menschen, denen es leichtfällt, vor Gruppen zu sprechen, lohnt es sich, hier ihre Aufmerksamkeit hinzulenken.

In Beziehung gehen

Die Schule ist üblicherweise der Ort, an dem man das „Auf-die-Bühne-Treten" lernt, indem man Referate hält oder Gedichte vor der Klasse aufsagt. Wie man dabei aber in Beziehung mit Menschen geht, spielt meiner Erfahrung nach eine eher untergeordnete Rolle.

> Mit Schülerinnen und Schülern einer elften Klasse habe ich Präsentationen im Sinne des Thinking Environment geübt. Anfangs waren die Widerstände groß und die Scheu, sich öffentlich zu präsentieren, sehr ausgeprägt. Als deutlich wurde, dass die Qualität des Minivortrags entscheidend davon abhängt, wie der präsentierenden Person zugehört wird, und deshalb alle dazu beitragen und verantwortlich dafür sind, was entsteht, lockerte sich die Atmosphäre. Die Schüler sollten zwei Minuten zu einem Thema ihrer Wahl vor der Klasse frei sprechen, während sich ihre Mitschüler im aufmerksamen Zuhören übten.
>
> Die gewählten Themen bewegten sich zwischen „Mein letzter Besuch im Freizeitpark", dem Bericht über das kürzlich gelesene Buch und detaillierten Einblicken in die Herausforderungen, ein neues Level bei martialisch anmutenden Videospielen zu erreichen (– ein guter Test für meine eigenen Zuhörkapazitäten!).
>
> Im Anschluss an die Präsentationen bekam der vortragende Schüler Wertschätzung durch die anderen entgegengebracht. Diesen Jugendlichen fiel es sehr leicht, Wertschätzung auszudrücken, sie waren voller Anerkennung füreinander, unabhängig von den vorgetragenen Inhalten: „Wie klar und verständlich du das ausdrückst!", „Wie sehr du dich begeistern kannst!" Die Wertschätzungsrunden wollten gar nicht mehr enden.
>
> Die ganze Übung machte den Schülern sichtlich Freude. Und immer wieder meldeten sich neue Schüler, die ausprobieren wollten, wie es sich anfühlt, unter diesen Bedingungen den anderen etwas zu präsentieren.
>
> Der Lehrer beschrieb mir im Nachhinein, dass die Schüler, die er sonst als eher getrennt voneinander wahrnimmt, an diesem Tag sehr in Kontakt gegangen seien und ein Gefühl der Verbundenheit entstehen ließen, was er von dieser Klasse so nicht kenne.

Auch unterstützende Medien bei einer Präsentation wollen wohlüberlegt sein. Wenn man nicht auf eine PowerPoint-Präsentation verzichten möchte, lässt sich diese so gestalten, dass sie das Denken anregt, statt die Zuschauer zu ermüden:

Hilfreich ist es, so wenige Folien wie möglich zu zeigen und diese auch hauptsächlich nur für Grafiken oder Illustrationen zu nutzen. Überladene Folien mit viel Text, bei denen die Zuhörer beginnen, das Gehörte mit dem Gelesenen abzugleichen, ziehen die Aufmerksamkeit ab. Dann ist es schwierig, gleichzeitig einen starken und persönlichen Kontakt zwischen Vortragendem und Zuhörenden aufrechtzuerhalten und damit einen Denkraum entstehen zu lassen.

7.2 Das Time-To-Think-Council

Der Ablauf und das Setting eines Time-To-Think-Councils[2] erinnert an die Kollegiale Beratung, eine Methode, die als systematisches Beratungsgespräch verstanden werden kann: Eine Person stellt einen Fall vor und greift für seine Lösung auf die Gedanken, das Wissen, die Erfahrungen anderer (den „Rat“ oder das Council) zu.

Der entscheidende Unterschied aber ist, dass die fallgebende Person in einem Council keine „Beratung“ und keinen Rat erhält und ihr keine Lösungsvorschläge angeboten werden. Stattdessen bekommt sie Anregungen, Impulse in Form von Erfahrungen der anderen, die ihr dabei helfen, *selbst* weiter über ihre Frage nachzudenken. Das Council ermöglicht es also, dass andere ihr Wissen anbieten, ohne dabei aber der fallgebenden Person zu sagen, was sie denken oder tun sollte (womit sie das Denken für sie übernehmen würden). Auf diese Weise können die Weisheit und das tiefere Wissen der Gruppe unaufdringlich in die Problemlösung einzelner Personen einfließen. Eine Gruppengröße zwischen sechs und zehn Personen hat sich aus meiner Erfahrung als günstig für das Council erwiesen.

Das Setting des Councils verleitet allerdings schnell dazu, für andere zu denken. Die Rolle des Facilitators (vgl. Abschn. 6.1, S. 120 f.) ist daher entscheidend, wenn die Council-Mitglieder nicht ausreichend mit dem Prozess vertraut sind. Er muss sicherstellen, dass die Impulse des Councils nur in Form von eigenen Perspektiven und Erfahrungen angeboten werden, um der fallgebenden Person das eigenständige Denken weiterhin zu ermöglichen. Dabei ist die Formulierung der Beiträge wichtig und schon Nuancen in der Ausdrucksweise können eine starke Wirkung haben. Eine Formulierung wie „Ich habe folgende Erfahrung gemacht, die mit diesem Thema zusammenhängt …“ bewahrt den Denkraum. Auch „Wenn *ich* in einer solchen Situation wäre, würde *ich* …“ respektiert noch die Grenzen zwischen Council und fallgebender Person. Wählt ein Council-Mitglied aber eine Formulierung wie: „Ich an deiner Stelle würde jetzt Folgendes tun …“, „Du solltest …“, „Du könntest …“, spricht sie Empfehlungen aus, gibt Rat und beschädigt damit den sicheren Denkraum für die fallgebende Person. In einem Time-To-Think-Council muss man nicht übereinstimmen, seine Meinung anpassen oder sich auf etwas verständigen. Es ist einzig und allein eine Anregung für das Denken der fallgebenden Person, keine Handlungsanleitung.

Ein Council durchzuführen eignet sich nur für individuelle berufliche oder persönliche Fragen oder Probleme, nicht aber für Fragen, die die anderen Beteiligten des Councils auch betreffen. Der Fall sollte dabei eine gewisse Herausforderung darstel-

---

2 Benannt nach der von Nancy Kline begründeten Firma: ↗ http://www.timetothink.com/.

len und noch akut und relevant sein. Es ist nicht nötig, dass alle Anwesenden die Situation, die geschildert wird, selbst schon erlebt haben oder ein entsprechendes Problem selbst schon einmal lösen mussten. Vielmehr kommt es auf die Formulierung der Frage an, die dem Council gestellt wird: Es ist hilfreich, wenn sie dazu einlädt, assoziativ Erfahrungen aus anderen Kontexten einzubeziehen und so neue Perspektiven aufzuzeigen.

Alle Perspektiven sind willkommen

Eine Referentin in einer Organisation schildert, dass sie die schwierige Zusammenarbeit mit einem langjährigen Kooperationspartner aufkündigen müsse. Die Frage, über die das Council aus ihrer Sicht nachdenken soll, formuliert sie so: „Welche Erfahrungen können mich bei meinen Überlegungen unterstützen, wie ich diese schlechte Nachricht überbringe?"

So gefragt, können alle Anwesenden wertvolle Gedankenimpulse anbieten, ganz gleich, wie das Problem gestaltet ist. Wenn den persönlichen Perspektiven mit größter Aufmerksamkeit zugehört wird, kann eine Dichte und Intensität entstehen, von der alle profitieren.

Im Prinzip ist für ein Council jede Zusammensetzung möglich: Es können Mitarbeitende einer Abteilung eines Unternehmens sein, auch die Hierarchie übergreifend, oder es kann eine „zusammengewürfelte" Gruppe von Personen sein, die sich gegenseitig unterstützen möchten. Allerdings muss das Umfeld für die Beteiligten Sicherheit vermitteln und Offenheit sowie persönliche Beiträge zulassen, ohne dass diese kommentiert oder bewertet werden.

Ablauf eines Councils

Ein Facilitator führt das Council durch die folgenden sieben Schritte:

1. **Die Vorstellung des Falles:** Der Facilitator lädt die fallgebende Person ein, ihr Thema so vorzustellen, dass das Council all das erfährt, was aus Sicht der fallgebenden Person notwendig ist, um gut darüber nachdenken zu können.
2. **Formulierung der Frage:** Der Facilitator bittet die fallgebende Person, eine Frage an das Council zu formulieren. In einem Umfeld, in dem der Wert des Selberdenkens noch nicht explizit ist, kommt es immer wieder vor, dass die Frage lautet: „Was würden Sie an meiner Stelle tun?" So formuliert, fordert sie jedoch regelrecht dazu auf, das Denken für die fallgebende Person zu übernehmen. Daher muss hier der Facilitator umso mehr darauf achten, dass die Council-Mitglieder von sich sprechen („*Ich* habe die Erfahrung gemacht, dass …" etc.).

3. **Klärungsrunde:** In einer Runde werden alle Council-Mitglieder befragt, ob sie noch eine Nachfrage haben oder Klärungsbedarf bzgl. der Frage des Fallgebers sehen. Die fallgebende Person reagiert unmittelbar darauf.
4. **Bestätigung der Frage:** Die Frage wird entweder so bestätigt, wie sie bereits formuliert war oder entsprechend der Klärungen in der letzten Runde angepasst. Es steht – ggf. auch visualisiert – eine klare Frage im Raum, über die das Council jetzt nachdenken soll.
5. **Council-Runde:** Nach einem Moment der Stille gehen nun nacheinander alle aus der Runde auf die Frage des Fallgebers ein und teilen ihre Erfahrungen und Perspektiven. Dabei wird ihnen die absolute Aufmerksamkeit aller anderen Anwesenden zuteil. Sie werden nicht unterbrochen, ihre Aussagen werden nicht kommentiert. Und – wie immer – denken die Zuhörenden nicht darüber nach, was sie gleich sagen werden, wenn sie an der Reihe sind, sondern lauschen aufmerksam und interessiert der gerade sprechenden Person. Die fallgebende Person schreibt nach jedem Beitrag (wenn die Person tatsächlich zu Ende gesprochen hat) die für sie wesentlichen Punkte auf.
6. **Frisches Denken der fallgebenden Person:** Wenn die Runde des Councils abgeschlossen ist, fragt der Facilitator die fallgebende Person nach ihren neuesten Gedanken bzgl. ihrer Fragestellung.
7. **Wertschätzung:** Nacheinander benennen dann die Mitglieder des Councils (wahlweise alle oder eine gesetzte Anzahl) eine Eigenschaft, die sie an der fallgebenden Person schätzen oder bewundern. Wichtig auch hier: Die Wertschätzung soll nicht auf den Inhalt bezogen sein. Ein „Du bist auf dem richtigen Weg" kann den eben entstandenen kostbaren und fragilen Denkraum unmittelbar wieder boykottieren. Aber das Denken hört ja nicht auf, wenn das Council beendet ist. Die Wertschätzung dient u. a. dazu, dass die Person weiterhin und in Zukunft gut über ihre Frage nachdenken kann. Sie erfährt grundsätzliche Anerkennung als Person und wird durch den Zuspruch der anderen, der ihr mit auf den Weg gegeben wird, ermutigt.

Inspiration und Verbindlichkeit

Wir hatten ein Council im Kreis ehemaliger Kollegen lange geplant. An diesem Montagabend bittet Herr F. darum, seinen Fall vorstellen zu können.

Er möchte auf die Erfahrung anderer zurückgreifen, um besser entscheiden zu können, wie er sich angesichts einer für ihn herausfordernden Situation verhalten soll. Er schildert seinen Fall:

Als Geschäftsführer einer sozialen Einrichtung mit 90 Angestellten hatte er am Vormittag erfahren, dass einer seiner Mitarbeiter Selbstmord begangen hat. Es war ein Schock für ihn gewesen. Erschwerend kam hinzu, dass die Frau des Verstorbenen in der gleichen Einrichtung beschäftigt ist. Herr F. denkt darüber nach, welche Verantwortung er als Geschäftsführer in dieser Situation für seine Mitarbeiter und speziell für die Ehefrau des Verstorbenen trägt. Was wird von ihm erwartet und wie möchte er selbst damit umgehen, was ist ihm selbst wichtig? Was soll er wie und wann an seine Mitarbeitenden kommunizieren? Es ist eine herausfordernde und unbekannte Situation für ihn.

Nachdem er die ihm bekannten Umstände und seine Fragestellungen, die ihn umtreiben, umrissen hat, formuliert er seine Frage an das Council: „Welche Aspekte sind bei einer solchen Situation zu berücksichtigen?“

Nach einem Moment der Stille, in der alle Council-Mitglieder ihren Gedanken zu dieser Frage nachgehen können, beginnt die erste Person zu sprechen. Sie erzählt, wie wohltuend sie es empfunden habe, als ein Vorgesetzter anlässlich des Todes einer Kollegin in der Teamsitzung eine Kerze angezündet und einen Text vorgelesen hatte.

Dieses verbindende Ritual, was der Vorgesetzte angeboten hatte, sei für sie eine Erleichterung gewesen, ein angemessener und auch wichtiger Rahmen, um als Kollegin Abschied nehmen zu können.

Ein anderer beschreibt, wie ihm das Mitleid und das wohlmeinende, aber distanzlose Trostspenden seiner Kollegen auf die Nerven gegangen seien, als sie von seiner schweren Krankheit erfahren hatten. Diese Nähe könne er nur von seinen Freunden annehmen.

Wieder ein anderes Council-Mitglied berichtet von Institutionen und lokalen Instanzen, die ein Familienmitglied in einer persönlichen Krise psychologisch unterstützen konnten, und wie hilfreich und entlastend er dieses professionelle Angebot empfunden hatte.

Eine Vierte erzählt davon, wie sie als Vorgesetzte mit einer Mitarbeiterin, die ihren kranken Mann pflegte, ein intensives, persönliches und vertrauliches Gespräch geführt hatte, in dem die Mitarbeiterin ihre Lebenssituation darstellte und ihre Nöte beschrieb. Sie hatten darüber später nicht mehr explizit gesprochen, aber das Gespräch hatte eine gute Verbindung zwischen ihnen hergestellt.

Herr F. macht sich nach jedem der Beiträge ein paar Notizen und teilt mit, was er jetzt zu seiner eingangs gestellten Frage denkt: Er werde sich mit einer Bereichsleiterin zusammensetzen, die einen intensiveren Draht zu der Frau des Verstorbenen hat, und sie um ihre Unterstützung bitten. Er überlegt, wie er seine nächste Teamsitzung gestaltet, und will ein Gedicht recherchieren, das ihm in den Sinn kommt. Er sieht, dass er in einem bestimmten Maß zwar handeln kann, aber er erkennt gleichzeitig an, dass er dieser Situation die Tragik nicht nehmen, sie nur abpuffern kann.

Er macht sich noch ein paar weitere Notizen, bevor die Mitglieder des Councils Herrn F. abschließend ihre Wertschätzung ausdrücken.

Dieses Council hatte nicht nur die Wirkung, dass Herr F. sich gestärkt fühlte und klarer sah, wie er die eingangs gestellte Frage nun für sich beantworten sollte. Es war auch eine ernsthafte Ruhe, Wärme und Verbindlichkeit unter allen Anwesenden entstanden.

Eine Führungskraft, die die Council-Praxis zu einem wiederkehrenden Bestandteil ihrer Teamsitzungen gemacht hatte, beschreibt neben dem eigentlichen Effekt – nämlich Impulse für die Lösung einer bestimmter Problematik zu bekommen – noch weitere Auswirkungen auf die Teilnehmenden: Weil jeder einmal im Mittelpunkt stehen darf und seine Perspektiven gehört werden, fühlen sich alle wertgeschätzt und ernst genommen. Außerdem führt die Council-Praxis zu einem größeren Verständnis für die Arbeit, die Vorgehensweisen und die aktuellen Probleme der anderen. Dadurch werden nebenbei Verbundenheit und Teamgeist gestärkt.

7.3 Die Prozessbegleitung: Facilitation

Bereits in Abschnitt 6.1 bin ich auf die Funktion des Facilitators eingegangen. Prozessbegleitung in einem Thinking Environment bedeutet, eine Gruppe, eine Abteilung oder Arbeitseinheit den Rahmen des Thinking Environment zur Verfügung zu stellen und ihn während des Prozesses zu halten, ohne dass die Beteiligten den Ansatz im Detail kennen müssen.

Die Rolle des Facilitators ist dabei, die grundlegende Haltung des Thinking Environment selbst zu verkörpern und vorzuleben. Orientierung und Struktur werden geschaffen, indem der Facilitator die methodischen Abläufe vorgibt und zu Anfang Vereinbarungen für das Miteinander getroffen werden, die das Vertrauen untereinander und in die Situation stärken. Die klare Struktur und die transparenten Abläufe schaffen förderliche Voraussetzungen für eigenständiges Denken.

Jede Organisation, Institution oder Firma kann von der Vielfältigkeit neuer Impulse, die durch das Thinking Environment entstehen, profitieren, sofern die Sprache und die Auswahl der Impulse so gewählt ist, dass sie angenommen, aufgegriffen und umgesetzt werden können. Die einen sind vielleicht schon sehr vertraut mit der Praxis des aufmerksamen Zuhörens und der Idee, das Potenzial jedes Einzelnen sichtbar und erfahrbar zu machen, aber es mangelt an klaren Strukturen für die gelungene Umsetzung, weil nicht ausreichend unterschieden wird, welche Personen zu welchen Fragen gut beitragen können. Andere setzen bereits auf effektive Strukturen, täten aber gut daran, an der inneren Haltung zu arbeiten, welche freies Denken erst ermöglicht.

So versuche ich, bei einer Prozessbegleitung nur in einem solchen Maß mit „kulturfremden“ Impulsen zu arbeiten, wie sich die Menschen noch abgeholt fühlen und im besten Sinne irritiert werden. Zu Beginn einer Prozessbegleitung gebe ich daher keine komplette Einführung in das Thinking Environment, sondern vielmehr einen ersten Einblick, der das weitere Verfahren einordnet: Welchen Sinn hat das freie eigenständige Denken und warum sollten wir uns überhaupt auf eine andere Art und Weise begegnen, als wir es üblicherweise tun / bisher getan haben?

Und ich beschreibe, welche Haltung und welche konkreten Maßnahmen dabei unterstützen können, sich gegenseitig einen Denkraum zu erschaffen.

Die Idee der zehn Komponenten fasse ich mitunter in nur zwei Prinzipien zusammen:
- Alle müssen *wissen* (nicht hoffen), dass sie nicht unterbrochen werden. Ihr Sprechen nicht, ihr Denken nicht.
- Es wird einander in wohlwollender, interessierter Art und Weise zugehört: wertschätzend und immer das Potenzial der anderen im Blick. (Je nach Umfeld erlaube ich mir auch den Ausdruck: „mit dem Herzen hören".)

Die von Jack Zimmermann und Virginia Coyle (2015) beschriebenen „Vier Absichten eines Councils" fassen die hier intendierte Haltung treffend zusammen:
- Aus dem Herzen heraus sprechen.
- Mit dem Herzen hören.
- Sich knapp und bündig ausdrücken.
- Aus dem Augenblick heraus sprechen.

(Zimmermann & Coyle 2015, S. 48 ff.)

7.4 Facilitator werden

Manche Unternehmen bauen auf firmeninterne und professionell ausgebildete Time-To-Think-Facilitators, die für einen Teil ihrer Arbeitszeit für diese Funktion freigestellt werden. Dann wird der Ansatz auch vonseiten der Führung mitgetragen und kann Fahrt aufnehmen.

Neben dem eigenen Arbeitsumfeld können diese auch als Multiplikatoren in anderen Unternehmensbereichen tätig sein und dort z. B. Transforming-Meetings-Programme durchführen. Je mehr Mitarbeiter mit den Formaten vertraut sind und je häufiger sie für konkrete Fragen zu den Abläufen einen Ansprechpartner haben, umso nachhaltiger lässt sich der Ansatz auch als Organisationskultur etablieren. Vorteilhaft ist außerdem, dass diese Facilitators die für das Unternehmen spezifischen Herausforderungen gut einschätzen und darauf reagieren können.

Andere Unternehmen, die nicht eigens Facilitators ausbilden lassen, engagieren externe Time-To-Think-Facilitators und bieten Transforming-Meetings-Programme an, um ihre Teams zu schulen.

Hinweise zu Kursangeboten und zur Ausbildung zum Time-To-Think-Facilitator (und -Coach) finden Sie am Ende des Buches.

Netzwerktreffen

Das Netzwerk „Dankbar leben“ des nun über 90-jährigen Benediktinermönches Bruder David Steindl-Rast wollte sein Jahrestreffen in einem Thinking Environment durchführen und durch mich als Facilitator begleiten lassen.

Da die dem Thinking Environment innewohnende Haltung mit der Kultur, die das Netzwerk lebte, in vielerlei Hinsicht übereinzustimmen schien, war hier der bestmögliche Rahmen schon geschaffen: Die Teilnehmenden waren mit der Praxis des „achtsamen Dialogs“ vertraut und hatten Übung darin, wirklich aufmerksam zuzuhören. Ihnen allen war eine „dankbare Lebenshaltung“ zutiefst zu eigen, ein Wertschätzen dessen, was gerade ist. (Selbst die Komponente „Ort“ war hier perfekt berücksichtigt: Das Europakloster Gut Aich in Österreich liegt idyllisch inmitten atemberaubender Natur.)

In diesem Umfeld waren es daher vor allem die klaren und stringenten Abläufe des Thinking Environment, die für die Mitglieder des Netzwerkes einen Mehrwert darstellten. Der Tag wurde mit den oben beschriebenen Meetingformaten begleitet. Die klare Frage vor jedem Punkt („Um was soll es uns jetzt genau gehen?“) und die jeweilige kurze Anleitung davor schafften einen soliden Rahmen, in dem ein lebendiges Explorieren und Erarbeiten von Strategien in großer Verbundenheit miteinander möglich waren.

Monate später beschreibt eine Teilnehmerin die längerfristige Wirkung: „In diesem Workshop wurde der Samen für etwas sehr Vielversprechendes gesät, und es ist ein Gefühl der Zugehörigkeit zu dem Netzwerk entstanden. Wir haben uns als Team gefunden und wissen, *wie* wir miteinander weitergehen können und auch wie wir gemeinsam Tiefen überstehen können. Auf jeden Fall hat dieser Workshop Energien freigesetzt. Auch heute noch greifen wir manchmal auf die Formate zurück, die wir dort ausprobiert haben, und die Energien halten sich.“

Herausforderungen in der Facilitation

Umgang mit Vielrednern und Süßholzgeraspel?!

Wenn ich um eine Prozessbegleitung in einem Thinking Environment gebeten werde, dann in der Regel von Institutionen oder Organisationen, die sich zumindest teilweise in dem Ansatz wiedererkennen oder in ihm einen erstrebenswerten zukünftigen Zustand sehen. Dennoch ist es für einzelne Beteiligte manchmal durchaus herausfordernd, sich darauf einzulassen.

Einer Gruppe von Politikern, die qua Profession sehr gut in der Lage sind, wortgewandt ihr Terrain abzustecken und eigene Positionen zu verteidigen, fällt es schwer,

Momente der Stille oder gar der Ratlosigkeit zuzulassen. Da werden Runden gerne ausgenutzt, um andere von der eigenen Perspektive zu überzeugen. Das ist einer der wenigen Momente, in denen ich das Prinzip, nicht zu unterbrechen, hintanstelle, um an die Komponente der Gleichheit zu erinnern.

Mein Vorschlag, mit einer gegenseitigen Wertschätzung den Workshop zu beenden, stößt bei den Politikern ebenfalls auf Widerstand: „Wir haben uns heute wirklich schon genug Nettes gesagt!" Das greife ich auf, indem ich aus meiner Perspektive das Geleistete und Erarbeitete anerkenne und so wohlwollend auf den Tag blicke. Das können die meisten gut annehmen und zum Teil auch „mitschwingen".

Potenzial erkennen

Auch ein eingeschränkter oder verstellter Blick auf die Veränderungsmöglichkeiten kann zu einer großen Herausforderung werden:

Ist das Glas halb voll oder halb leer?

Eine Abteilungsleiterin beschrieb den Zustand ihrer Abteilung, die sie kürzlich übernommen hatte, resigniert und pessimistisch: „Diese Abteilung ist ein Trümmerfeld. Hier sehen viele nur das Negative und haben Furcht vor der Veränderung."

Um bei einer solchen Wahrnehmung den Raum für das Denken wieder zu öffnen, fragte ich sie: „Angesichts dieses Trümmerfelds – was gibt Ihnen Hoffnung, hier etwas zu bewegen?" Die Aufforderung, den Blick auch darauf zu richten, was im positiven Sinne bewegt werden kann, überraschte sie ganz offensichtlich, und sie antwortete nach einem Moment des Zögerns: „Na, ich sehe auf jeden Fall das ungehobene Potenzial." Auf dieser Grundlage konnten wir effektiv weiterarbeiten.

Es kommt auf alle an!

Ob ein Thinking Environment entstehen kann, hängt nicht alleine von mir als Person ab, sondern auch von dem Verhalten und der Haltung aller anderen Anwesenden. Ich kann nur versuchen, die Teilnehmenden hierfür zu gewinnen, sie einzuladen und zu ermutigen (vgl. Beispiel auf S. 161). Ich kann es nicht „machen". Es kann nur „gelingen".

Nicht im Flow?

Nach meinen einführenden Worten, mit denen ich den Rahmen für einen Workshop vorstelle, sollen in einer Eröffnungsrunde alle Anwesenden zu Wort kommen. Die Frage, die ich hierfür gewählt habe, lautet: „Wann und in welche Situationen erleben Sie sich ‚im Flow'?" Die Runde beginnt ganz vielversprechend. Eine Frau berichtet strahlend davon, seit Kurzem wieder morgens zu joggen und dabei durch einen wunderschönen Park zu laufen und sich am Gesang der Vögel zu erfreuen.

Ein paar Wortmeldungen später ist ein Herr an der Reihe, der sich ganz offensichtlich absolut nicht auf dieses Format (und schon gar nicht zu dieser frühen Morgenstunde) einlassen kann. Er wirft fast wütend ein, dass ihm erstens gerade überhaupt keine Flow-Situation in den Sinn käme und ihn zweitens (zu der Joggerin gewandt) die Vögel in irgendeinem Park „herzlich wenig" interessieren.

Ich biete ihm an, das Wort an die nächste Person weiterzugeben. Dieser wiederum fällt nun aber auch nichts mehr dazu ein: „Flow? Kann ich nichts zu sagen." Schlechte Stimmung verbreitet sich.

Ich ziehe meine Schlussfolgerungen daraus. Die Bedeutung meiner einleitenden Worte hatte ich möglicherweise unterschätzt. Für die Zukunft nehme ich mir vor, meine Worte noch bewusster zu wählen und zum Beispiel noch deutlicher wertzuschätzen, dass manche Teilnehmende eine lange Anreise hatten oder dass manche nicht aus freien Stücken zum Workshop gekommen sind, sondern im Auftrag ihres Vorgesetzten. Und ich möchte meine einleitende Frage noch stärker und spontan an die Situation anpassen, die ich im Raum wahrnehme. (Die oben beschriebene Spannung war mir allerdings so deutlich im Vorfeld nicht bewusst gewesen.)

In der aktuellen Situation biete ich mich für das anschließende Thinking Pair als Denkpartnerin für diesen Herrn an. (Ein Glück, dass es eine ungerade Zahl an Teilnehmenden ist, sodass sich mein Angebot aus dem Kontext heraus geschmeidig ergeben kann.) Auf diese Weise kann er seinen ganzen Unmut loswerden und sich ein Stück mehr auf den Workshop einlassen.

Anschließend formuliere ich Incisive Questions und stelle sie in den Raum, ohne sie aber vertieft zu diskutieren: „Wenn Sie wüssten, dass Sie heute und hier den Raum haben, über für Sie relevante Fragen nachzudenken, für die Sie im Büroalltag keine Zeit haben, wie möchten Sie sich dann einbringen?"

Ich hatte auch in Erwägung gezogen, dem Herrn freundlich anzubieten, dem Workshop nicht weiter beizuwohnen. Aber das hätte wohl auch bedeutet, kritische Stimmen einfach auszugrenzen, was im Sinne der Diversität bedauerlich gewesen wäre.

Fragen zu Kapitel 7: Weitere Gruppenkontexte im Thinking-Environment

1. Wenn Sie eine Rede über ein Herzensanliegen halten müssten (oder wollten), worüber würden Sie dann gerne sprechen?
2. Wo holen Sie sich derzeit Impulse für schwierige Fragestellungen?
3. Zu welcher Frage würden Sie gerne ein Council einberufen?
4. Wen hätten Sie gerne dabei und warum?
5. Wann fühlen Sie sich im Flow?

8. | Thinking Environment weiterdenken

„Die kommende Gesellschaft könnte dagegen eine *Gesellschaft der Zuhörenden und Lauschenden* heißen."

(Byung-Chul Han, *Die Austreibung des Anderen*)

Der indische Philosoph Jiddu Krishnamurti (1895–1986) äußerte sich in einem Vortrag anlässlich einer Schulgründung recht pessimistisch über das dortige Bildungssystem. Gerichtet an die neuen Schüler sagte er (2005, S. 43, Hervorhebungen von der Autorin):

> „Es gibt Bücher, die euch sagen, was ihr tun sollt, der Staat sagt euch, was ihr tun sollt, eure Eltern sagen euch, was ihr tun sollt, die Gesellschaft und die Kirche sagen euch, was ihr tun sollt. Und was geschieht mit euch? (...). Euer Denken, Fühlen und Handeln ist niemals lebendig, denn ihr habt Angst vor all diesen Dingen. (...) Sollte ich, der Lehrer, dich disziplinieren? (...) Aber verkrüppele ich dadurch nicht deinen Geist? Zerstöre ich nicht allmählich deine Intelligenz (...), wenn ich dich zwinge, etwas zu tun, weil ich es für richtig halte? Und ihr mögt es, diszipliniert zu werden und gezwungen zu werden, bestimmte Dinge zu tun, auch wenn ihr vielleicht äußerlich aufbegehrt. Es gibt euch ein Gefühl der Sicherheit (...), sollte ich dir nicht eher helfen zu verstehen, (...), warum du dies oder jenes tust? (...) **Ich muss wollen, dass du dich selbst verstehst.** Ich hoffe also, dass ihr versteht, auf welche Weise **Autorität Intelligenz zerstört**. Intelligenz kann sich schließlich nur in Freiheit entfalten, in der Freiheit zu denken, zu fühlen, zu beobachten, zu hinterfragen."

Was Krishnamurti hier sagt, hat aus meiner Sicht nichts von seiner Aktualität verloren. Die Notwendigkeit und der Wunsch, das Selberdenken, in Freiheit und mit Selbstbewusstsein, zu fördern und zu unterstützen, sind sicherlich nicht neu. Aber es wird umso relevanter in Zeiten, in denen das Denken zunehmend anderen überlassen wird, das Navi den Orientierungssinn ersetzt und *Siri* für uns alle möglichen Fragen beantwortet. Was wir für wahr und bedeutsam halten, wird zunehmend über Algorithmen gesteuert. Wie habe ich anfangs gestaunt (und mich erschreckt), als auf meinem Computerbildschirm plötzlich personalisierte Werbung auftauchte. Wer weiß da, was für mich passend sein könnte? Oder welches Buch ich als Nächstes lesen sollte? Und mein Gedanke im nächsten Moment: Wenn viele Menschen, die sich für eine bestimmte Thematik interessieren, ein spezielles Buch kaufen, dann sollte ich vielleicht auch …? Dieser Prozess der zunehmenden Fremdbestimmung geht schleichend, aber stetig voran. Welche Erscheinungsform die von Krishnamurti erwähnte „Autorität" auch immer haben mag, sie zerstört das eigenständige Denken, ja in seinen Worten: die Intelligenz.

Es besteht die Gefahr, dass wir immer weniger in der Lage sind, einen resilienten, selbstbewussten und kompetenten Umgang mit (immer weniger planbaren, dafür aber immer schneller stattfindenden) Veränderungen zu gestalten. Bestehende Annahmen wie z. B. „Wohlstand gleich wirtschaftliches Wachstum", „Zeit ist Geld" oder „Konsum schafft Zufriedenheit" prägen unser Miteinander immer noch in weiten Teilen, wenngleich sie mehr und mehr hinterfragt werden. Es ist gar nicht so leicht, Alternativen hierfür zu entwickeln oder andere Menschen dafür zu gewinnen, haben diese Annahmen doch eine gewisse „Schwerkraft". Neues zu denken oder zu wagen steht oft dem Wunsch entgegen, sich sozial konform zu verhalten. Aber das Unbehagen über diese Unfreiheit im Denken und der Wunsch, solche grundlegenden Annahmen über uns oder über die Welt zu überdenken, wachsen. Viele Menschen sind auf der Suche nach Alternativen. Charles Eisenstein beschreibt eine „intuitive Rebellion" (2014, S. 343) gegen das, was uns als „normal" präsentiert wird, gegen die „alte Geschichte". Doch solange wir im Aktionismus dagegen verfangen sind, vernachlässigen wir, das Denken, das den entstandenen Problemen vorangegangen ist, auf einen Prüfstand zu stellen – ja, wir wiederholen es unter Umständen sogar.

Es geht um ein Mündigbleiben, eine Selbstermächtigung, wenn man einen Schritt zurücktritt und fragt: „Moment mal – will ich das? Was will *ich* unter Fortschritt, Wohlstand und Entwicklung verstehen?" Wie können technische Möglichkeiten und Errungenschaften uns unterstützen, ohne dass wir Gefahr laufen, komplett fremdbestimmt und ferngesteuert zu werden und nur mehr zu reagieren? (Allein die ständige Erreichbarkeit, die tägliche Nachrichtenflut per E-Mail oder verschiedene andere Nachrichtendienste, die möglichst zeitnah abgearbeitet werden müssen, ist ein Beispiel für eine Entwicklung, unter der viele Menschen leiden.)

„Worüber möchte *ich* nachdenken und was sind *meine* Gedanken?" – Die Frage ist schlicht, aber sie hat einen potenziell aufrührerischen Charakter. Wenn nicht *ich* denke, wer macht es dann? Und will ich das wirklich anderen überlassen? Wem genau eigentlich?

Das Thinking Environment kann aus meiner Sicht einen Beitrag dazu leisten, einen Zugang zu tieferem Wissen zu erhalten. Zum tieferen Wissen einzelner Menschen, aber auch zu einem Wissen, das sich im Feld zwischen den Menschen ergibt – letztendlich lässt sich das im Thinking Environment ohnehin nicht mehr trennen, weil die Verbundenheit, das „Interbeing", sichtbar und spürbar wird.

Personen, die mit dem Thinking Environment arbeiten, erahnen darin großes Potenzial mit Auswirkungen, die über das Individuum hinausgehen: Bei einem Treffen von etwa fünfzig Time-To-Think-Coaches und -Facilitators in London wurde der Tag mit einer Runde eröffnet: „Was denkst du, auf welche Frage ‚das Thinking Environment' in hundert Jahren eine Antwort sein könnte?" Die Fragen reichten von

„Wie ist es uns gelungen, den Kapitalismus zu überwinden?“ bis hin zu „Was hat uns dabei geholfen, die Verbundenheit aller untereinander erfahrbar und spürbar zu machen?“.

Selber denken und tiefes Zuhören als eine Schlüsselkompetenz in unsicheren Zeiten

Aus meiner Sicht ist es zentral, nicht erst als Erwachsener diese Denkräume zu erfahren. Schon Kinder können früh lernen und darin gefördert werden, für sich selbst und eigenständig zu denken. Und sie können die Kompetenz entwickeln, durch tiefes Zuhören auch anderen Denkräume zur Verfügung zu stellen. Die Erkenntnis, dass wir aufeinander angewiesen sind, um Zugang zu unseren besten Möglichkeiten zu bekommen, schafft echte Verbundenheit untereinander und verleiht dieser mehr Bedeutung als Hunderte von Likes auf Facebook. Eine Begegnung im Sinne des Thinking Environment hilft zu erkennen, dass es weder auf gesellschaftlicher noch auf individueller Ebene zukunftsträchtig und langfristig erfolgversprechend ist, das eigene Ego auf Kosten anderer zu optimieren. Schaffen wir Denkraum für andere Menschen, hat jedes Kind (und jeder Erwachsene) die Chance, sein ureigenes Denken selbstbewusst für das sich verändernde gesellschaftliche Miteinander zur Verfügung zu stellen.

Nancy Kline hat die Vision – man könne es auch Traum oder Illusion nennen, wie sie selbstironisch sagt –, dass alle Menschen vom Moment ihrer Geburt bis zu ihrem Tod ein Thinking Environment erfahren (mündliche Mitteilung von Nancy Kline 2017). Sie meint das nicht in einem formalen Sinne, indem etwa jedem Menschen regelmäßig Denksitzungen, wie sie hier beschrieben worden sind, zuteilwerden. Nein, ihre Vision ist es, dass diese Haltung, diese Art des Miteinanderseins, jedem zugänglich gemacht werden kann. Dass Kinder so zuhören lernen, wie sie auch sprechen lernen.

Stets das Verbindende im Blick

Auch das Thinking Environment als rein formaler Ansatz mit Trademark-Zeichen, mit Zertifizierungsprogrammen etc. läuft Gefahr, graduell und fast unmerklich ein Umfeld zu schaffen, dass Konformität und Exklusion herstellt, ein Umfeld, dem man sich – ist es doch beruhigend wertebasiert – gehorsam unterordnet. Jede Form des formalen Zusammenschlusses beinhaltet Regeln, denen es zu folgen gilt, kreiert Etiketten und hat in gewisser Weise formalisierte Abläufe. All das kann zu einem *Wir* und einem *Sie* führen: Dann gibt es diejenigen, die dazugehören, und diejenigen, die ausgeschlossen sind. Also heißt es, wach zu bleiben und einem exklusiven, abgrenzenden oder trennenden Charakter entgegenzuwirken. Es ist ja auch kein Zufall, dass der Ansatz des Thinking Environment mit vielen anderen Denkschulen in Verbindung steht, sie ergänzt oder vertieft und daher an vielen Stellen bekannt oder vertraut vorkommen mag.

Das Thinking Environment sollte daher nicht als geschlossenes Konzept verstanden werden, das erst dann wirksam wird, wenn man alle methodischen Details verinnerlicht hat. Vielmehr möchte ich Sie ermutigen, diesen Ansatz auch für Ihren eigenen Alltag zu übersetzen: Wie lässt sich die *Haltung*, für die das Thinking Environment steht, einfach umsetzen und leben? Wie lässt sich das Thinking Environment als eine Art, im Hier und Jetzt zu sein, verkörpern? In der Schule, in beruflichen Zusammenhängen, in der Familie und in Liebesbeziehungen?

Zwei Erfahrungen möchte ich hierzu mit Ihnen teilen.

Bei dem eingangs erwähnten Zuhörexperiment auf dem Berliner Alexanderplatz nahmen Menschen teil, die einfach zuhören wollten. Keine Profis. Allein die Botschaft „Ich habe Zeit. Ich höre zu“, wie sie auf meinem Schild stand, berührte die Leute offensichtlich. Eine Frau kam – zu meinem Erstaunen – langsam und wortlos auf mich zu, umarmte mich und ging wieder. Eine andere Reaktion als Folge dieses Experimentes war ein Brief, den wir kurz nach unserer ersten Aktion erhielten. Eine 17-jährige Schülerin hatte im Philosophie-Unterricht das Buch *Momo* gelesen und bei ihren Recherchen über das Internet von unserem Experiment erfahren. Nun wollte sie von uns mehr über das Thema Zuhören erfahren:

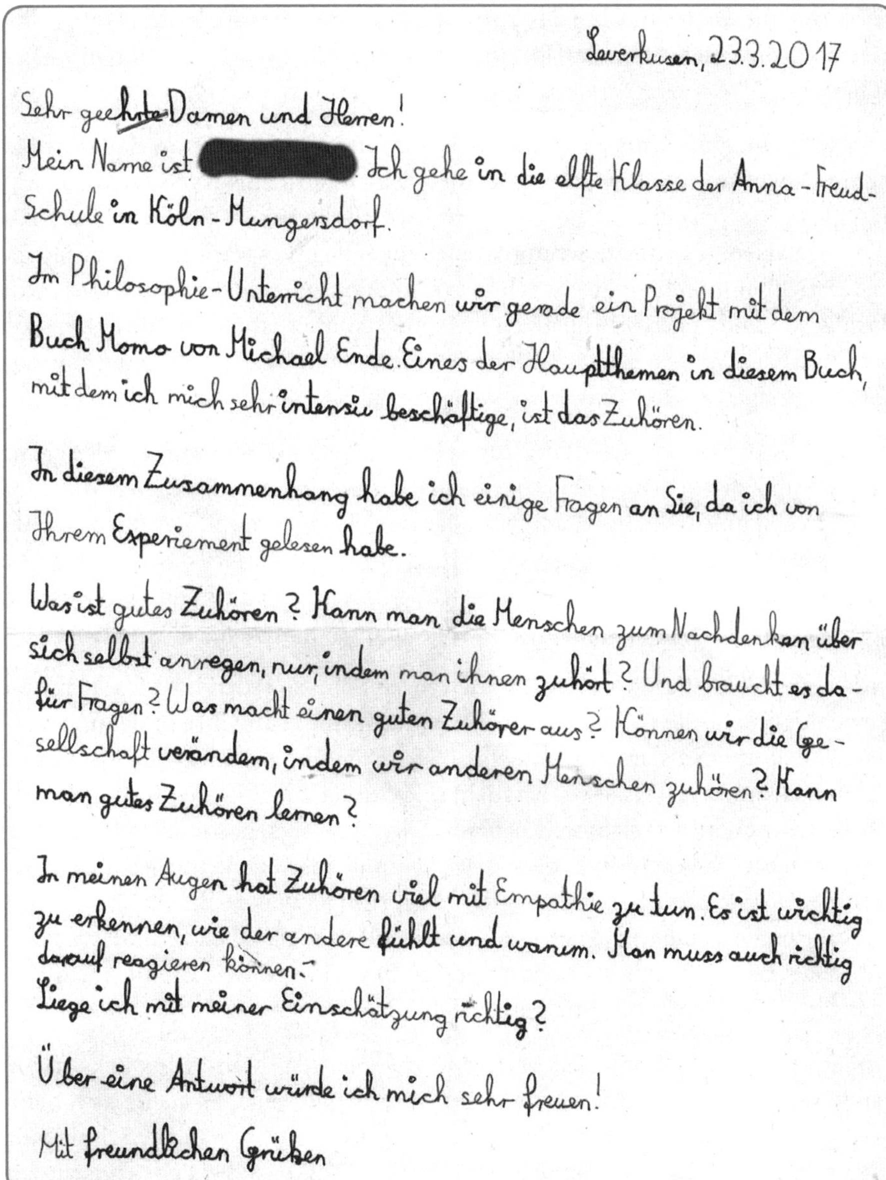

Leverkusen, 23.3.2017

Sehr geehrte Damen und Herren!

Mein Name ist [redacted]. Ich gehe in die elfte Klasse der Anna-Freud-Schule in Köln-Mungersdorf.

Im Philosophie-Unterricht machen wir gerade ein Projekt mit dem Buch Momo von Michael Ende. Eines der Hauptthemen in diesem Buch, mit dem ich mich sehr intensiv beschäftige, ist das Zuhören.

In diesem Zusammenhang habe ich einige Fragen an Sie, da ich von Ihrem Experiement gelesen habe.

Was ist gutes Zuhören? Kann man die Menschen zum Nachdenken über sich selbst anregen, nur indem man ihnen zuhört? Und braucht es dafür Fragen? Was macht einen guten Zuhörer aus? Können wir die Gesellschaft verändern, indem wir anderen Menschen zuhören? Kann man gutes Zuhören lernen?

In meinen Augen hat Zuhören viel mit Empathie zu tun. Es ist wichtig zu erkennen, wie der andere fühlt und warum. Man muss auch richtig darauf reagieren können.
Liege ich mit meiner Einschätzung richtig?

Über eine Antwort würde ich mich sehr freuen!

Mit freundlichen Grüßen

Es folgte ein – anachronistisch analoger – Briefwechsel zwischen ihr und mir, bis ich ein paar Monate später für ihre Klasse einen Workshop mit dem Titel „Zuhören wie Momo“ durchführte.

Eine Mutter, die die Grundidee des Thinking Environment kannte, erzählte mir davon, wie sie die entsprechende Haltung im familiären Umfeld spontan eingenommen hatte:

An einem Sonntagnachmittag spielte sie mit ihrem 8-jährigen Sohn Ball. Ein Mädchen mit Downsyndrom kam hinzu, setzte sich an den Spielfeldrand und beobachtete das Spiel. Sie schrie und lachte und warf ihre Schuhe auf das Spielfeld. Die Mutter reagierte gelassen, räumte die Schuhe wieder zur Seite und sprach mit dem Mädchen, das aber nicht aufhören wollte zu schreien. Ihr Sohn wurde immer gereizter, wollte er doch gerne eine ungestörte Spielzeit mit seiner Mutter haben. Die Situation spitzte sich zu, weil das Mädchen nicht aufhörte und der Sohn sich immer mehr aufregte. Schließlich gingen Mutter und Sohn nach Hause.

Als sie später zu Hause waren, fing der Sohn an, lautstark über dieses Mädchen zu schimpfen und zu fluchen: „Die ist so asozial und viel zu laut, die kapiert nicht, dass sie stört! Die ist dumm!“ Eine richtige Wut hatte sich angestaut. Die Mutter beschrieb mir, wie sie an sich selbst den Impuls wahrgenommen hatte, ihrem Sohn solche Ausbrüche verbieten zu wollen. Sie war versucht gewesen zu entgegnen: „So was darfst du nicht sagen!“ Ja eigentlich: „So was darfst du nicht mal *denken*!“

Allein bei der Vorstellung, andere könnten ihren Sohn so reden hören, war ihr mulmig geworden, erzählte sie. Welches Licht das wohl auf sie und ihre Erziehung werfen würde? Da sie aber in seinem Kinderzimmer waren und sie selbst erschrocken war über ihren Gedanken „Das darfst du nicht mal denken“, ließ sie diesen Wutausbruch geschehen. Sie entschied sich, sich neben ihr Kind zu setzen, mit aller Präsenz und dem innerlichen Zugeständnis, dass dieser Unmut hier ein Ventil haben darf. Als die erste Wutwelle abgeebbt war, fragte sie ihn ruhig: „Was noch?“, und eine zweite Ärgerwelle brach sich Bahn. Nach einer Weile und ganz plötzlich veränderte sich die Gefühlslage des Jungen. Er fragte fast überrascht und irgendwie friedlich: „Sind wir jetzt fertig? Kann ich jetzt Zähne putzen gehen?“

Am nächsten Morgen fragte die Mutter in einer entspannten Frühstückssituation ihren Sohn, was er eigentlich meine, wenn er „asozial“ sage. Es stellte sich heraus, dass er gar nicht wusste, was das Wort bedeutet, und er es nur in der Schule aufgeschnappt hatte. Die Mutter erklärte es und sagte ihm, dass sie sich wünsche, dass keiner das je zu ihm sagen und ihm so das Gefühl geben werde, ausgegrenzt zu sein. Das konnte der Sohn gut annehmen.

Dem Mädchen mit Downsyndrom begegneten Mutter und Sohn immer wieder. Der Mutter schien es so, als könnte der Sohn es wieder mit ganz anderen Augen sehen. Seine Wut und seine Vorbehalte hatten ihren Ausdruck gefunden und sich aufgelöst.

Selbst ein Thinking Environment sein. Ab heute!

Weil das Thinking Environment eben kein Set an Instrumenten ist, die es nur anzuwenden gilt, sondern die Haltung entscheidend ist, lohnt es sich, diese auch außerhalb des beruflichen Arbeitsumfeldes immer wieder einzunehmen und gewissermaßen zu trainieren.

Jetzt möchten Sie sich möglicherweise nicht ab morgen mit einem Schild auf die Straße stellen und fremden Menschen anbieten, ihnen zuzuhören.

Was könnten für Sie aber erste Schritte sein, um diese Haltung einzunehmen? Vielleicht steht am Anfang ein Entschluss: Es kommt darauf an, wie ich in der Welt bin. Schon meine Haltung, meine Gedanken, meine Absichten haben Einfluss auf meine Umgebung. Ich gestalte das gesellschaftliche Miteinander selbst konkret mit. Ich könnte mich dazu entscheiden, diese Haltung mehr zu verkörpern. Warum nicht ab heute? Ab jetzt?

Und dann gibt es unzählige Möglichkeiten, Aspekte des Thinking Environment zum Ausdruck zu bringen und zu erproben. Ich möchte Ihnen hier ein paar Impulse für die Umsetzung im Alltag geben:

- **Thinking Pairs.** Suchen Sie sich einen Denkpartner. Fragen Sie Ihren Partner, eine Freundin oder auch einen Kollegen. Sie könnten es dann zu einem regelmäßigen Bestandteil Ihres Wochenablaufs werden lassen, einander kurze Denkräume zu schenken, in dem Sie zusammen ein Thinking Pair durchführen, wie es auf S. 131 ff. beschrieben ist. Schließen Sie das Thinking Pair jeweils mit einer Wertschätzung ab. Das Ganze braucht nicht länger als eine Viertelstunde zu dauern. Und es funktioniert auch über Skype ganz wunderbar.
- **Die zehn Komponenten als Übungsfeld:**
  - Welche der zehn Komponenten ist besonders herausfordernd für Sie?
  - Was könnte sich für Sie verändern, wenn Sie diese Komponente mehr leben würden? Was könnten Sie dabei gewinnen?
  - Welche ganz konkreten Schritte könnten Sie gehen, um diese Komponente mehr in Ihrem Alltag umzusetzen?

  Stellen Sie sich diese Fragen immer wieder erneut und nehmen Sie sich unterschiedliche Komponenten vor; probieren Sie für Sie bisher unbekannte Verhaltensweisen aus. Eine Kollegin machte es sich für ein paar Wochen zur Aufgabe, sich eine „wertschätzende Brille" aufzusetzen, um damit ihre Umgebung wahrzunehmen. Sie übte sich auch darin, diese Wertschätzung – wenn es angemessen war – auszusprechen. Dafür braucht es keinen formalen Rahmen, das geht auch an der Supermarktkasse. Wenn Sie möchten, können Sie dazu eine Art Tagebuch führen und dabei den Fragen nachgehen: Wie habe ich die Komponente xy in die Tat umgesetzt? Welche Wirkung auf mich und andere scheint das gehabt zu haben?

- Allgemein unterstützen **Meditationsübungen** darin, die achtsame Präsenz zu üben. Für die Rolle des Denkpartners ist es wichtig, sich der eigenen Gedanken, Emotionen, Wertungen gewahr zu sein, sie wahrzunehmen. Aber auch, um in die Rolle einer denkenden Person einzusteigen, ist es sinnvoll, die Aufmerksamkeit zu fokussieren. Die „One Moment Meditation" oder Basis-Minute bietet hierfür einen leichten Einstieg: ↗ http://www.one-moment-meditation.de/
- In dem Buch *Just 1 Thing – So entwickeln Sie das Gehirn eines Buddha* von Rick Hanson sind 52 praktische Übungen beschrieben, die man für sich alleine durchführen kann. Übungen wie z.B. „Sieh das Gute in dir" (Wertschätzung) „Entspanne" (Gelassenheit), „Wisse nicht" (Anfängergeist), „Fühle dich sicherer" (förderliche Annahmen) unterstützen auf unterschiedliche Weisen die Haltung, die im Thinking Environment beschrieben wird.
- Für die Arbeit in der Gruppe finde ich die **„Ja-und"-Übung** aus dem Improvisationstheater sehr anregend. Die hier eingeübte Haltung hilft dabei, das anzunehmen, was die anderen Personen sagen, um dann daran weiterzuarbeiten, statt in Widerstand dazu zu gehen. Es ist eine Grundregel des Improvisationstheaters, die Angebote der Mitspielenden anzunehmen, da das Ablehnen oder der Widerstand jede Improvisation unmittelbar beendet oder zumindest massiv stört. Es geht nicht darum, gegen die anderen Mitspielenden besonders gute Ideen auszuspielen oder sich mit eigenen Perspektiven durchzusetzen, sondern die Ideen des jeweils anderen gemeinsam zu verwirklichen, indem man dessen Ideen weiterdenkt und fortführt. Der „Flow" entsteht durch das Aufeinanderaufbauen.
  Die Gruppe stellt sich in einen Kreis, eine Person beginnt mit einem Satz, wie z.B. „Lass uns in den Urlaub fahren ...", die nächste Person übernimmt mit: „Ja, und: Ich möchte gerne ans Meer." Die dritte Person führt fort: „Ja, und: Wir könnten vielleicht wieder nach Italien fahren ..." usw.
  Das „Ja, *und* ..." hilft beim gemeinsamen Denken. Es ist aber herausfordernd, denn allzu leicht rutscht einem ein „Ja, *aber* ..." heraus, das den Kommunikationsfluss stört. Die Übung ist dann sofort beendet und eine neue Runde kann gestartet werden.
  Die Übung lässt sich auch gut zu zweit durchführen.

Sicherlich gibt es noch unzählige weitere Übungsmöglichkeiten, der Phantasie sind keine Grenzen gesetzt.

Und wenn Sie wüssten, dass Sie ab sofort selbst ein Thinking Environment sein könnten, wie könnte sich das konkret äußern und was könnten Sie jetzt direkt ausprobieren? Was denken Sie?

Hinweise zu Kursangeboten und zur Ausbildung zum Time-To-Think-Coach oder zum Time-To-Think-Facilitator

Überblick über die Ausbildungsverläufe:

Für die Arbeit mit Einzelpersonen	Für die Arbeit mit Gruppen
Thinking-Partnership-Kurs (3 Tage) Hier lernen Sie, selbst eine Thinking-Partnership-Session durchzuführen. Sie erfahren die Kraft des unabhängigen und freien Denkens – sowohl in der Rolle der denkenden Person als auch als Denkpartner. Zudem lernen Sie die zehn Komponenten des Thinking Environment vertieft kennen und anzuwenden. Die Teilnahme an diesem Kurs ist Voraussetzung für den Coaching-Kurs.	**Foundation-Kurs (2 Tage)** Hier lernen Sie die verschiedenen Formate kennen, anhand deren sich die zehn Komponenten des Thinking Environment in unterschiedlichen Gruppenkontexten umsetzen lassen. Durch eine tiefgehende Thinking-Partnership-Session, die Teil des Kurses ist, können Sie den Kern des Ansatzes erspüren: das schöpferische Zuhören. Die Teilnahme an diesem Kurs ist Voraussetzung für den Facilitator-Kurs.
Coaching-Kurs (4 Tage + Praktikum) Hier lernen Sie, die Inhalte des Thinking-Partnership-Kurses auf einen professionellen Coaching-Kontext zu übertragen.	**Facilitator-Kurs (3 Tage+ Praktikum)** Hier lernen Sie, die im Foundation-Kurs erfahrenen Formate auf einen professionellen Kontext zu übertragen und anzubieten.

Weitere Informationen zu Angeboten und Weiterbildungskursen finden Sie hier:

↗ http://www.timetothink.com
↗ http://www.merckerundmiketta.de

Literatur

ALBERS, REGINA & SANIDES, SILVIA (2015): „Der Weg zum klaren Denken". *FOCUS Magazin*, Nr. 37. Einzusehen unter ↗ https://www.focus.de/wissen/mensch/intelligenz/titel-der-weg-zum-klaren-denken_id_4922671.html (letzter Aufruf am 05.02.2018).

BALDWIN, CHRISTINA & ANN LINNEA (2014): *Circle: Die Kraft des Kreises. Gespräche und Meetings inspirierend, schöpferisch und effektiv gestalten.* Weinheim: Beltz.

BOHM, DAVID (2005): *Der Dialog – das offene Gespräch am Ende der Diskussion.* Stuttgart: Klett-Cotta.

BOROSON, MARTIN (2012): *One moment meditation. Stille in einer hektischen Welt.* Bielefeld: Kamphausen. (Einzusehen unter: http://www.one-moment-meditation.de/, letzter Aufruf am 30.01.2018). (Ist bei Rowohlt auch als Taschenbuch erhältlich.)

CAIN, SUSAN, MONE, GREGORY & MOROZ, ERICA (2016): *Quiet power. Growing Up As an Introvert in a World That Can't Stop Talking.* London: Penguin.

CANETTI, ELIAS (1985): *Das Augenspiel. Lebensgeschichte 1931–1937.* München: Carl Hanser Verlag.

CHAPMAN, SUSAN GILLIS (2012): *The Five Keys to Mindful Communication. Using Deep Listening and Mindful Speech to Strengthen Relationships, Heal Conflicts, and Accomplish Goals.* Boston & London: Shambala.

CHOMSKY, NOAM (2002): *The Common Good.* London: Pluto Press.

EISENSTEIN, CHARLES (2014): *Die schönere Welt, die unser Herz kennt, ist möglich.* Berlin und München: Scorpio.

ENDE, MICHAEL (1973): *Momo oder Die seltsame Geschichte von den Zeit-Dieben und von dem Kind, das den Menschen die gestohlene Zeit zurückbrachte.* Stuttgart: Thienemann.

FALLADA, HANS (2000): *Jeder stirbt für sich allein.* Berlin: Aufbau Taschenbuch.

GOLEMAN, DANIEL, BOYATZIS, RICHARD & MCKEE, ANNIE (2010): *Emotionale Führung.* Berlin: Ullstein.

GOLEMAN, DANIEL (2013): *Konzentriert Euch! Eine Anleitung zum modernen Leben.* München: Piper.

GOMBERTZ, WILL (2016): *Denken wie ein Künstler. Wie Sie Ihr Leben kreativer machen.* Köln: DuMont.

HAN, BYUNG-CHUL (2016): *Die Austreibung des Anderen. Gesellschaft, Wahrnehmung und Kommunikation heute.* Frankfurt: Fischer.

HANSON, RICK MIT RICHARD MENDIUS (2011): *Das Gehirn eines Buddha. Die angewandte Neurowissenschaft von Glück, Liebe und Weisheit.* Freiburg: Arbor.

HANSON, RICK (2013): Just 1 Thing. *So entwickeln Sie das Gehirn eines Buddha.* Freiburg: Arbor.

HAVERS, EMILY (2008): „A study of whether, and how meetings held in a Thinking Environment impact organisational life". Masters Research for the University of Portsmouth. (Einzusehen auf Nachfrage: Emilyhavers@btinternet.com.)

HEFFERNAN, MARGARET (2012): *Wilful Blindness. Why we ignore the obvious at our peril.* London: Simon & Schuster UK Ltd.

HOHENSEE, THOMAS (2005): *Der Buddha hatte Zeit.* München: Lotos Verlag.

HÜTHER, GERALD (2015): *Etwas mehr Hirn, bitte – Eine Einladung zur Wiederentdeckung der Freude am eigenen Denken und der Lust am gemeinsamen Gestalten.* Göttingen: Vandenhoeck & Ruprecht.

Hüther, Gerald (2010, 2004): *Die Macht der inneren Bilder. Wie Visionen das Gehirn, den Menschen und die Welt verändern.* Göttingen: Vandenhoeck & Ruprecht.

Hüther, Gerald & Christoph Quarch (2016): *Rettet das Spiel! Weil Leben mehr als Funktionieren ist.* München: Carl Hanser Verlag.

Isaacs, William (2011): *Dialog als Kunst gemeinsam zu denken. Die neue Kommunikationskultur in Organisationen.* Gevelsberg: Verlag Andreas Kohlhage.

Juul, Jesper (2016): *Leitwölfe sein – Liebevolle Führung in der Familie.* Weinheim: Beltz.

Kast, Bas (2007): *Wie der Bauch dem Kopf beim Denken hilft. Die Kraft der Intuition.* Frankfurt: Fischer.

Kline, Nancy (2011): *Time To Think. Listening to Ignite the Human Mind.* London: Octopus Publishing Group Ltd.

Kline, Nancy (2013): *The Two Worlds of Thinking. Exchange Thinking and Fully-independent Thinking.* Unveröffentlichtes Manuskript.

Kline, Nancy (2014): *Living with Time To Think. The goddaughters letters.* London: Octopus Publishing Group Ltd.

Kline, Nancy (2015): *More Time To Think. The Power of Independent Thinking.* London: Octopus Publishing Group Ltd.

Kline, Nancy (2016): *Time To Think. Zehn einfache Regeln für eigenständiges Denken und gelungene Kommunikation.* Reinbek: Rowohlt Taschenbuch Verlag.

Knapp, Nathalie (2011): *Der Quantensprung des Denkens. Was wir von der modernen Physik lernen können.* Reinbek: Rowohlt Taschenbuch Verlag.

Knapp, Nathalie (2013): *Kompass neues Denken. Wie wir uns in einer unübersichtlichen Welt orientieren können.* Reinbek: Rowohlt Taschenbuch Verlag.

Knapp, Nathalie (2015): *Der unendliche Augenblick. Warum Zeiten der Unsicherheit so wertvoll sind.* Reinbek: Rowohlt.

Kramer, Gregory (2009): *Einsichts-Dialog. Weisheit und Mitgefühl durch Meditation im Dialog.* Freiburg: Arbor.

Krishnamurti, Jiddu (1988): *Fragen und Antworten und sein Gespräch mit Prof. David Bohm über das Erwachen der Intelligenz.* München: Goldmann.

Krishnamurti, Jiddu (2005): *Die Flamme des Lernens.* Freiburg: Arbor.

Laloux, Frederic (2014): *Reinventing Organizations. Ein Leitfaden zur Gestaltung sinnstiftender Formen der Zusammenarbeit.* München: Verlag Franz Vahlen.

LEAD – Mercator Capacity Building Center for Leadership & Advocacy (2015): *LEAD Research Studies. Die Haltung entscheidet. Neue Führungspraxis für die digitale Welt.* Berlin. Kostenloser Download: ↗ https://www.lead.ngo/fileadmin/lead/Ideas/Studies/Die_Haltung_entscheidet/LEAD_Research_Series_2015__Die_Haltung_entscheidet_Studie.pdf (letzter Aufruf am 05.02.2018).

Mandl, Christoph, Hause, Markus & Mandl, Hanna (2008): *Die schöpferische Besprechung. Kunst und Praxis des Dialogs in Organisationen.* Gevelsberg: Verlag Andreas Kohlhage.

Maturana, Humberto (2009): *Sentido de lo Humano.* Barcelona: Jc Saez Editor.

Maturana, Humberto & Bunnell, Pille (2016): *The Biology of Business: Love Expands Intelligence.* Einzusehen unter ↗ https://www.researchgate.net/publication/240275459_The_Biology_of_Business_Love_Expands_Intelligence (letzter Aufruf am 05.02.2018).

McCarthy, Ruth (2014): „Because of our Quiet?". *Listener – A journal for coaches*, 05/2014. Einzusehen unter: ↗ http://www.kensmithcoaching.co.uk/NS5.pdf (letzter Aufruf am 05.02.2018).

PARIANEN, FRANCA (2017): *Woher soll ich wissen, was ich denke, bevor ich höre, was ich sage? Die Hirnforschung entdeckt die großen Fragen des Zusammenlebens.* Reinbek: Rowohlt Taschenbuch Verlag.

Purps-Pardigol, Sebastian (2015): *Führen mit Hirn. Mitarbeiter begeistern und Unternehmenserfolg steigern.* Frankfurt/Main: Campus.

RECHTSCHAFFEN, DANIEL (2014): *The Way of Mindful Education. Cultivating Well-Being in Teachers and Students.* New York: WW. Norton & Company, Inc.

ROGERS, CARL (1976): *Die Entwicklung der Persönlichkeit.* Stuttgart: Klett-Cotta.

ROGERS, CARL C. (2005): *Die klientenzentrierte Gesprächspsychotherapie. Client-Centered Therapy.* Frankfurt: Fischer.

ROMHARDT, KAI (2016): „Achtsame Kommunikation in Meetings". In: *Zeitschrift für Organisationsentwicklung* 4/2016 (Zusammen denken – ein Manifest für bessere Besprechungen).

SCHARMER, C. OTTO (2011): *Theorie U – Von der Zukunft her führen, Presencing als soziale Technik.* Heidelberg: Carl-Auer.

STEINER, GEORGE (2006): *Warum Denken traurig macht.* Frankfurt: Suhrkamp.

STIEGLER, RICHARD (2015): *Nach innen lauschen.* Freiburg: Arbor.

THICH NHAT HANH (1998): *Interbeing: Fourteen guidelines for Engaged Buddhism.* Berkeley: Parallax Press.

THICH NHAT HANH (2014): *Achtsam sprechen – achtsam zuhören. Die Kunst der bewussten Kommunikation.* München: O.W. Barth.

TORRALBA, FRANCESC (2007): *Die Kunst des Zuhörens.* München: C. H. Beck.

VON SCHIRACH, ARIADNE (2014): *Du sollst nicht funktionieren. Für eine neue Lebenskunst.* Stuttgart: Klett-Cotta.

WELLENSIEK, SYLVIA KÉRÉ (2012): *Resilienz-Training für Führende. So stärken Sie Ihre Widerstandskraft und die Ihrer Mitarbeiter.* Weinheim: Beltz.

WELZER, HARALD (2011): *Mentale Infrastrukturen – Wie das Wachstum in die Welt und in die Seelen kam.* Heinrich Böll Stiftung (PDF einsehbar unter: https://www.boell.de/sites/default/files/Endf_Mentale_Infrastrukturen.pdf, letzter Aufruf am 30.01.2018).

WELZER, HARALD (2013): *Selbst Denken. Eine Anleitung zum Widerstand.* Frankfurt: Fischer Verlag.

WINNEMUTH, MEIKE (2017): Ein Lob auf das loben: www.caritas-rheine.de/aktuelles/kampagnenundinitiativen/5minutenimpulse/13.-maerz-2017-ein-lob-auf-das-loben.

ZIMMERMANN, JACK & VIRGINIA COYLE (2015): *Der große Rat. Das Council – mit dem Herzen hören und sprechen, den Kreis erweitern.* Freiburg: Arbor.

Weitere Internetressourcen

Vortrag von Gerald Hüther: ↗ https://www.youtube.com/watch?v=SQEq9trlaEk
↗ http://www.alfred-herrhausen-gesellschaft.de
↗ http://www.chomsky.info/commongood01/
↗ http://www.dankbar-leben.org
↗ http://www.jkrishnamurti.de
↗ http://www.merckerundmiketta.de
↗ http://www.plumvillage.org
↗ http://www.pur.de/band/songtexte/
↗ http://www.timetothink.com

Index

A

Achtsamkeit 55, 65 f., 74 f., 111
Amy-Frage 50
Amygdala 58 f., 62, 64, 66
Annahmen
  befreiende alternative 86 f.
  einschränkende 29, 79, 82 ff., 142
Aufmerksamkeit 36, 37, 38, 59, 65, 135
  drei Ströme der 71, 72, 73, 75

B

Begegnung 39, 40, 51, 57, 60, 88, 98, 113, 119, 122 f.
Bilder, innere 62 f.
Bindung 43, 56, 60, 129
Blockaden 29, 82, 130, 142 f.

C

Coaching 25, 69

D

Dankbarkeit 111
Denk-
  muster 25, 27
  partnerschaft 36 f., 46, 48 f., 53, 57, 60, 69, 75
  raum 35, 41, 56, 64, 165
  sitzung 37, 40, 42, 44, 77 ff., 81, 116
Dialoge 128, 134 f., 140
Diskussion, Offene 128, 136 f., 140
Diversität 51 f., 73, 120, 137

E

Einladungsfrage 85 f., 106
Empathie 27, 37
Ermutigung 46, 63, 74, 88, 137
Explorieren, freies 79 f.
Extroversion 39

F

Facilitator 60, 120 f., 127, 129, 131, 137 f., 140, 149, 153, 157 f.

G

Gefühle 47 f., 132
Gelassenheit 41 ff.
Gleichheit 39, 47, 61, 71, 120, 128, 130, 137 f., 149
Gleichwürdigkeit 39, 41, 61, 113, 117

I

Incisive Questions 52 f., 64, 79, 87, 121, 142 f.
Information 38, 49
Introversion 39, 130

J

Juul, J. 39

K

Kline, N. 25, 50, 53, 78, 89
Körper 42, 47, 54, 58, 66, 73 f., 100
Krishnamurti, J. 163

L

Lernen 59 f., 63, 66, 122, 165

M

Meditation 42, 54, 66, 170
Meeting 25, 40, 119, 121 ff., 125, 128, 132, 139, 142, 147
  virtuelles 131, 149
Mentoring 25, 115
Modell der zwei Denkwelten 25
  Welt des Denkens im Austausch 25 f., 147
  Welt des unabhängigen Denkens 25, 27, 132
Multitasking 65, 76

N

Neuroplastizität 59

O

Ort 54, 128
Oxytocin 43, 60

P

Präsentationen 151 f.

R
Resilienz 61
Runden 128 ff., 138, 140

S
Selbstermächtigung 29, 55 f., 58, 164
Spiel 64
Stress 43, 58 f., 66
Supervision 113 f.

T
Thich Nhat Hanh 74, 119
Thinking Environment
  Coach 69, 71, 75
  Grundannahmen 29, 46, 62
  Komponenten 35 f., 43, 54, 72, 149, 158, 169
  Menschenbild 29
  Wirkung 55, 66
Thinking Pairs 120, 128, 131 ff., 138, 140, 169
Time-To-Think-Council 153 f.
Transforming Meetings® 124

U
Übergangsfrage 86, 92

W
Welzer, H. 55
Wertschätzung 43 ff., 60, 74, 79, 88, 117, 155

Z
Ziele 79, 81, 89, 107 f.
  Aktions- 89, 91, 94
  Aktivitäts- 90, 107 f.
  annahmenbezogene 90, 103
  Frei-von- 90, 105
  Gefühls- 89, 99
  Informations- 90, 107 f.
  unrealistische 90, 109
  Verstehen-warum-ich- 89, 102